Ullstein Buch Nr. 3460
im Verlag Ullstein GmbH,
Frankfurt/M – Berlin – Wien

Ungekürzte Ausgabe

Umschlagentwurf:
Kurt Weidemann
Alle Rechte vorbehalten
Mit freundlicher Genehmigung des
Gustav Fischer Verlag, Stuttgart
© Gustav Fischer Verlag Stuttgart 1965
Printed in Germany 1978
Gesamtherstellung:
Ebner, Ulm
ISBN 3 548 03460 8

CIP-Kurztitelaufnahme
der Deutschen Bibliothek

Bühler, Karl
Die Krise der Psychologie.–
Ungekürzte Ausg. – Frankfurt/M, Berlin,
Wien: Ullstein, 1978.–
   ([Ullstein-Bücher] Ullstein-Buch;
   Nr. 3460)
   ISBN 3-548-03460-8

Karl Bühler

Die Krise
der Psycholog[ie]

Mit einem Geleitwort
von Hubert Rohracher

ein Ullstein Buch

FÜR CHARLOTTE BÜHLER

GELEITWORT

Obwohl der Neudruck der „Krise der Psychologie" von KARL BÜHLER keiner Rechtfertigung bedürfte, sei im folgenden auf einige Tatsachen hingewiesen, die die Notwendigkeit einer neuerlichen Publikation dieses Buches begründen.

Es gibt dafür viele Gründe. Am interessantesten unter ihnen ist vielleicht die Tatsache, daß BÜHLER in diesem Buch an vielen Stellen Gedanken von grundlegender Bedeutung für die kybernetische und informationstheoretische Forschung ausgesprochen hat. Das sinnvolle Verhalten der Menschen in der Gemeinschaft, so schreibt er, unterliege einer „gegenseitigen Steuerung", die sich am besten „am Zweiersystem von Sender und Empfänger" darstellen lasse, wobei in jedem Partner „die Rückmeldungen der Eigenaktionen von den Meldungen der Fremdaktionen" sauber geschieden sein müssen. BÜHLER berichtet, daß ihm „der Begriff der Steuerung aus der Sprachtheorie erwachsen sei"; er unterscheidet „systembedingte" und „systemfremde Steuerungen" und illustriert diese Begriffe — genau wie fast 20 Jahre später die Kybernetik — am Bild des Steuermannes, aber auch am lebendigen Organismus, der „ein Ganzes aus Maschine und Maschinisten" darstelle. Der Maschinist und sein Aktionssystem sind der Gegenstand der Psychologie.

Schon allein die vielen, teils ausgeführten, teils angedeuteten Überlegungen und Einfälle BÜHLERS zu den Steuerungsproblemen des organischen und psychischen Geschehens rechtfertigen die neuerliche Publikation der „Krise"; das Buch sollte für jeden Informations-, Kommunikations- und Regelkreis-Theoretiker verfügbar sein. Für den Psychologen ist es noch aus mindestens zwei anderen Gründen wichtig: erstens, weil das Hauptthema des Buches — die Auseinandersetzung zwischen Erlebnis-Psychologie und Behaviorismus — im deutschen Sprachgebiet mit dem fast überschwemmungsartigen Einströmen amerikanischer Einflüsse in das psychologische Denken heute fast noch aktueller ist als im Jahre 1927; und zweitens, weil in Deutschland auch jetzt noch die geisteswissenschaftliche Richtung der Psychologie vertreten wird, deren Anspruch auf den Vorrang ihrer Methoden in BÜHLERS Buch respektvoll, aber entschieden zurückgewiesen wird. Was er gegen die Psychoanalyse zu sagen hatte, haben später auch andere Autoren gegen sie eingewendet — aber keiner in so geistvollen Formulierungen wie BÜHLER. Zu der Zeit, als er in Wien an seiner „Krise" schrieb, arbeitete wenige hundert Meter vom Psychologischen Institut entfernt der „Stoffdenker" FREUD „in geradezu bewundernswerter Konsequenz seines axiomatischen Denkens", unbeirrt von der Fachpsychologie, an seiner Lehre vom animalischen Lustprinzip, dem BÜHLER in seinem Buch die Lehre von der Funktionslust und von der Freude an der schöpferischen Leistung gegenüberstellte.

Freude an schöpferischer Leistung gehörte für KARL BÜHLER zu den höchsten Werten menschlichen Daseins. Die „Krise der Psychologie, in welcher man diese Freude oft unmittelbar spürt, weil immer wieder neue Ideen und Einfälle aufblitzen, bleibt ein lebendiges Zeugnis für die produktive Kraft dieser großen Persönlichkeit.

HUBERT ROHRACHER

Vorwort.

Wer dies Buch in die Hand nimmt, erwarte kein Sammelreferat; das Inhaltsverzeichnis und das von Hedwig Fuchs sorgfältig ausgearbeitete Sachregister belehren ihn rasch, was darin vorkommt und was nicht. Herr Kollege Menzer bat mich für die Kantstudien um einen Artikel über die Lage der Psychologie; anfangs war ich aufs Sammeln eingestellt, entwarf Charakteristiken, musterte und fügte die Gedanken anderer über die Gegenwart und Zukunft unserer Wissenschaft zusammen, bis ich nicht mehr ein und aus wußte. Dann aus innerer Not schob ich dies Bündel beiseite, wandte mich an die Axiomatik der Psychologie und versuchte aus eigenem durchzukommen. Der Satz von den drei Ausgängen und dem einen Endgegenstand der Psychologie steht nun im Zentrum; um ihn ist alles übrige gruppiert.

In dem griechischen Verbum κρίνω (ich scheide) treffen sich die Bedeutungen der Namen Kritik und Krise. Dies Buch ist auf Kritik gestellt, um die Krise der Psychologie zu überwinden. Es gilt, den verlorenen oder gelockerten Kontakt zwischen der Psychologie diesseits und jenseits des Atlantischen Ozeans und zwischen den Schulen des wie immer an Sonderbestrebungen reichsten deutschen Sprachgebietes wiederherzustellen. Wenn der **Wille zur Anerkennung** fremder Erfolge neu belebt ist, braucht die Kritik nicht in homöopathischen Dosen verabreicht zu werden; wer höchste Anerkennung zollt, darf freimütig auch Grenzen ziehen und aberkennen: Auf dem Kongreß in Groningen habe ich betont, daß wir im Rahmen des Ganzen die sogenannte **geisteswissenschaftliche Psychologie** nicht entbehren können und versuche nun hier den bündigen Beweis dafür zu erbringen. Der Grundton dieser Hochschätzung soll auch die Kritik, die mir da und dort notwendig erschien, durchklingen. — Was **die Psychoanalyse** angeht, so bin ich der Meinung, daß gewisse Trennungsmauern zwischen ihr und der übrigen Psychologie fallen müssen. Das Legitimitätsprinzip, das die Gemeinde der engeren Freudschüler bis heute zusammenhält, war für eine störungsfreie Entfaltung der Ideen des Meisters vielleicht von Nutzen. Einmal aber im Laufe menschlicher Dinge muß jede Lehre, die als Wissenschaft gelten will, ihres esoterischen Charakters entkleidet werden, um auf dem Forum sich mit anderen zu messen und in ihrem Verbande aufzugehen. Die Basis und Gesichtspunkte für eine fruchtbare und entscheidende Auseinandersetzung zu finden, war mein ernstes Bemühen. Es geht in dem, was hier geboten wird, um die Seele des Kindes. Es gibt, ich weiß, noch ein zweites Kontaktfeld, das hier nicht betreten werden sollte, das kranke Seelenleben. Und es gibt ein drittes, das in der weit ausholenden Theorie der Zeichen, die hier exemplarisch herangezogen wird, einmal betreten werden muß. Ich will erst meine Sprachtheorie vollenden, um dann mit wohldefinierten Begriffen eine Prüfung der psychoanalytischen Symbollehre in Angriff zu nehmen.

An systematisch untergeordneter Stelle ist dies und das zur Kritik der Berliner Richtung in der Gestalttheorie eingeflossen. Nach meinen eigenen Arbeiten über Gestalten wäre es überflüssig zu versichern, wie hoch ich die Bedeutung des Gestaltgedankens für die Psychologie einschätze; meine Kritik richtet sich erstens gegen die drohende Überdehnung des Begriffes im Rahmen der psychologischen Probleme selbst und zweitens gegen seine Übertragung auf das Gebiet der Physik. Es wird im Vorbeigehen auch Bezug genommen auf einen Artikel, den ich über Koffkas „Neue Psychologie" in der Zeitschrift der Psychologie veröffentlicht habe. Einige lasen, wie ich erfahre, aus jenem Artikel einen moralischen Vorwurf heraus, was ich bedauere. Das moralische Urteil müssen wir dem überlassen, der für die Wertordnung in der Welt verantwortlich ist. Was ich geben wollte, war eine Warnung vor der Gefahr einer Entgleisung unserer Grundhaltungen, die ich vor Augen sah, und wogegen ich mich sachlich wendete, war eine Nachlässigkeit im Zitieren und eine Verzeichnung des historischen Bildes vom Werdegang der neuesten Psychologie. Es lag im Interesse der gemeinsamen Weiterarbeit, dies Bild zu korrigieren. Greifen wir auf gelegentliche Formulierungen Wertheimers (z. B. in Saupes „Einführung in die neuere Psychologie") zurück, so können von da aus die entstandenen Diskrepanzen als beseitigt und erledigt betrachtet werden.

Die Widmung eines Buches kann sachlichen oder persönlichen Motiven entspringen; selten dürften beide Beweggründe so vollkommen im Gleichgewicht stehen wie hier. Wenn meine Frau diese Zeilen liest, werden es die einzigen in dem Buche sein, die ihr eine Überraschung bereiten. Alles andere ist im wechselseitigen Geben und Nehmen entstanden; ich schenke ihr das fertige Ganze an dem Tage, da ein Ruf der Sache, der mich nach Amerika zieht, zum zweitenmal das Opfer einer persönlichen Trennung auf ein Jahr erfordert.

Wien, im Mai 1927.

Karl Bühler.

Vorwort zur zweiten Auflage.

Der Text ist unverändert geblieben, ich möchte zwei Hinweise und eine neue Formulierung hier im Vorwort unterbringen. Eine Fortbildung der Theorie des Kinderspieles, die im Mittelpunkt meiner Kritik der Psychoanalyse steht, ist in dem Buche Ch. Bühlers „Kindheit und Jugend" 1928 zu finden; das ist das eine. Die Fruchtbarkeit der Dreiaspektenlehre hat sich bewährt in einer „Theorie der tierischen und menschlichen Handlung", an der ich arbeite; das ist das andere. Die neue Formel erfaßt den Gehalt der klassischen Assoziationstheorie. Es sind, kurz gesagt, die folgenden vier Axiome, um die es geht bei der Auseinandersetzung der neueren Richtungen in der Psychologie mit jener (systematisch nie zu Ende gedachten) Lehre, die mit Locke und Hume anhob und um 1890 kulminierte:

I. Das subjektivistische Axiom: Der einzige legitime Ausgang der Psychologie ist die Selbstbeobachtung; ihr Gegenstand sind die Erlebnisse.

II. Das atomistische Axiom: Die Analyse der Erlebnisse findet fest umschriebene elementare Bewußtseinsinhalte; die sogenannten verwickelten oder höheren Phänomene sind Komplexionen aus ihnen.

III. Das sensualistische Axiom: Genetisch originäre Inhalte sind nur die Sinnesdaten mit Einschluß der ‚elementaren' Gefühle.

IV. Das mechanistische Axiom: Die Bildung der Komplexionen und der Erlebnisverlauf unterstehen dem Kontiguitätsgesetz, dem Assoziationsprinzip; es gibt Simultan- und Sukzessionsverkittungen.

Gegen das eine oder andere dieser Axiome wendet sich jede von den neuen Richtungen; die Denkpsychologie z. B. speziell gegen III und IV; die Gestaltpsychologie gegen II und IV; der Behaviorismus gegen I; die geisteswissenschaftliche Psychologie mehr oder weniger gegen alle, speziell aber gegen I und IV.

Wien, im Februar 1929.

Karl Bühler.

Inhalt.

1. Zur Charakteristik der Lage.

Die Aufbaukrise der Gegenwart 1. Die Ausgangslage von 1890 1. Einige führende Namen 2.

§ 1. Der Impressionismus und die klassische Assoziationspsychologie um 1890 2

E. Mach und die Assoziationstheorie 2. **1.** Psychische Elemente, der Impressionismus Machs 3. Keine antithetische Richtung 3. Gemeinsame Methodik nicht Axiomatik um 1890 4. Entwicklung der Psychologie unabhängig von der Philosophie 5. **2.** Zur Apologie des Assoziationsbegriffes 5. Mechanik des Seelischen 6. Kritik, das System diffuser Reproduktionen 7. Das Zerstäubungsmoment in der klassischen Assoziationstheorie 8. Gegensatz: Die Psychoanalyse 8. **3.** Die Pionierarbeit der letzten Generation von Forschern 9. Die Formel Sprangers „Wissenschaft vom sinnerfüllten Leben" 9. Vergleich mit der Osteologie und der Phonetik 10. **4.** Kritik der Forschungsmethoden 11. Intuition und Induktion 11.

§ 2. Die Denkpsychologie und die Psychoanalyse . . 12

Beide als Gegner der klassischen Assoziationstheorie 12. **1.** Inhalte und psychische Operationen 13. Damit das Programm verschoben 13. Der teleologische Charakter des seelischen Geschehens 14. Statik und Dynamik des Seelischen 15. **2.** Freuds erste Schriften und der Sinn im seelischen Geschehen 15. Über den Traum, Regression, Theorie der Fehler 16. **3.** Das alte Programm der Erlebnispsychologie 17. Subjektive und objektive Psychologie 17.

§ 3. Der Behaviorismus und die geisteswissenschaftliche Psychologie 18

Lloyd Morgan und Jennings 18. Dilthey 18. Von unten und von oben 19. **1.** Zur Geschichte des B. 19. Die Programmformel 19. Die Instinkte und das Lernen 20. **2.** Der Intellekt 20. Die drei Grundrichtungen in der Entwicklung 21. Dreistufentheorie 21. Die Wissenschaft vom Benehmen 22. Wendung ins Teleologische 22. Philosophische Dialektik im Ansatz 22. Lebensnähe des B. 23. **3.** Diltheys mannigfache Anregungen 23. Methode der

Interpretation 23. Wundts Völkerpsychologie 23. Ein Beispiel aus Dilthey 24. Parallelannahme 24. Die Lehre von der Persönlichkeit 25. **4.** Psychologie als Lehre vom subjektiven Geiste, sinntragende Dispositionen, die Sinnbändertheorie Sprangers 26.
Verhältnis der Theorien zueinander 27
Die Schicksalsstunde der Psychologie 27. Kontakt der Theorien 27. Programm einer philosophischen Auseinandersetzung 27. Die Formel E:B, E:G, B:G 28.

II. Die drei psychologischen Aspekte.

Wie ist Psychologie möglich? 29. Die drei Ausgangsgegenstände der Ps., die Deduktion 29. Exemplarischer Beweisgang an der Sprache 29.

§ 4. Der Erlebnisaspekt in der Sprachtheorie 30
Geschichtliches, Steinthal, H. Paul und W. Wundt 30. **1.** Wundts Axiomatik in der Sprachtheorie 30. Das Parallelenaxiom 31. Begriff der „Volksseele" 32. Kritik vom Sinn des Ganzen her 32. Kundgabe und Kundnahme korrelative Begriffe 33. **2.** Darwins Ansatz 33. Kritik, Funktionswechsel 34. **3.** Kritik der Tropismentheorie geht parallel 35. Die Signalfunktion im Benehmen niederer Tiere 36.

§ 5. Das Zweiersystem von Zeichengeber und Zeichenempfänger 37
Eine neue Axiomatik 37. Methodischer Vergleich mit dem Farbensinn 37. **1.** Ursprung der Semantik im Gemeinschaftsleben 38. Echte Gemeinschaft, gegenseitige Steuerung 39. Gemeinsame Wahrnehmungssituationen 39. Beispiele aus dem Menschenleben 40. Richtpunkte der Steuerung jenseits der gemeinsamen Wahrnehmungssituation 41. Eigenbedarf und Eigenstimmung greifen ein 41. Rückblick auf Darwin und Wundt, progressiver Entwicklungswert der Gebärden 42. **2.** Dieser Ansatz ist behavioristisch 42. Das Verstehen im behavioristischen Aspekt 43. Begriff der Steuerung 43. Ein konkreter Fall 44. Ausbau der Theorie 45. **3.** Aspektwechsel schon in der Biologie 45. Erläuterungen an der Sprachwissenschaft 45. Abkehr und Verhaftetsein der Phonetik von der Bedeutungslehre 46. Parallel die Situation des Behaviorismus 47.

§ 6. Die Darstellungsfunktion der Sprache 47
Die Sprache des Menschen um eine ganze Sinndimension reicher als die der Tiere 47. **1.** Relationstheoretischer Beweis an einem Beispiel 48. Arten der Darstellung 48. Basis in der Logik 49. Rückblick auf Wundt 49. Herder und ältere Theoretiker 49. **2.** Das System unserer Axiome 50. Andere Anordnung möglich 51. **3.** Frage nach der Darstellungsfunktion bei Tieren 51. Beispiel von Ameisen und

Bienen 52. Zeichen und Stoffprobe 52. Selbstgeschaffene Zeichen 53. Entstofflichung und Ablösbarkeit 54. Nur beide Symptome zusammen beweiskräftig 54. **4.** Vom Menschen her gesehen 55. Geschichtlicher Rückblick, über Psychologismus 55. Sprache und Logik, Aristoteles 56.

§ 7. Das Ergebnis 57

Logische Betrachtung unserer Deduktion, ihre Entstehung 57. **1.** Die syllogistische Formel 57. Die Termini, ausweichende Einwände 58. Mögliche Schlußfehler 58. **2.** Materiale Begründung der Prämissen 59. Neue Probleme 59. Die drei Aspekte notwendig 59. **3.** Historisches: Aristoteles, Bolzano, Husserl, Marty, Meinong, Frege 61. Das abgeschlossene System hier zum ersten Mal geboten 62.

III. Die Einheit der Psychologie.

Drei Begriffssprachen nach den drei Ausgangsgegenständen unvermeidlich 64. Die Einheit des Endgegenstandes der Ps. ein philosophisches Problem 64. Kein Aspekt der schlechthin orthoskopische 64. Erläuterung unserer Lage an einem Beispiel aus der Geographie 64. Etwas vom System der Endbegriffe: Ganzheitsgeregeltes und Sinnvolles Geschehen 65. Steuerung, ein psychologischer Grundbegriff, seine weite Verwendbarkeit 65. Die Signifikation 66. Cassirer, Freyer 66. Brentanos Intentionalität des Psychischen 67. Systematischer Ausbau dieser Ansätze eine Angelegenheit der Philosophie 67. Kontakt mit der psychologischen Einzelforschung ebenso notwendig 68.

§ 8. Die neue Zweiheitslehre Sprangers 68

Das Problem und die Lösung in der Akademieabhandlung von 1926 68. **1.** Die fünf Dichotomien 69. Begriff der naturwissenschaftlichen Ps. 69. Biologisches Denken in der modernen Ps. 70. Entgegenkommen Sprangers 70. Gegen den älteren Physikalismus 70. Wozu der Trennungsstrich? Beispiel aus der Farbenlehre 71. Bildwert der Farben, das Sinnganze eines Gemäldes, Gemäldeoptik 71. Das Beispiel Sprangers 72. Sein Schnitt schafft zwei lebensunfähige Stücke der Psychologie 73. Sein Beispiel kritisch beleuchtet 73. Vorsymbolischer Sinn in der Wahrnehmung bei Tieren und Menschen 74. **2.** Signale, Anzeichen, Symbole in der Wahrnehmung 75. Der Signalbegriff entspringt aus der Kausalbetrachtung, Steuerung 75. Über den Begriff der „Beobachtung" 76. Vom intentionalen Moment her die Anzeichenfunktion 78. Die Kompaß- und die Lotsensteuerung 80. Rückblick auf Jennings 81. **3.** Ergebnis 82.

§ 9. Der seelische Kontakt und das Kontaktverstehen 82

Einfühlung und Struktureinsicht 82. Max Scheler und seine Kritiker 83. Eine neue Wahrnehmungstheorie des Fremdseelischen 83. **1.** Die naive Beschreibung der Tatsachen 84. Das Zweiheitsmoment als Angelpunkt einer Kontakttheorie 85. Kontakt an der Kovarianz des Benehmens der Partner erkennbar 85. Das Detektivbeispiel 86. **2.** Einseitiger und wechselseitiger Kontakt 87. Die Kontaktstufen beim menschlichen Kinde 87. Gebärdenresonanz 87. Die zwei inneren Synapsen 88. Befreiung von diesem primitivsten Kontakt, höhere Stufen 89. Verbalsuggestion 90. Beispiel der Hypnose 89. Die Kontakttiefe 91. Die Widerstände 91. Der engere Suggestionsbegriff abgehoben von der sachlichen Steuerung des seelischen Geschehens 92. Der Redner und seine Hörer 92. Definition des Begriffes Kontakttiefe, Bündigkeit der Suggestionswirkungen 92. Rückwirkungen, das Schema des Zweiersystems 93. Systemsteuerungen 94. **3.** Die Kontaktpartner und die Sache 94. Das personale Dreieck 95. Das Kontaktverstehen hat zwei Ansätze, zwei Ebenen, Verflechtung von äußerer und innerer Wahrnehmung 95. Vergleich mit Tastwahrnehmungen 95. Das Verspüren 96. Kovarianz und Ansprechen des Partners 96. Schon in der gewöhnlichen Wahrnehmung die zwei Momente angelegt 97. Erläuterungen und Zusätze, Grenzfälle 97. Ernst- und Scheinerlebnisse, Vergleich mit dem Schauspieler 98. **4.** Ich und Du, das erkenntnistheoretische Zentralproblem 99. Schelers Ansatz, Kritik und Zustimmung 99. Beobachtungen am Feinde 100. Die schwierigste psychogenetische Frage 101. Das Deutungsgerät im Kontaktverstehen 101. **5.** Die Tiefe des Verstehens, ein Beispiel 102. Die Sinnbündigkeit des Verstandenen 103. Tiefe kein Wertprädikat 104. **6.** Das Ideal einer „verstehenden" Psychologie von hier aus entwickelt 105. Kontaktverstehen kein Abschluß der wissenschaftlichen Forschung 105. Einmischung von Struktureinsichten 106.

§ 10. Über Struktureinsichten und den Physikalismus in der Psychologie 106

Ausgang von Dilthey, ein platonischer und ein aristotelischer Ansatz bei ihm 106. Eine Scheidung nötig 107. **1.** Stumpfs Begriff des Strukturgesetzes 107. Mathematik, Logik, Wertstrukturen 108. Diltheys Leistung für die Psychologie 109. **2.** Der Strukturbegriff bei Spranger 109. Kausalerkenntnis und Struktureinsicht, historische Kritik 109. Vergleich mit der Physik, Kepler und Newton 110. Das biologische Gebiet 111. Gegensatz von Spranger zu den Gestaltpsychologen 112. **3.** Struktur, Sinn und Wert 112. Trennung von Struktur und Sinn notwendig 112. Der Strukturmonismus der Gestaltpsychologen 112. Historisches 113. Die „physischen Gestalten" erläutert an einem

Beispiel 114. Das philosophische Problem, Leibniz, Spinoza über Mechanismus und Teleologie 115. Die Fruchtbarkeit des modernen Strukturgedankens, Korrektur einer eigenen früheren Auffassung in der Denkpsychologie 116. **5.** Begriff der Steuerung, Auswüchse des Gedankens vom systembedingten Geschehen 117. Spinoza und der Sinnbegriff 120. Spezifische Zweckprobleme 150. Systemfremde Steuerungen 120. Einstellungen 121. Maschinentheorie und Strukturtheorie 122. Korrelative Begriffe 122. Zweckmäßigkeit und Zweckhaftigkeit 123.

§ 11. Der Sinnbegriff in der Psychologie 123

Drei Gegenstandsgebiete verwenden den Sinnbegriff 123. Versuch einer Reduktion 123. **I.** Ausgang von der Semasiologie, Ordnungszeichen, Husserl 124. Usuelle und occasionelle Bedeutungen 124. Der „reine" Sprachsinn 125. Noch einmal die drei Dimensionen des Sprachsinnes 125. Präzisierung des Sprachsinnes durch die Sprechsituation, das Zwecksubjekt des Sprechaktes 126. Der „Sinn an sich" 126. Der Zweckbegriff unentbehrlich zur Definition des Begriffes „Sprachsinn" 127. **2.** Der Sinn von Anzeichen, Beispiele 127. Ursprungsbetrachtungen 128. Verengerung und Erweiterung des Begriffes in der Sprachtheorie 129. Das φύσει und θέσει der Bedeutung von Anzeichen 130. Anschluß an Husserl 131. Damit Einführung des Zweckmomentes 132. Ein Zusammenhang begründet, ein Glaube setzt den Sinn von Anzeichen 132. Übereinstimmung mit dem Etymon des Wortes „Sinn" 132. Anwendungen 133. **3.** Der Sinnbegriff bei Spranger, Beispiele 133. Trennung von Sinn und Wert 134. Verstehen und Erklären 135. Logisches Verhältnis von Struktur, Sinn und Wert.

§ 12. Die Idee einer Kulturpsychologie 137

Konvergierende Bemühungen um eine Theorie des objektiven Geistes 137. Freyers Essay 138. Die zwei psychologischen Problemgebiete 138. Bemerkungen zur Psychologie des Schaffens 139.

§ 13. Die Sinnbändertheorie Sprangers 141

Psychologia psychologice 141. Ablehnung des Psychologismus in Logik und Ethik 141. Die „eigentliche" und die uneigentliche Psychologie bei Spranger 141. **I.** Sprangers objektiver Geist eine metaphysische Entität 142. Methodische Konsequenzen 143. Das Verhältnis G:E 143. Die Wechselwirkungsannahme, Belege aus den Werken Sprangers 144. Komplikation durch Niveauunterschiede im Bereiche des objektiven Geistes 145. **2.** Kritik, Kepler und Spranger 146. Das Universalienproblem 147. **3.** Struktur und Wechselwirkung, physikalische Analogien 148. Logische Unentbehr-

XVIII

lichkeit eines Mediums 149. Psychologische Anwendungen 149. Die Lücke im Sprangerschen System 151. Fritz Heider über Ding und Medium 151. **4.** Spranger und die Psychophysik, die Beinmuskeln des Sokrates 152. Zwei Warumfragen 153. Sprangers Bemerkungen über die Instinkte 153. Historisches dazu 154. Kant und Spranger 155. Die Spieltheorie von Groos und ihre Weiterführung 156. Die Funktionslust als subjektiver Motor der Spieltätigkeit 157. Beispiel aus der Farbenlehre 158. Die analoge Fragestellung in der Geschichtswissenschaft 158. Eduard Meyer und der Strukturgedanke in der Geschichte 158 ff. Methodische Konsequenzen 161.

IV. Zur Kritik der Psychoanalyse.

Die psychotherapeutische Situation 162. Ärzte und Dichter als Zeugen für die Psychoanalyse 163. Die Psychoanalyse in der Kinderstube 164. Philosophische Besinnung auf die Axiomatik der Psychoanalyse 164.

§ 14. Freud, der Stoffdenker 165

Belege und Erläuterungen des Begriffes Stoffdenker 165. Die drei verschiedenen Begriffe des „Komplexes" in der Psychologie 165. Keiner schließt die anderen aus 166. **1.** Beispiele aus Freuds Theoriengebäude, der künftige Pedant und Geizhals als Kind 167. Stoffliches Nachklingen der Urszenen 167. Ranks Theorie der Angst 168. Freuds Kritik an ihr, die Formen der kindlichen Angst 168. Freuds neue Formulierung des Angstproblems 169. Rückkehr zum physiologischen Denken 170 f. Darwin und Freud theoretische Antipoden 172. **2.** Die Charakterologie im Sinne der Psychoanalyse 173. Kindheitserlebnisse und Charakter, Stufen und Phasen in der Sexualentwicklung 174. Eine neue Idee über den Ursprung der Sprache 174. Der Ödipuskomplex 175. Die Krise des dreijährigen Kindes 176. **3.** Häberlins Urteil über Kinderanalysen 177. Die Notwendigkeit einer Überprüfung der psychoanalytischen Axiomatik 178. Überschätzung des Reproduktionsprinzips 178.

§ 15. Vom Jenseits des Lustprinzips 179

Es gibt im Menschenwesen ein Jenseits des Lustprinzips, doch anders als Freud es meint 179. Im Diesseits zwei von Freud übersehene Provinzen 180. **1.** Das Lustprinzip, Befriedigungslust 180. Die Lust als Todesprinzip 181. Freuds Formel und meine eigene in der „geistigen Entwicklung des Kindes", Übereinstimmung 181. Eine Bemerkung von Fechner 182. **2.** Das „Realitätsprinzip" Freuds und der Hedoniker 183. Der Wiederholungszwang 184. **3.** Freud und Schopenhauer 184. Tatsachenbelege Freuds für den Wiederholungszwang 185. Das Wiederholungsmoment im Spiele des Kindes 186. **4.** Notwendige Unterscheidungen 187. Das Gewohnheitsmoment 187. Charakterologische Konstanten im Kinderspiel 188. Die Wiederholung des Unlustvollen 188. Die allgemeinste Problemstellung 189. **5.** Nachweis der Funktionslust, sie ist ein Motor der Tätigkeit 190. Funktionslust und Befriedigungslust, theoretische Überlegungen 191. Die Schaffenslust als dritte Form 192. **6.** Gegen Freuds Todesformel, Ausgang von Spencer 192. Die Veredlung der Entladungslust, das Formprinzip 193. Der Rhythmus, eine Überlegung im Geiste der Psychoanalyse 194. Berührung mit Schopenhauer 195. **7.** Freuds Begriff der Vorlust 196. Alte und neue Theorie Freuds, Versuch, die Diskrepanzen auszugleichen 196. Vorlust und Funktionslust 197.

§ 16. **Formwille und Funktionslust im Spiele des Kindes** 200

Neue Untersuchungen über das Kinderspiel 200. Spiel und Kunst 201. **1.** Spielbräuche, ihre Tradition 201. Psychologisches Problem der Traditionstatsachen 202. Tradition und Umschaffen 203. Ergebnis, Formwille 204. **2.** Das Beispiel Freuds 204. Das Schema Freudscher Theorienbildung 205. Freud und Groos 206. Abwägung 207. Das geforderte Erklärungsprinzip 207. **3.** Sprechen- und Zeichnenlernen als Beispiele 208. Formprinzip darin 209. Form und Sinn 210. Quellpunkt der Symbolik im Gemeinschaftsleben 211. Das gefundene prospektive Gegenwartsprinzip 211.

I. Zur Charakteristik der Lage.

Soviele Psychologien nebeneinander wie heute, soviele Ansätze auf eigene Faust sind wohl noch nie gleichzeitig beisammen gewesen. Man wird mitunter an die Geschichte vom Turmbau zu Babel erinnert. Und doch war es eigentlich nicht so wie beim Turmbau zu Babel, nicht so, daß eine himmelstürmende Idee die Geister eine Zeitlang vereinigte, um sie dann dialektisch wieder auseinander zu treiben, nicht so wie beim Zerfall des Hegelschen Systems im zweiten Drittel des 19. Jahrhunderts. Halten wir dies Ausgangsdatum fest, dann folgt ihm in der Psychologie jene durchaus nüchterne, erfahrungsnahe, naturwissenschaftliche Phase, aus der erst heute wieder weitgespannte Ideen emporgewachsen sind. Ideen im Plural. Denn so ist es in der Gegenwart: ein rasch erworbener und noch unbewältigter Reichtum neuer Gedanken, neuer Ansätze und Forschungsmöglichkeiten hat den krisenartigen Zustand der Psychologie heraufbeschworen. Es ist, wenn nicht alles täuscht, keine Zerfalls-, sondern eine *Aufbaukrise,* ein embarras de richesse, wie er das Ausholen zu einem umfassenden Gemeinschaftswerke begleiten kann. Gelingt es, eine Konkordanz herzustellen, dann dürfen wir Großes von der Zukunft erwarten. Kritisch ist ja nicht nur die Lage in der Psychologie, sondern auch die in anderen Geisteswissenschaften und in der Biologie; ich denke mir, unsere nächsten Nachbarn, z. B. die Soziologen und die Psychiater, durften nicht nur aus altruistischen Gründen an dem, was uns hier beschäftigen soll, Interesse nehmen. Es geht um beides zugleich, die Axiomatik und die Methode der Psychologie.

Wer einmal die Geschichte unserer Krise schreiben sollte, wird zweckmäßig den Stand um 1890 zur Basis erwählen. Denn damals gab es etwas wie ein gemeinsames Programm und eine gemeinsame Hoffnung. 1890 ist z. B. der erste Band der Zeitschrift für Psychologie erschienen, deren 100. Band wir heute vor uns haben. Ebbinghaus, ihr junger Herausgeber und spiritus rector, gewann Männer für sein Unternehmen, die damals schon klangvolle oder später klangvoll gewordene Namen trugen: Helmholtz, Hering, von Kries, Exner unter den Physiologen; Th. Lipps, G. E. Müller, Stumpf, die Psychologen; auch W. Preyer, der Begründer der Kinderpsychologie, war darunter. Daß Ernst Mach fehlte, war wohl ein Zufall; sachlich gehört er durchaus dazu. Ja, noch mehr. Wer den historischen Rückblick zur Konstruktion einer eleganten Antithesis von damals und heute ausnützen, um nicht zu sagen mißbrauchen wollte, würde Mach in den Vordergrund schieben und in seiner „Analyse der Empfindungen" die reinste Ausprägung der Mentalität jenes Forscherkreises von 1890 erblicken. Das Bild wird sehr einfach, wenn man dies tut, aber es trifft die Dinge exakt doch nur von der Methode her. Immerhin läßt sich das eine sagen, daß alle neuen Bewegungen, die hier besprochen werden sollen, kurz vor oder kurz nach der Jahrhundertwende entstanden sind und das Bedürfnis fühlten, sich mit jener ungeschriebenen Gesamtauffassung von 1890 auseinanderzusetzen oder sich wenigstens als etwas Neues, Andersartiges von ihr abzuheben. Das gilt in gleicher Weise von Dilthey wie von Freud, von der Denkpsychologie wie vom Behaviorismus der Amerikaner. Und so mag uns denn dies Faktum genügen, um das Schema des Auseinandergehens der Richtungen von einer gemeinsamen Ausgangslage einer kurzen orientierenden Darstellung zugrunde zu legen. Die notwendige Korrektur wird der gewissenhafte Historiker in weit ausholender Betrachtung anbringen. Liegt es doch z. B. klar, daß durch Männer wie Stout unter den Engländern und Brentano unter den Deutschen ein Zuschuß ältesten Erbgutes der Psychologie auch in die neuen Bewegungen gebracht worden ist. Husserl und Ll. Morgan, um zwei extrem verschiedene, aber gleich einflußreiche, moderne Denker nebeneinander zu stellen, wahren bei allem Neuen, das sie bringen, eine Tradition, die bis auf Aristoteles zurückgeht. Auf Aristoteles, dem wir heute, wenn die Grundgedanken dieses Buches richtig sind, in vielen Punkten wieder nahe kommen. Doch überlassen wir die feinere Geschichte dem Historiker.

§ 1. Der Impressionismus und die klassische Assoziationspsychologie um 1890.

Merkwürdig, wie manchmal Überkommenes und Neues sich mischt, um eine Einheit zustande zu bringen. Hume und Herbart waren da, aber es bedurfte eines zeitbedingten Grunderlebnisses bei E. Mach, um eine Physik und Psychologie umschließende Weltanschauung aus dem alten Gedankengut neu erstehen zu lassen. An Mach treten mehrere Züge der herrschenden Psychologie seiner Epoche besonders scharf hervor, so daß man sie an ihm bestimmen kann. Zu Zeugen für die klassische Assoziationstheorie dagegen wird man andere aufrufen.

1. Der Begriff *Elemente* ist von keinem anderen so geraden Weges aus dem physikalischen Denken auf das Seelenleben übertragen worden wie von Mach, und niemand hat der Mentalität des *Impressionismus*, die um 1890 die Kunst und das psychologische Denken weithin erfüllte, einen so bestechend klaren und erkenntnistheoretisch begründeten Ausdruck verliehen, wie er:

„Ich habe es stets als ein besonderes Glück empfunden, daß mir sehr früh (in einem Alter von 15 Jahren etwa) in der Bibliothek meines Vaters Kants „Prolegomena zu einer jeden künftigen Metaphysik" in die Hand fielen. Diese Schrift hat damals einen gewaltigen, unauslöschlichen Eindruck auf mich gemacht, den ich in gleicher Weise bei späterer philosophischer Lektüre nie mehr gefühlt habe. Etwa 2 oder 3 Jahre später empfand ich plötzlich die müßige Rolle, welche das »Ding an sich« spielt. An einem heißen Sommertage im Freien erschien mir einmal die Welt samt meinem Ich als *eine zusammenhängende Masse von Empfindungen*, nur im Ich stärker zusammenhängend. Obgleich die eigentliche Reflexion sich erst später hinzugesellte, so ist doch dieser Moment für meine ganze Anschauung bestimmend geworden. Übrigens habe ich noch einen langen und harten Kampf gekämpft, bevor ich imstande war, die gewonnene Ansicht auch in meinem Spezialgebiete festzuhalten." (A. d. E. 6. Aufl. S. 24 Anm. Die Auszeichnung von mir. Das geschilderte philosophische Grunderlebnis Machs fällt in das Jahr 1855 oder 1856.)

Der originäre Gehalt des Seelenlebens liegt also nach Mach in den Sinnesdaten, den Farben, Tönen, Gerüchen usw. beschlossen. Sie sind das unmittelbar Gegebene und als solches der gemeinsame Ausgangsgegenstand für die Physik und die Psychologie, die Natur- und Geisteswissenschaften. Doch genug von dieser genialen, genial einseitigen Konzeption. Genug für unsere Betrachtung, um den Satz zu belegen: Wer heute die Stichworte *Elementenpsychologie, Sensualismus, atomistische Betrachtungsweise des Seelenlebens* im Munde führt, um kritisch etwas Neues vom Alten abzuheben, der kann in der ganzen älteren Literatur kein bequemeres Objekt für dies Unternehmen finden, als die Analyse der Empfindungen von Ernst Mach. Schade nur für die einfachste Konstruktion unseres Historikers erstens, daß es heute in der wahrlich nicht geringen Mannigfaltigkeit von „Psychologien", von Ansätzen auf eigene Faust, keine einzige gibt, die man als den reinen Gegenschlag zu der Machschen bezeichnen könnte. Auf dem Gebiete der Kunst pflegt man etwa den Expressionismus schon durch die Namengebung als den Umschlag, den geraden Gegensatz zur Eindruckskunst zu kennzeichnen. In der Philosophie vertreten im Kreise derer, welche die Metaphysik ablehnen, die Marburger Neukantianer eine Auffassung, die als Gegenpol zu Machs Lehre vom erkenntnistheoretischen Primat der Empfindungsdaten gelten kann. Nur die Psychologie hat nichts reinlich Entsprechendes aufzuweisen. Schade zweitens, daß es um 1890 und bis auf den heutigen Tag außer Mach noch andere Psychologen gab und gibt, die keineswegs seine Weltanschauung teilten und trotzdem über den damals eingeschlagenen Forschungsweg der Psychologie einer Meinung mit ihm waren. Die elegante Formel Machs vom gemeinsamen Ausgangsgegenstand der Psychologie und der Physik machte einen gewissen Eindruck auf Männer wie W. Wundt und Külpe, die im übrigen ihre eigenen Wege wandelten. Finden wir weiter Lipps, Stumpf, Brentano, später Meinong und seine ganze Schule (als Mitarbeiter der Zeitschrift für Psychologie) mit Mach vor demselben Wagen, so wird offenbar, daß dies kein philosophisch gebundenes Gemeinschaftsunternehmen gewesen sein kann. Keine Übereinstimmung in der *Axiomatik,* sondern eine solche in der *Methodik* unserer Wissenschaft führte sie zusammen. Ich zitiere einen Satz von Stumpf: „Genug, wenn zugegeben wird, daß die Analyse des unmittelbar gegebenen psychischen Lebens unvollständig bleibt, wenn man sich auf die zu Anfang als Erscheinungen [Empfindungen, Vorstellungen, sinnliche Gefühle] aufgezählten Elemente beschränkt, daß das Hinzuzufügende von anderer Gattung ist, und daß es den Kern des psychischen Lebens ausmacht, die Erscheinungen aber samt allem Strecken und Beugen nur die Schale"[1]. Das wäre, an Machs Axiomatik gerichtet, die schärfste Absage, die im Namen des ganzen Kreises um Brentano und vieler anderer schon um 1890 hätte abgegeben werden können. Und doch hat ein Mann wie Stumpf den größten Teil seiner Lebensarbeit an die Erforschung jener „Schale des Seelenlebens" gesetzt. Es war eben die gemeinsame Überzeugung seiner Generation, daß dies zuerst ins Reine gebracht, der einmal betretene Weg zu Ende gegangen werden

---

[1] C. Stumpf, Erscheinungen und psychische Funktionen. Abh. der Berl. Akad. d. Wiss., 1907, S. 39 (dort nicht gesperrt).

müsse, daß man erst nach einem klaren Einblick in die Sinnesfunktionen oder danach leichter in den Kern einzudringen vermöchte. Und es war ihr methodischer Grundsatz, daß die Theorie der Empfindungen im Anschluß an die Physiologie der Sinne und mit den Mitteln des Experimentes aufgebaut werden müsse. Sollten sie sich darin grundsätzlich getäuscht haben? Ich glaube nicht.

Das Schicksal der Psychologie ist also nicht mehr zwangsläufig an die Pendelschläge eirkenntnistheoretischer, weltanschaulicher Grundauffassungen gekoppelt, sondern hat ihnen gegenüber einen gewissen Freiheitsgrad erreicht. Und die Übereinstimmung in der Methodik hat auf einem Teilgebiet der Psychologie ihre gemeinschaftsbildende Kraft bewiesen. Ich ziehe aus beiden Sätzen den einen Schluß, daß die Psychologie mindestens teilweise begonnen hat, auf eigenen Füßen zu gehen, ihre Axiomatik und Methodik selbständig nach den Forderungen des eigenen Gegenstandes auszubauen.

2. Um 1890 würde die Angelegenheit der *Assoziationen* in weiten Kreisen als res judicata betrachtet; man glaubte sich im Besitz einer positiven Erkenntnis. Heute will kaum einer noch an die weitgespannten Erwartungen von damals erinnert sein und einige glauben sogar ohne Assoziationen auszukommen. Es obliegt dem Historiker, diesen Umschwung dokumentarisch zu schildern, nicht uns. Experimente zum Studium der Assoziationen sind seit Anfang der achtziger Jahre üblich, aber erst durch das Gedächtnisbuch von Ebbinghaus von 1885 zur Würde eines Hauptzweiges psychologischer Forschung erhoben worden. Es war eine originelle Idee, die Bedingungen des Vokabeln- und Reihenlernens in der Schule im Experiment nachzuahmen, um die Assoziationen an sich, die Assoziationen in Reinkultur, wie man meinte, die Gesetze ihres Werdens und Vergehens, studieren zu können. Und einige Erkenntnisse, die auf anderen Wegen kaum zu erreichen waren, sind in der Tat auf diesem gewonnen worden. Ich denke dabei z. B. an den Einprägungswert der Wiederholungen, an das Gesetz vom fortschreitenden Vergessen in logarithmischer Kurve und die Jostschen Gesetze vom Alterswert der Assoziationen, die sich daraus ergeben, an die weit ausgreifende Lehre von den verschiedenen Hemmungen u. dgl. m. Das sind Tatbestände, die in ihrer Gesamtheit ein gewichtiges Wort mitzusprechen haben, wenn über Sein oder Nichtsein der Assoziationen entschieden werden soll. Ich bin der Meinung,

daß man ohne Mörtel, Zapfen, Schrauben oder sonstige Kohärenzmittel keine Häuser bauen und ebensowenig das reine Gewohnheitsmoment in unserem Seelenleben ohne den Kontiguitätsfaktor der Assoziationen begreifen kann. Wir finden es in ungezählten Variationen, daß gewisse Bausteine aus einem Sinnganzen immer noch zusammenhalten, wie die Steine einer umgestürzten Mauer, wenn eine vollständige Sinnentleerung stattgefunden hat. Und wir spüren solche Kohärenzen als Widerstand, wenn ein neuer Sinn die alten Materialien erfüllen, in seinen Dienst nehmen soll. Dies und eine intime Kenntnis des werdenden Seelenlebens, wo das Kohärenz-, das Mörtelprinzip oft mit Händen zu greifen ist, werden uns, wie ich glaube, verhindern, den alten, verfehlten Monismus der Assoziationstheorie mit einem neuen, nicht weniger verfehlten Monismus des Strukturgedankens oder des Sinnprinzips umzutauschen.

Wort und Begriff einer *Mechanik* des seelischen Getriebes stammten von Herbart. Aber auch vor ihm Leibnitz und nach ihm Lotze hätten nichts Grundsätzliches gegen die Konzeption als solche einzuwenden gehabt. Man beachte, um ein gerechtes Urteil über das hier in Frage stehende Gemeinschaftsunternehmen der Männer von 1890 zu gewinnen, zweierlei. Erstens gegen Herbart: es ist zweierlei, eine Idee am Modell durchdenken und der Versuch, sie in methodisch strengem, experimentellem Verfahren an den Tatsachen zu verifizieren. Ebbinghaus ist in der Auseinandersetzung mit Dilthey durchaus im Recht, wenn er beides getrennt wissen will. Was Herbart bot, war ein „fiktiver Komplex von Formeln und Gleichungen, der . . . . längst tot und begraben ist, gegen den sich selbst die Herbartianer überwiegend ablehnend verhalten haben"[1]. Was das Gedächtnisexperiment ergab, sind beobachtete Gesetzmäßigkeiten, die niemand wegdiskutieren kann und die so oder anders ihre Deutung fordern. Bleibt freilich immer noch zu erwägen, ob die Natur uns in diesen Gesetzmäßigkeiten auf eine mehr oder minder gescheite Frage geantwortet hat. Fragen kann man viel, und statistische Regeln sind billig wie Brombeeren,, woran auch der Nachweis, daß man sie im Schweiße seines Angesichts gepflückt hat, nichts ändert. Es gibt vielsagende und wenigsagende statistische Regelmäßigkeiten. Wir sind, wie ich glaube, heute noch

---

[1] H. Ebbinghaus, Über erklärende und beschreibende Psychologie. Z. f. Ps. 9 (1896), S. 185.

keine kompetenten Höchstrichter in Sachen jenes Mechanismus, des mechanistischen Momentes in unserem Seelenleben und seiner Grundgesetze, auf welches das Gedächtnisexperiment letzten Endes eingestellt war. Leibniz und Lotze, das ist das zweite, woran ich erinnern möchte, waren erfüllt von der Idee einer kosmischen Teleologie und erwarteten von daher, daß auch die psychische Mechanik einen Kosmos, eine sinnvolle Ordnung zustande bringe. Erst dann, wenn diese Überzeugung gestrichen und der gottlose Zufall zum Weltgesetz erhoben wird, gewinnt auch die Seelenmechanik der klassischen Assoziationstheorie einen schlechthin hoffnungslosen Grundcharakter.

Aber so oder anders, wir sind heute in der Lage, eine exakte Formel für eine historisch gewordene Grundauffassung zu bieten, die durch den Fortgang der exakten Forschung selbst als widerlegt, weil unzulänglich, zu betrachten ist. Ich gebe sie hier mit den Sätzen von Selz wieder: „Für die Assoziationspsychologie in ihrer historischen Gestalt, die klassische Assoziationspsychologie, ist unser psychisches Geschehen, namentlich auch unsere Vorstellungstätigkeit, ein *System diffuser Reproduktionen*. Die Gedächtnisresiduen gleichzeitiger psychischer Vorgänge sind miteinander so verknüpft (assoziiert), daß mit der Wiederkehr eines Vorgangs auch die übrigen wieder ablaufen. Kehrt daher ein psychischer Vorgang öfter wieder, so geht er immer neue Assoziationen mit den jeweils gleichzeitigen Vorgängen ein.

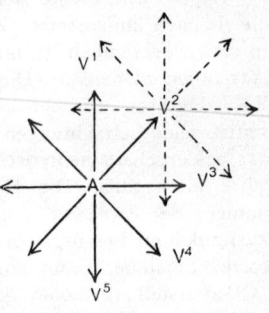

Fig. 1.

Auf diese Weise wird er schließlich der Mittelpunkt eines Systems nach allen Richtungen divergierender Assoziationen. Ein uns zugerufenes Wort A wird zum Beispiel die Tendenz haben, die Vorstellungen V^1, V^2, V^3 .... aller der Gegenstände wiederzuerwecken, die bei seiner früheren Anwendung in unserem Bewußtsein waren (Fig. 1). Jede der Vorstellungen V^1, V^2, V^3 ... wird aber selbst wieder den Mittelpunkt eines Systems von divergierenden Assoziationen bilden, und so werden die durch das Reizwort ausgelösten Reproduktionstendenzen nach allen Richtungen auseinandergehen, sich zerstreuen oder diffundieren. Darum kann das psychische Geschehen in der Darstellung der klassischen Assoziationspsychologie als ein System diffuser Reproduktionen bezeichnet werden. Natürlich hat die klassische Assoziationspsychologie die Tatsache nicht übersehen, daß keineswegs alle mit dem gleichen Ausgangsglied assoziierten Vorstellungen bei seiner Wiederkehr auch von neuem ins Bewußtsein treten. Sie erklärt dies damit, daß die verschiedenen miteinander konkurrierenden Reproduktionstendenzen sich wechselseitig hemmen, so daß nur die stärkste Assoziation mit dem Ausgangsglied zum Sieg gelangen und die ihr entsprechende Vorstellung über die Schwelle des Bewußtseins zu heben vermag. Die gesetzmäßige **Verdrängung der schwächeren Reproduktionstendenzen** durch die jeweils stärkste ist der **einzige richtungbestimmende Faktor** im psychischen Geschehen, welchen die klassische Assoziationspsychologie kennt und zur Erklärung verwendet"[1]).

Sagen wir, es sei der erste in einer unabsehbaren Reihe, die sie nach immanenten Gesetzen ihrer Denkungsart fort und fort zu setzen gezwungen ist, um aus dem Zufall das sinnvolle Gebilde entstanden zu denken. Dies Dran- und Draufsetzen immer neuer Zusatzfaktoren mit jedem Schritt, den man aus der Sphäre statistischer Betrachtungen zum konkreten Fall hin tun muß, ist das wissenschaftstheoretisch Unbefriedigende an der Assoziationslehre alten Stils. Die Hemmungen sind Tatsache; aber daß immer die **stärkste** Assoziation als Siegerin aus dem Konkurrenzkampf hervorgehen sollte, ist schon eine mehr als zweifelhafte Annahme. Dann kommt bei zielbestimmten Abläufen die „Obervorstellung" oder „Konstellation", das heißt genau besehen der Homunkulus als Faktor in das Getriebe. Die klassische Assoziationstheorie wird in ihrem Fortgang das Zerflattern, das Zerstäubungsmoment, das in ihrem ersten Ansatz enthalten ist, nicht mehr los. Wir werden später an der Psychoanalyse das genaue Gegenteil, eine Überdeterminiertheit, ein Übermaß von Zentripetalität, eine Überfülle von Sinn, Übersinn und Tiefsinn, aus dem man sich kaum mehr zu retten vermag, kennen lernen. Das eine ist so fatal wie das andere. Ebbinghaus hat einmal den verblüffenden und angreifbaren Satz formuliert: „Geordnetes Denken, kann man sagen, ist ein Mittleres zwischen Ideenflucht und Zwangsvorstellungen"[2]). Vielleicht hat er ahnend damit doch

---

1) O. Selz, Die Gesetze der produktiven und reproduktiven Geistestätigkeit, 1924, S. 5 f.
2) H. Ebbinghaus, Abriß der Psychologie, 6. Aufl., S. 130.

etwas Richtiges, nämlich eine gewisse Zweiheit von Prinzipien getroffen, die wir anerkennen müssen, um den Tatsachen gerecht zu werden. Wenn Triebe und Affekte sich eigengesetzlich einmischen, sind es sogar drei statt zwei.

3. Die Gelegenheit ist günstig, zu einem bestimmten Einwand, der gegen die Psychologie der zwei letzten Menschenalter im ganzen erhoben worden ist, Stellung zu nehmen. Es war zum guten Teil Pionierarbeit, was sie geleistet hat, und vorauszusehen, daß sie einmal historische Rechenschaft über den Sinn und die Tragweite ihrer Unternehmungen werde ablegen müssen. Vielleicht ist der Zeitpunkt nicht fern, an dem dieser Prozeß in vollem Umfang vor kompetenten Richtern aufgerollt werden kann. Der Einwand, den ich hier im Auge habe, ist leicht zu beantworten.

„Ich fordere das Wort Psychologie für die Wissenschaft vom sinnerfüllten Leben zurück", sagte E. Spranger 1922. Zwei Jahre später zog er „mit lebhafter Freude" selbst diesem bösen Wort den Stachel aus: „Damit ist die Trennung der beiden Psychologien, die sich herausgebildet hatte, überbrückt, und es bleibt nur die Verschiedenheit, die sich aus der Arbeit an verschiedenen Bewußtseinsschichten ergibt"[1]. Ich will die Freude ob solcher Wiederfindung nicht stören, sondern vertiefen. Zwei Psychologien nebeneinander, die eine als die Lehre vom sinnerfüllten Leben und die andere als die Lehre von den an sich sinnlosen Erlebnismaterialien — das wäre in der Tat eine reichlich unbrüderliche Teilung gewesen und keiner der beiden „Wissenschaften" auf die Dauer gut bekommen. „Wissenschaft vom sinnerfüllten Leben" — wann und wo war die Psychologie das nicht mehr?

Ein einigermaßen gerechter Rückblick auf jüngst Vergangenes, von dem man sich zu eigenen Zielen losgelöst hat, ist besonders schwierig. Ich denke aber, über die notwendige Einseitigkeit jeder historischen Phase und den guten Grundsatz, den ich irgendwo einmal bei Harnack gelesen habe, man solle sich vor dem billigen Triumphe hüten, der aus dem Vergleich der eigenen vollkommenen Idee mit der mangelhaften Realisierung einer fremden Idee entspringt, wird man sich schnell einigen und damit imstande sein, einiges Irrelevante abzuscheiden bei dem Urteilsspruch über die Psychologie der verflossenen zwei Menschenalter. Vielleicht trifft ein Vergleich am besten, was zu ihrer Verteidigung

---

[1] Das erste aus dem Vorwort zur 3. Aufl. der „Lebensformen", das zweite aus der „Psychologie des Jugendalters", S. 10.

gesagt werden muß. Angenommen, ein junger Mediziner käme aus jenen meist öden Stunden, in denen er jeden Knochen und jedes Knöchelchen in die Hand nehmen, betrachten, zeichnen und die lateinischen Namen all seiner Kanten, Furchen und Vorsprünge erlernen muß, zu Spranger, ob denn das alles zur Wissenschaft vom „sinnerfüllten menschlichen Organismus" gehöre; der Student würde gewiß eine trostreiche bejahende Antwort erhalten. Nur die höchste, dem Anfänger freilich nicht immer begreifliche Akribie hat die Osteologie instand gesetzt, beim Fund eines isolierten Unterkiefers in den Sanden von Mauer bei Heidelberg die begründete Vermutung auszusprechen, daß dieser Knochen weder einem menschenähnlichen Affen noch einem rezenten Menschen, sondern einem „homo", noch primitiver als der Neandertaltypus, angehört hat. So tief führt die Osteologie in die „Struktur"feinheiten des menschlichen Körpers hinein. Man vertausche nun den Mediziner mit einem Psychologen, der irgendwo an den öden Feinheiten psychophysischer Maßmethoden oder an dem Gedächtnisexperiment nach Ebbinghaus und G. E. Müller oder an irgendeiner anderen Statistik der Psychologie matt und irre geworden ist. Wird er eine weniger trostreiche Antwort erhalten? Wie steht es z. B. mit dem Sinngehalt der weit ausgebauten Lehre von den Empfindungen oder vom mechanischen Gedächtnis? Die Männer von Helmholtz und Fechner bis G. E. Müller glaubten jedenfalls an etwas zu schaffen, was den Vergleich mit der Osteologie auszuhalten vermag; und sie dürften sich nicht getäuscht haben.

Wir wollen der Sache durch einen neuen Vergleich ein anderes Gesicht abgewinnen. Kunstwerke, Sonaten und Gemälde, die gewiß in ihrer Art zur Sinnfüllung unseres Lebens beitragen, sind auf Töne und Farben gebaut und fordern vom Psychologen eine Theorie der Farben und Töne. Ungefähr so wie die Sprache vom Linguisten die Phonetik fordert. Daß in der reinen Empfindungslehre die ganze Sinnfülle des Kunstwerkes und der Wahrnehmungswelt überhaupt zunächst einmal ausgeschaltet („eingeklammert") wird, ist keine Entgleisung, sondern wissenschaftliche Notwendigkeit. Was würde man von einem Phonetiker sagen, der die analoge Ausschaltung des sprachlichen Bedeutungsgehaltes nicht reinlich zu vollziehen vermöchte? Man erlasse mir die Durchführung einer zweiten Parallele auf dem Gedächtnisgebiet; das sogenannte rein assoziative Gedächtnis soweit als möglich isoliert zu untersuchen, war kein verfehltes sondern ein notwendiges und fruchtbares Unternehmen, ohne das wir heute nicht imstande wären, die Eigenart des geordneten Denkverlaufes beim Menschen wissenschaftlich zu begreifen. Denken ist freilich etwas anderes als das Reproduzieren sinnloser Silben. Aber es ist gar nicht abzusehen, wie wir diesen Unterschied wissenschaftlich je hätten erfassen sollen, ohne den Versuch einer möglichst reinlichen Isolierung der beiden stets verflochtenen, aber wechselnd dominierenden Momente blinder Assoziationen und ihrer einsichtigen Beherrschung und Verwertung. Aber darin stehe ich auf Sprangers Seite, daß ohne die wissenschaftliche Erforschung des zweiten Momentes mit den Ergebnissen des Gedächtnisexperimentes kaum etwas Rechtes anzufangen wäre, und wundere mich einigermaßen, daß ihm 1922 entweder die Existenz oder die Idee der Denkpsychologie noch verborgen sein konnte.

4. Manchmal wird summarisch ein Verdikt gesprochen über die Forschungsmethoden, die in den Laboratorien ausgebildet worden sind. Experiment und Statistik sollen dem Geist der echten Psychologie zuwiderlaufen. Die Induktion in jeder Form sogar ist von diesem und jenem Kritiker schon abgelehnt worden. Auch darüber, meine ich, sollte eine philosophische Besinnung rasch hinwegführen, indem sie schärfer, als das zu geschehen pflegt, unterscheidet zwischen Intuition und Beweis. Es ist etwas Herrliches zweifellos um den genialen Blick des Entdeckers, um jenen Blick, mit dem Goethe z. B. die Urform der Pflanzen aus einem oder einigen Exemplaren herauszuschauen glaubte. Solch ein Entdeckerblick ist den forschenden Psychologen unserer Zeit mehr als je vonnöten. Wer unter ihnen z. B. daran geht, das Gesamtgepräge der Menschen, Charaktere, Temperamente, Begabungen mit den Mitteln der Wissenschaft zu erfassen, der prüfe sich zuvor, ob er den Blick, mit dem allein man Typen entdecken kann, besitzt oder nicht. Wenn nicht, dann muß er sich ein anderes Forschungsfeld aussuchen oder sich darauf beschränken, nachzuprüfen, was andere vor ihm entdeckt zu haben glauben. Auch in anderen Wissenschaften hat es Phasen gegeben, in denen nur noch große Konzeptionen à la Newton oder Darwin oder meinethalben auch Einstein weiterführen konnten. Hat man aber je gehört, daß darum von den Physikern oder Biologen der ganze Kleinkram einer strengen Induktion über Bord geworfen worden wäre? Sie stünden, diese anderen Wissenschaften, heute nicht so vor uns, daß wir sie beneiden könnten,

wenn sie es getan hätten. Mich dünkt, es ist überflüssig, darüber viel Worte zu verlieren. Daß die Wege, auf denen man zu ersten Vermutungen und Ideen gelangt, andere sind, als die Wege der Erprobung und des Beweisens, darin steht selbst die Mathematik den anderen Wissenschaften gleich. Der Intuition, der Gabe des gottbegnadeten Entdeckers, wird genau wie sonstwo auch in der Psychologie das erste, der streng disziplinierten Beobachtung aber, der Treue im Kleinen und der Induktion das letzte Wort gebühren. Und wenn über all das seit einigen Jahren bei uns lebhafter als sonstwo nachgedacht und disputiert worden ist, so gäbe dies keinen Grund ab, von einer Krise in der Psychologie zu sprechen.

§ 2. Die Denkpsychologie und die Psychoanalyse.

Ungefähr gleichzeitig um die Jahrhundertwende begannen in der deutschen Psychologie zwei Bewegungen, die beide auf eine Überwindung der klassischen Assoziationstheorie angelegt waren. Ein Kreis junger Psychologen um Külpe in Würzburg erweiterte den Forschungsbereich des Experimentes auf das Denken und den Willen. Und siehe da! Im ersten Anlauf schon stand man vor dem doppelten Tatbestand von der Eigenart und der Eigengesetzlichkeit der Gedanken und der Gedankenfolgen. Gedanken sind mehr, sind etwas anderes als Vorstellungsbilder und sie folgen im wohlgeordneten, disziplinierten Denken nicht dem Assoziationsgesetz, sondern den Forderungen der gedachten Gegenstände. Freilich nur im Grenzfall rein, fehlerfrei und auf den kürzesten Wegen. Wenn man die Widerstände, die das sachgerechte Denken zu überwinden hat, einteilen will in zwei Klassen, so trifft man damit exakt das Gewohnheitsmoment der Assoziationen auf der einen Seite, trifft damit den Großteil der Bakonschen Idole und man trifft auf der anderen Seite jene Einmischung der persönlichen Interessen, die bereits Schopenhauer so beweglich geschildert und nun neuerdings die Psychoanalyse zu ihrem eigentlichen Forschungsgegenstand erhoben hat. Denkpsychologie und Psychoanalyse — ihre Methoden sind sehr verschieden. Dort wird der größte Wert auf Protokolle, auf eine sorgfältige Festlegung des Erlebnistatbestandes, von dem man ausgeht, gelegt; hier ist alles zugerichtet auf Indizienbeweise, auf ein mehr oder minder scharfsinniges Detektivverfahren. Nun, jedes an seinem Platze. Wer die Untersuchungslage auf ja und nein zuzuspitzen vermag, wer im gegebenen Falle an empirischen Daten nicht mehr als Stichworte, „Symptome" braucht, um den Tatbestand verläßlich in ein theoretisch festgelegtes und durchgearbeitetes Erklärungsschema einordnen zu können, tut gut daran, allen überflüssigen methodischen Ballast über Bord zu werfen. Auch die Axiomatik der beiden ist denkbar verschieden. Aber in dem einen treffen sie sich, in der historischen Ausgangslage und ihrer Unzufriedenheit mit der Assoziationspsychologie.

1. Auf Vorstellungsverkittungen, auf konkrete Verknüpfungen von a mit b war das Erklärungsschema der Assoziationstheorie zugeschnitten, und die Beobachtung lehrte, daß die Konstanten des geordneten Denkens damit allein nicht zu treffen sind. Es gibt außer dem unentbehrlichen Stoff noch etwas wie Operationen des Denkens, die nur als Formprinzipien zu erfassen sind. Wer uns etwa belehren wollte, daß es bei einem komplexen Zahlenausdruck nicht nur auf die Ziffern, sondern ebensosehr auf die Operationszeichen, ob Addition, Multiplikation usw. ankommt, wer uns an den sichtbaren Tätigkeiten eines ausführenden Künstlers, Handwerkers oder sonst eines an materiellen Objekten schaffenden Menschen auf die Methoden des Vorgehens, die Verfahrungsweisen, Techniken hinweisen und sagen wollte, das seien mindestens ebenso wichtige Konstanten, Bestimmungsmomente, als der manchmal sehr zufällige und variable Stoff, der würde uns im Grunde genommen dasselbe sagen, was auch die Denkpsychologie Schritt für Schritt herausgearbeitet hat. Es ist mit dem schaffenden Denken genau so wie mit anderen produktiven Tätigkeiten, daß ein Fonds von *Operationen* dazu gehört; die entscheidenden letzten Konstanten im Denken sind gar nicht die Vorstellungsbilder, die kettenförmig eines nach dem anderen getreu den Assoziationsgesetzen in uns abrollen, sondern bestimmte, einfache und komplexe Denkoperationen an dem wechselnden Material von Vorstellungsbildern.

Diese Grunderkenntnis gab vor etwa zwanzig Jahren den ersten Anstoß zu einer Neuorientierung in der Psychologie. Man lese dazu die programmatische Akademieabhandlung von Stumpf: „Erscheinungen und psychische Funktionen" aus dem Jahre 1907 und ganz ähnliche Gedankengänge von Külpe aus demselben Jahre in den Göttinger Gel. Anz. nach. Gleichviel, wie man heute über viele Einzelheiten denken mag, jenes Programm verlangte klar und zwingend eine bestimmte Umstellung der Interessen der *Erlebnispsychologie*. Es war, um einen Vergleich aus anderem Gebiete zu bringen, wie wenn man Kunstinteressen umsteuern will von der vorwiegenden Richtung aufs Inhaltliche zur Richtung aufs Formale, Funktionale. Ich will hier nicht beschreiben, wie und in welchem Ausmaß das Programm in der neuen Psychologie des Willens und des Denkens verwirklicht worden ist; jedenfalls war mit ihm das einfache Schema der klassischen Assoziationstheorie durchbrochen und ein neuer Horizont für die Wissenschaft von den Erlebnissen erschlossen.

Im letzten Grund geht die Intention auf den *Sinn* der Erlebnisse und führt zu teleologischen Bestimmungen, wenn man es unternimmt, „das seelische Leben und Weben in sich selbst zu erfassen, die qualitativen Unterschiede im psychischen Verhalten, in der Art und Weise, wie der seelische Organismus arbeitet" (Stumpf), zu begreifen. Dessen war sich die Denkpsychologie von Anfang an klar bewußt; in meiner ersten Arbeit 1907 z. B. steht ausdrücklich der Satz vom teleologischen Charakter der Denkerlebnisse. Wenn es also je eine rein „mechanistische", d. h. sinnfreie Theorie des Seelenlebens gab, so war die Abwendung von ihr bereits vor zwei Dezennien vollzogen. Die derart gestellte Sinnfrage aber führt konsequent erstens zu neuen Aufgaben der deskriptiven Bestimmung der Erlebnisse und zweitens zu spezifisch teleologischen Verlaufsgesetzen des seelischen Geschehens. Wie vage und formelhaft waren doch die seit Lockes und Humes Zeiten überlieferten deskriptiven Grundbegriffe „Wahrnehmung", „Vorstellung", „Gefühl" usw. in der Assoziationstheorie stehen geblieben! Wenn die neue Beschreibung das empfindungsmäßige Bild von dem gedanklichen Gehalt einer Vorstellung unterschied, so konnte sie sich dabei vor allem auf die an der Sprache klar erkennbare und nie verkannte Zweiheit von Klangbild und Wortbedeutung stützen; diese Analogie und das an ihr abzulesende komplexe Verhältnis von Zeichen und Bedeutung ist in den mannigfachsten Modifikationen an allen sinnhaften Erlebnissen wiederzufinden. Ich werde es im zweiten Abschnitt in den Mittelpunkt der Betrachtung stellen und darum hier nicht weiter behandeln. Von anderen Aufgaben und Leistungen der neu belebten Deskription sei z. B. auf die Beschreibung des Willensaktes durch N. Ach, der Vorgänge des Schließens durch Störring und Lindworsky, auf die weit ausholenden Untersuchungen über Gestalten und die Relationswahrnehmung nur kurz verwiesen. Anderes, z. B. das weite Gebiet der Affekte und das zentrale

Denkerlebnis des Urteils, harrt noch einer gleich intensiven Bearbeitung.

Aber nicht nur die mehr oder minder scharf abgrenzbaren einzelnen Erlebnisse, die man in Klassen ordnen kann, sondern auch ihr Ablauf, ihr Kommen und Verschwinden in geschlossenen Reihen und Verbänden, ist sinnerfüllt und sinnbestimmt in einer Art, der die Assoziationstheorie mit ihren Mitteln nicht gerecht werden konnte. O. Selz hat sich in seinen zwei Büchern über den geordneten Denkverlauf 1913 und 1922 und neuerdings in seiner kurz gefaßten Darstellung (zitiert S. 8) wirkungsvoll mit ihr auseinandergesetzt.

2. Wenn der historisch interessierte Theoretiker von heute die psychologischen Erstlingswerke Freuds, das Traumbuch, die Psychologie des Alltagslebens und das etwas langstilige, aber historisch aufschlußreiche Buch über den Witz wieder vornimmt, gerät er in eine Spannung eigener Art. Als Ausgangsbasis findet er die ihm wohlbekannte Herbartsche Vorstellungsmechanik in der Form, die sie zuletzt von Lazarus und Steinthal erhalten hatte. Grundbegriffe wie *Hemmung, Verdichtung, Verschiebung, Verdrängung* stammen aus diesem Arsenal. Darüber hinaus aber sucht Freud, durchdrungen von der Unzulänglichkeit des Verkittungsgesetzes, so etwas wie sinngebende Faktoren oder den Maschinisten, der die Hebel in der Hand hält. Nun, die Denkpsychologen formulierten aus ähnlicher Lage dasselbe Problem mag man an Watt und Ach, oder an Stumpf oder an meine eigenen ersten Arbeiten dabei denken. Konvergieren die Theorien, die daraus entstanden sind, so daß irgendwo eine fruchtbare Auseinandersetzung zu erwarten ist? Sie haben sich bis heute nicht getroffen, weil die eine sehr stark aufs Formale und die andere ganz einseitig auf Stoffprinzipien gerichtet war. Freud wandte sich den animalischen Trieben im menschlichen Wesen zu, schob einen, vielleicht den vehementesten von ihnen, in den Vordergrund und errichtete ein erstaunliches Ganzes von Theorien über die Wege, den Wandel, die Geschichte und Modifikationen der Libido. Wenn heute ein Preis für lebenslängliche, unbeirrbare Konsequenz im Ausdenken einer Jugendidee unter die lebenden Psychologen zu verteilen wäre, ich glaube, er käme mit nur wenigen in die engste Konkurrenz. Doch wir haben keinen Preis zu verteilen, sondern müssen unsere Lage verstehen und Künftiges vorbereiten.

Wir werden uns mit der Psychoanalyse in einem eigenen

Kapitel auseinandersetzen. Dort geht es um letzte Voraussetzungen der Psychologie, die eine philosophische Besinnung fordern, hier um die Anfangswerke Freuds und die Frage, ob etwas Richtiges und Entscheidendes getroffen war, als er einen Sinn in der Sphäre des anscheinend Sinnlosen, im Traum, den Fehlhandlungen des Alltags und dem mit der Sinnlosigkeit oder mit Sinnverkehrtheiten selbst spielenden Witze suchte. Daran darf heute, wie ich glaube, nicht mehr gezweifelt werden. Der Traum, ein Ventil, vielleicht auch ein Wächter des Schlafs, präsentiert uns dies und das aus dem Bereich der körperlichen Bedürfnisse und der höheren Wünsche in Bildern, direkten oder symbolischen Bildern; oft im Sinne der Wunscherfüllung entworfene, oft im Sinne des Befürchteten, und noch mannigfach anders affektiv gefärbte und gestaltete Situationen bietet er uns. Und weit über diese primäre Zweckfüllung hinaus läßt sich auf indirektem Wege noch dies und das an unvollendeter, primitivster und umgebogener Sinngebung in ihm nachweisen. Mag man, um dies zu begreifen, Phasen der kindlichen Verfahrungsweisen aus der eigenen Entwicklungsgeschichte des Träumenden oder das magische Denken primitiverer oder geistig reduzierter Menschen zum Vergleich heranziehen. Jedenfalls gilt es, dem Grundsatz Anerkennung zu verschaffen, daß ein Abbau des geistigen Apparates von oben, von den höchsten Instanzen her **nicht mit einem Schlage das ganze Getriebe sinnlos werden läßt**. Wenn dies unter „Regression" verstanden wird, bin ich mit Freud derselben Meinung und erkenne schon in seiner ersten selbständigen Idee einen großen und bleibenden Fortschritt der Psychologie. Um ihn rein und möglichst frei von historischen Schlacken zu erhalten, wird es nötig sein, ihn auf verschiedenen Wegen zur Darstellung zu bringen. Man kann das wache Denken auf seine Fehlleistungen untersuchen; es gibt an seinen Leistungsgrenzen typische Entgleisungen und Gesetze des „Irrtums". Ich möchte darauf hinweisen, daß O. Selz in seinem zweiten Bande von oben her an konkreten, sorgfältigst aufgenommenen Denkverläufen eine psychologische Erklärung typischer Entgleisungen angebahnt hat. Man kann auch von unten beginnen und am werdenden Denken des Kindes das wechselnde und wachsende Verhältnis der sachlichen Steuerung zu den nichtsachlichen sinnbestimmenden Faktoren zum Untersuchungsgegenstand machen. Auch Köhlers Schimpansen haben schon eine ganze Stufenleiter „guter und schlechter" Fehler in ihren intellektoiden Leistungen produziert. Freud bevorzugte nach seinen neuropathologischen Endinteressen und vielleicht auch, um rascher ans Ziel zu kommen, die Zustände weitgehender intellektueller Entspannung oder Reduktion als Untersuchungsgegenstände. Der nächste Fortschritt, den wir in diesen Dingen zu machen hoffen dürfen, wird nach meiner Auffassung von einer vergleichenden Betrachtung dieser verschiedenen Forschungswege und ihrer Ergebnisse ausgehen.

3. Machen wir uns klar, daß von all dem der Aufbau und die alten Ringmauern der Psychologie nicht angetastet werden. Sie war seit Descartes und Locke gedacht als die Wissenschaft von den Erlebnissen, als eine Theorie dessen, was der sogenannten inneren Wahrnehmung, der Selbstbeobachtung, zugänglich ist. Jeder hat sein eigenes Ich und sein Gesichtsfeld der inneren Wahrnehmung, in das ihm kein Nachbar unmittelbar hineinschauen kann. So war die Psychologie ihrem Ausgangsgegenstand nach eine solipsistisch aufgebaute Wissenschaft. Mit dem ABC der Psychologie haben wir modernen Europäer diese Überzeugung von der Prärogative der inneren Wahrnehmung in uns aufgenommen. „Um die Psychologie scharf zu definieren, müssen wir ausgehen von einer ganz grundsätzlichen Feststellung, auf welcher alle Philosophie (und alle Wissenschaft) ruht, nämlich von der Feststellung des unauflösbaren schlicht hinzunehmenden Ur-Sachverhaltes: *Ich habe bewußt etwas,* oder kurz: *ich weiß etwas,* und zwar, indem ich zugleich weiß, daß ich weiß — scio me scire (Augustinus)"[1]. An diesem Ausgang wird nichts geändert, wenn man beim Ausbau der Wissenschaft Hypothesen über die Seelensubstanz wie Descartes oder über das Unbewußte wie Freud einführt. Nichts geändert an dem solipsistischen Ausgang, wenn man nachträglich vom Ich zum Du und zu Annahmen über fremdes Erleben und fremdseelisches Geschehen fortschreitet.

Nun sind aber solche gekommen, die gerade diesen Ausgang verwerfen oder wenigstens nicht für den einzig möglichen halten. Und durch sie erst ist die Krise der Psychologie akut geworden. Zu unserem Glück oder Unglück, wir können sie nicht abweisen, die Vertreter der sogenannten *objektiven* Psychologie, genauer gesagt eines objektiven Ausgangs unserer Wissenschaft. Sätze, die ein Ich als Subjekt enthalten wie das *cogito* des Descartes,

---

[1] H. Driesch, Grundprobleme der Psychologie, 1926, S. 4.

das auch ein *ich will* oder *ich liebe* mitumschließt, sind nach der Auffassung dieser Neuerer nicht die einzigen, welche am Eingang zur Psychologie stehen.

§ 3. Der Behaviorismus und die geisteswissenschaftliche Psychologie.

Man wird an die uralte Positionsbestimmung des menschlichen Wesens zwischen dem tierischen und göttlichen erinnert durch die Tatsache, daß von unten und oben her gleichzeitig je ein erfolgreicher Erneuerungsversuch an der Psychologie unternommen werden konnte. Der Engländer Lloyd Morgan mit seinen vorbildlichen Untersuchungen an jungen Hühnern und Enten (1893) und der Amerikaner H. S. Jennings mit seinem entscheidenden Buche „The Behavior of the Lower Organisms" von 1905[1]) mögen als die erfolgreichsten Pioniere der neuen Tierpsychologie eigens genannt sein. In England war der Boden für diese Dinge schon lange vorbereitet; der Historiker ist nicht überrascht, gerade dort das erste Thema „Instinkt und Intelligenz" und das zweite „der Instinkt und das Unbewußte" auf zwei „Symposien" von den bedeutendsten Vertretern der Psychologie durchgesprochen zu finden. Für die Amerikaner bedeutet es vielleicht einen Wendepunkt in ihrer kurzen Wissenschaftsgeschichte, daß sie sich von der Erlebnispsychologie weg dem englischen Einfluß erschlossen und das hier Empfangene in großem Stile auszubauen begonnen haben. Der Behaviorismus ist im Augenblick mehr als irgend etwas anderes ihre Angelegenheit und wird, wenn ich recht sehe, in bestimmten Grenzen auch unsere werden müssen.

Von einer geisteswissenschaftlichen Psychologie spricht heute noch niemand in der Welt außer den Deutschen, und auch unter ihnen ist sie noch sehr umstritten. Nimmt man alles nur in allem, so muß doch wohl W. Dilthey als ihr Begründer angesehen werden, obgleich in der vielgenannten Akademieschrift von 1894 „Ideen über eine beschreibende und zergliedernde Psychologie" die Problemlage auf *Beschreiben und Erklären* zugespitzt wird. Spranger reiht dieser ersten noch vier weitere Antithesen an, um dann das, was ihm am Herzen liegt, an der fünften *naturwissenschaftliche und geisteswissenschaftliche Psy-*

---

[1]) Die deutsche Ausgabe „Das Verhalten der niederen Organismen unter natürlichen und experimentellen Bedingungen" ist 1910 erschienen.

chologie zu erörtern: Davon mehr in § 8. Hier mag einstweilen der gewählte Name als gemeinsames Heimatszeichen fungieren für all die mannigfachen Bestrebungen um eine Neuorientierung der Psychologie, die aus den Geisteswissenschaften aufgestiegen sind. Sie können sich fast ausnahmslos auf Dilthey berufen und enthalten jede in ihrer Art Beiträge zu einer objektiven Psychologie.

Merkwürdig genug und doch nicht unbegreiflich ist der Sachverhalt, daß das biologisch Erste im Menschen, das, was uns mit den Tieren gemeinsam ist, und das Sublimste, das, was uns zu Bürgern macht im Reiche des Sittlichen nicht nur, sondern auch in dem des Wahren, Schönen und aller anderen Werte, daß beides aus dem Erlebnisaspekt allein nicht verstanden werden kann.

1. Charlotte Bühler[1]) hat an der ersten und zweiten Auflage von Thorndikes „Animal Intelligence" den Umschwung des amerikanischen Denkens demonstriert; jene ist von 1898 und diese von 1911. Während unsere Weisheit in dem Satz gipfelte: Erkenne Dich selbst, kamen die Behavioristen und lehrten: Betrachte das Benehmen (behavior) der Menschen und Tiere von außen. Du wirst, wenn du es nur systematisch genug vollbringst, auch damit zu wichtigen psychologischen Erkenntnissen gelangen. Damit haben sie die Tierpsychologie reformiert und in der Tat einen neuen, unentbehrlichen Grundaspekt vom Gegenstand der Seelenlehre gewonnen. Es mag unerörtert bleiben, welchen Einfluß die Welteinstellung des Pragmatismus auf die Entwicklung dieses Programmes gehabt hat. Auch ohne die erkenntnistheoretische Position des Pragmatismus kann man die Meinung vertreten, es sei Aufgabe der Wissenschaft, Voraussagen zu machen. Dann sind Voraussagen, wie der und jener, ob Tier oder Mensch, in gegebener Situation sich benehmen wird, das, was wir letzten Endes von der Psychologie erwarten. Nun gut, praktische Leute, wie die Behavioristen sind, legen ihre ganzen wissenschaftlichen Bemühungen von vornherein auf dies Endgeschäft des Voraussagens an; sie inventarisieren die Verhaltungsweisen, welche jedem Lebewesen zur Verfügung stehen, sie inventarisieren die typischen Situationen, in die ein Individuum nach seiner Art geraten kann, und dann

---

[1]) Soziologische und psychologische Studien über das erste Lebensjahr. Quellen und Studien zur Jugendkunde, Heft 5 (1927), S. 1 ff.

kommt es ja nur darauf an, die gesetzmäßigen Zuordnungen des einen zum anderen, der Reaktionen zu den Situationen zu finden. Eine Korrelationsforschung größten Stils soll die Krönung dieses Werkes sein.

Es ist hier nicht der Ort, die Schwächen, Entgleisungen und die notwendige Ergänzungsbedürftigkeit dieses echt amerikanischen Programms sauber herauszustellen. Entsprungen aus den besonderen Bedingungen der Tierpsychologie, hat es dort auch seine ersten Erfolge gezeigt. Wir sehen und unterscheiden heute dank dieser Untersuchungen viel schärfer als früher das angeborene und das individuell erworbene Moment im sinnvollen Verhalten der Tiere und kennen Methoden, beides objektiv zu bestimmen, die *Instinkte* und die *Arten des Lernens*. Noch mehr, wir wissen, daß schon die einzelligen Tiere, die Amöben, keine Automaten sind, sondern in ihrem freilich noch winzigen Lebenskreise einen kleinen Spielraum für eine erste, einfachste Art des Lernens besitzen. Von da bis zu den höchsten Wirbeltieren und uns selbst ist freilich ein weiter und keineswegs geradlinig ansteigender Weg. Die merkwürdig hochspezialisierten Instinkte der Gliedertiere, der Ameisen und Bienen z. B., weisen in ihrer relativen Starrheit nachdrücklich auf eine andere Entwicklungsrichtung hin und sind in ihrer Art das Vollendetste, was die Natur in dieser Richtung hervorgebracht hat. Im Vergleich mit ihnen mag uns im ersten Anblick der Mensch instinkt a r m und im hohen Grade instinkt u n s i c h e r erscheinen, besonders der naturferne Kulturmensch. Gewiß, und doch ist dies nicht das letzte Wort über die Instinkte des Menschen. Erst derjenige, dem aus der vergleichenden Betrachtung die Augen geöffnet sind für den anderen Charakter des Instinktiven im Menschen, wird richtig erkennen, wie ungemein reich es ist, und wie es, freilich als durchaus unselbständiges Moment, mit an den höchsten geistigen Leistungen in seiner Art beteiligt ist.

2. Es wäre falsch, zu meinen, daß wir dies alles den Amerikanern verdanken. Wir wollen nur flüchtig daran erinnern, daß schon die erste wissenschaftliche Psychologie, die Seelenlehre des Aristoteles, durchaus biologisch orientiert wär und daß aus ihr zuerst die Unterscheidung Instinkt—Intellekt hervorgegangen ist. Die Amerikaner haben sich schon bei dem Versuch einer reinlichen Scheidung des angeborenen und individuell erworbenen Momentes im sinnvollen Verhalten der Tiere in überflüssige und

vermeidbare Schwierigkeiten verwickelt[1]) und sie haben, was die dritte große Entwicklungsrichtung angeht, jene Richtung, die im menschlichen *Intellekte* kulminiert, zwar die Ansätze zu einer objektiven behavioristischen Bestimmung richtig getroffen, aber dann versagt. Vom Menschen und den höheren Wirbeltieren aus gesehen, kann man das Instinktive als den Nährboden bezeichnen, aus dem das Höhere herauswächst. Dies Höhere läßt sich dann ziemlich scharf in zwei Klassen zerlegen. Jeder von uns weiß, daß er anders vorgeht, wenn er z. B. in einem Fall als Anfänger Vokabeln einer völlig fremden Sprache lernt und in einem anderen dem Nervus probandi eines geometrischen Lehrsatzes nachspürt. Niemand wundert sich, zu erfahren, daß in Sachen des sogenannten mechanischen Lernens und Behaltens manch ein leicht schwachsinniger Mitmensch uns bei weitem übertrifft. Nun, gerade diese Art des Lernens, diese Art der Ausbildung erworbener sinnvoller Verhaltungsweisen, bei der es in erster Linie auf Wiederholungen ankommt, reicht in ihren Anfängen in der Tat hinab bis zu den Infusorien. Es ist keine Entwürdigung des Menschen, wenn wir diese Verbindungslinie ziehen und feststellen, daß er auch im Felde des mechanischen Lernens die Höchstleistungen aufzuweisen hat. Nicht nur das Sprechen und Gehen, sondern auch das Umherblicken und Greifen muß das menschliche Kind erst üben, um es vollendet zu vollbringen, und bis in die Höchstleistungen des Sports, jeder Handfertigkeit, jeder Gewandtheit selbst in Sachen der Kunst und Wissenschaft hinein gilt für ihn das Gesetz, daß erst Übung den Meister macht. *Vollendung durch Übung,* das ist die Wesensformel, ist das Strukturgesetz des (mechanischen) Lernens. Es kann keine Rede davon sein, daß ihm die wabenbauende Biene genau so unterworfen wäre wie der Mensch; und es ist ebenso greifbar, daß auch der Intellekt seinem Wesen nach durch diese Formel nicht erfaßt wird. Ich habe darum **Instinkt, Dressur und Intellekt als die drei Grundrichtungen, die drei Dimensionen des sinnvollen Verhaltens von Tier und Mensch** charakterisiert. Es ist eine noch unentschiedene Frage, wie es mit den Anfangsstadien des Intellektes im Tierreich bestellt ist.

Doch sind das nur illustrierende Beispiele, um dem deutschen

---

[1] Vgl. dazu mein Sammelreferat „Die Instinkte des Menschen" im Bericht über den IX. Kongr. f. Psych. 1926.

Leser die fremde Sache einigermaßen nahezubringen. Der Behaviorismus schiebt die alte Erlebnispsychologie beiseite und erhebt den Anspruch, etwas Vollkommeneres an ihrer Stelle zu errichten, eine Wissenschaft vom *Benehmen,* von den objektiv zu bestimmenden Verhaltungsweisen der Tiere und Menschen. Daß dies (in gewissen Grenzen und unter bestimmten Voraussetzungen) möglich ist, erkennt man klar an den drei Kategorien von Verhaltungsweisen, die wir unterschieden haben. Es gibt objektive Kriterien für Instinkt, Dressur und Intellekt. Daß sich der Behaviorismus im Fortgang seiner kurzen Geschichte immer ablehnender verhält zu allem, was an psychologischen Bestimmungen aus der Selbstbeobachtung stammt, ist ebenso begreiflich, wie es verhängnisvoll für seine Grundbegriffe und Axiome werden kann und zum Teil schon geworden ist. Auf der einen Seite besteht die methodische Forderung, die Begriffe und Konstatierungen der Benehmenslehre rein zu halten von allem, was sich an vorschneller Deutung, an unkontrollierten Suppositionen aus dem Bereich unserer anthropomorphisierenden Auffassung der Tiere immer wieder eindrängt, auf der anderen Seite dagegen erweist es sich als sachlich unmöglich, Einheiten und jene Ordnung im Bereich der wahrnehmbaren Körperbewegungen zu erkennen, auf welche die Psychologie wesensgesetzlich eingestellt ist, ohne die Grundmomente von Zielen und Leistungen, ohne ein teleologisches Koordinatensystem. Es ist gewiß kein Zufall, daß uns diese Wendung ins Teleologische genau so aus dem Schoße des Behaviorismus wie aus der Erlebnispsychologie entgegentritt. Im Namen dieses einigenden Prinzips wird die Synthese der beiden divergierenden Forschungsrichtungen vollzogen werden müssen. Und genauer besehen, ist sie tatsächlich schon vorbereitet, denn der Grundbegriff der psychischen Operationen bleibt nicht unübertragbar auf die Sphäre der Erlebnispsychologie eingeschränkt.

Doch wir werden, um die philosophische Dialektik, die in dem skizzierten Tatbestand angelegt ist, tiefer zu erfassen und reinlich zu Ende zu führen, im zweiten und dritten Abschnitt weiter ausholen. Eines sei noch über den Behaviorismus gesagt: Wo er sich seines Wesens am klarsten bewußt wird, sucht er die Tiere und den Menschen in ihrer natürlichen Lebenssphäre auf, weil er doch voraussagen will, wie sie sich benehmen werden. Es liegt ein Zug zu größerer Lebensnähe und eine Hinneigung zu den praktischen Aufgaben der Psychologie in ihm, weil er von vornherein das Ganze: das Individuum, dessen Lage und dessen Tätigkeiten in seine Systembedingungen aufnehmen muß.

Diese Lebensnähe und theoretische Offenheit hebt die besten Leistungen des amerikanischen Behaviorismus auch deutlich von dem ab, was die russischen Physiologen um Bechterew unter dem Stichwort einer objektiven Psychologie erstreben und vorgelegt haben. So kurzsichtig und kurzatmig wie sie darf sich die Psychologie ihre Denkschemata nicht fix und fertig nur von der Physiologie liefern lassen. Es gibt außer Reflexen glücklicherweise noch einiges andere im Organismus und im Bereiche des tierischen und menschlichen Benehmens.

3. Die Ideen und Anregungen Diltheys sind in der Psychologie der Gegenwart vielgestaltig in die Halme geschossen. Er war ein Mann der fruchtbaren Ansätze und daran zu reich, um selbst etwas zum systematischen Abschluß zu bringen. Beim „Verstehen" und dem Strukturbegriff (§ 10) werden wir ihm wieder begegnen; wer aus einem seiner vollendetsten Bücher, aus „Erlebnis und Dichtung" den Begriff des (schöpferischen) Erlebnisses zum Ausgang wählt, findet Ideen darin, die noch kaum ausgeschöpft, geschweige denn überholt sind[1]). Von all dem sei hier abgesehen, um eine andere Leitlinie zu verfolgen, die, wie mir scheint, den spezifischen Gehalt und Charakter des geisteswissenschaftlichen Aspekts der Psychologie reiner und vollständiger als sonst etwas zu definieren vermag.

Überflüssig zu beweisen, daß jedes Menschenwerk etwas von der seelischen Eigenart seines Schöpfers an sich trägt. Und wenn es im einzelnen wahr ist, daß die Mumien und Pyramiden vom Ewigkeitsstreben der Pharaonen, die Akropolis von der Harmonie der griechischen Seele, die gotischen Dome und Goethes Faust vom besonderen Charakter des abendländischen Menschen erzählen, so wird es auch im ganzen wahr sein, daß die unabsehbare Fülle der Gebilde des „objektiven Geistes" als Ausgangsbasis für die psychologische Forschung gewählt werden kann. Im Grunde genommen hat dies schon W. Wundt und haben es die Völkerpsychologen vor ihm gesehen. Wundts Völkerpsychologie ist wenigstens dem Umfang nach ein erstaunliches Werk und der Idee nach eine weit ausholende psycho-

---

[1]) Vgl. dazu Charlotte Bühler, Der Erlebnisbegriff in der modernen Kunstwissenschaft. Vom Geiste neuer Literaturforschung. (Festschrift für O. Walzel.) 1924, S. 195 ff.

logische *Interpretation* der Erscheinungen des objektiven Geistes. Damit ist das Stichwort gesagt. Die Ausführung der Wundtschen Idee freilich befriedigt heute keinen mehr. Man kann als Psychologe naive und reifere Fragen an die objektiven Geistesgebilde stellen; ein bewundernswerter Interpret, und Belauscher war Dilthey. Um einen seiner geistvollen Versuche als Beispiel auf eine kurze Formel zu bringen: Angenommen, es gibt drei radikal verschiedene, sachlich nicht weiter ableitbare, in der europäischen Geistesgeschichte aber typisch immer wiederkehrende Weltanschauungen, so werden diesen drei Weltanschauungen vermutlich drei typisch verschiedenen Geistesverfassungen ihrer Schöpfer, der großen Denker, entsprechen. Nämlich erstens dem Naturalismus aller Stufen und Nuancen der hingegebene, *naturgebundene,* natureingeordnete Mensch, dessen geistiges Zentrum gewöhnlich in den Sinnen liegt. Zweitens dem Idealismus der Freiheit, einer Weltanschauung, wie sie in höchster Zuspitzung z. B. Fichte vertreten hat, der *heroische* Mensch, dessen Zentrum im Willen liegt, der im Umschaffen alles Vorgefundenen den Sinn des Lebens sieht. Drittens dem objektiven Idealismus, der Weltanschauung Spinozas, der auch Goethe nahesteht, der *kontemplative* Mensch, Persönlichkeiten, die den Gegensatz von Natur und Geist in sich selbst zum Ausgleich gebracht haben, und beiden Polen des Seins gleich nah und gleich fern in verstehender Liebe zugewandt sind.

Nun, in diesem Musterbeispiel aus Dilthey ist mancherlei angelegt, was von den Späteren in verschiedener Richtung ausgebaut worden ist. Wir legen den Finger auf die doppelte Typisierung, dort bestimmter, der Geschichte entnommener geistiger Gebilde, hier bestimmter seelischer Gesamthaltungen des Menschen, und betonen als drittes die Parallele, die zwischen beiden gezogen wird. In ihr liegt das Verfahren der Interpretation beschlossen. Man wird, wie immer die Sache gewendet und modelt und worauf das Verfahren auch angewandt werden mag, nie dies dritte, die Zuordnung, als Brücke vom objektiven geistigen Gebilde zu seinem subjektiven Mutterboden oder seiner subjektiven Wirkung, Verwirklichung oder wie sonst diese Beziehung genannt werden mag, entbehren können. Auf die Tragfähigkeit dieser Brücke, auf die Gesetzmäßigkeit solcher Zuordnungen wird zu guter Letzt alles ankommen. Es ist bemerkenswert, daß Platon dieselbe Brücke in umgekehrter Richtung benutzte, wo er den idealen Staat und seine Stände nach dem Muster der menschlichen Seele und ihrer Organisation konstituierte. Darin liegt kein Widerspruch, aber eine Mahnung zur Vorsicht, daß man nicht unversehens erst hinüber und dann wieder herüber interpretiere. Denn wo immer eins durch etwas anderes bestimmt werden soll, darf es nur eine Unbekannte geben.

Was wir diesem Interpretationsverfahren bis heute verdanken, gehört fast ausnahmslos zu ein und demselben Kapitel der Psychologie, das man mit dem alten Stichwort Charakterologie oder umfassender mit dem neuen „die Lehre von der Persönlichkeit" überschreiben kann. Und das dürfte kein Zufall sein, denn wenn anders das biblische Wort: „an den Früchten sollt ihr sie erkennen", eine psychologische Wahrheit enthält, wenn zwischen seelischem Gesamtgepräge eines Menschen und seinem Werk oder den Rollen, die er im Leben spielt, ein besonders inniger und relativ einfacher Zusammenhang besteht, dann empfiehlt es sich in der Tat, dies auf anderem Wege nur äußerst umständlich und unvollkommen zu erfassende Gesamtgepräge auf dem genannten Wege zu bestimmen. Ich möchte darauf hinweisen, daß er schon durch das Etymon des lateinischen Wortes *persona* angedeutet und empfohlen wird. Dies aus dem Etruskischen entlehnte Wort persona ist Name für die Tonmaske des antiken Schauspielers, dann für die Rollen im Drama und schließlich für die Rollen, die der Mensch im Leben spielt; *persona patris, regis, accusatoris* bezeichnet die Stellung des Vaters in der Familie, das Amt des Königs, die Funktion des Staatsanwaltes[1]). Unser Wort Persönlichkeit will nicht mehr diese Rollen als solche treffen, aber dies: daß und wie er sie spielt; von da aus versucht man die Wesensart eines Menschen zu bestimmen. Und das ist im ganzen ein einleuchtendes Verfahren. So einfach freilich, wie es nach der Probe aus Dilthey erscheinen könnte, liegen die Dinge nicht auf der ganzen Linie. Es gibt außer den einfach-harmonischen Menschen, deren Ideale und Schöpfungen das eigene Wesen ungebrochen widerspiegeln, auch innerlich gespaltene und gespannte Naturen mit den mannigfachsten Relationen zu den Gebilden des objektiven Geistes; es gibt z. B. Menschen, die gerade das zu ihrem Ideale erheben, was sie selbst nicht haben und sind, es gibt schaffende Menschen auf

---

1) Vgl. A. Trendelenburg, Zur Geschichte des Wortes Person. Nachgel. Schriften in Kant-Studien 13. 1908. — Weiteres zum Thema: K. Bühler, Zur Psychologie der Persönlichkeit. Pädag. Jahrb., Wien 1925.

allen Gebieten, die sich im Schaffen befreien und ihrem Werke Züge dessen aufprägen, von dem sie sich innerlich losgelöst haben. Hier wird das Interpretationsverfahren eine sehr komplizierte und vielfach eine problematische Angelegenheit. Nun, irgendwo findet ja jede Methode ihre naturbestimmten Grenzen.

4. Angenommen nun, das Interpretationsverfahren sei im weitesten Ausmaß berechtigt und fruchtbar, so eröffnet es nicht nur einen neuen Horizont, was jeder anerkennen muß, sondern verspricht auch, wie manche meinen, eine neue Grundbestimmung vom Gegenstand der Psychologie. Sie soll eine *Lehre vom subjektiven Geiste* sein. Schon Hegel hat die in seinem System vorgeordneten Aufgaben der Psychophysik der Anthropologie, die Aufgaben der Erlebnisbeschreibung und -erklärung der Phänomenologie überantwortet, um der Psychologie im engsten Sinne des Wortes eine neue, systemhöhere Aufgabe zu stellen. Viele von den Neueren folgen ihm wenigstens in dem einen Punkt, daß sie eine Auslese treffen aus dem Material der Erlebnisse und nur die „sinnhaften", „sinntragenden" in ihre Theorie aufnehmen. Ganz so schroff schematisch wie bei Hegel tritt die Teilung zwar nicht mehr auf. Aber immer noch die Voraussetzung und das Vertrauen, daß sich die sinntragenden Erlebnisse als solche zu einem System, zu einem theoretisch vollendbaren und aus sich begreifbaren Ganzen zusammenschließen, und daß man Lücken in diesem Ganzen hypothetisch zu überbrücken berechtigt sei durch die Annahme von *sinntragenden Dispositionen,* wenn ich mich kurz so ausdrücken darf. Der Mensch ist Bürger im Reich des Sittlichen, sagt Kant. Die geisteswissenschaftlichen Psychologen erweitern den Satz, sie sehen den Menschen aktiv und passiv, selbst formend und geformt verflochten in ein mehrdimensionales System von Werten; lebt er doch ebenso in einer Welt von Sachgütern, in der Sphäre des Schönen und Erhabenen, in sozialer und staatlicher Ordnung und in religiöser Verbundenheit. Daran hat natürlich nie ein Psychologe gezweifelt, wenn es auch vielleicht der eine oder andere Spezialforscher fast vergessen hätte. Das Neue besteht nun darin, daß man erstens diese Verflechtungen zum Ausgangsgegenstand der Psychologie wählt und zweitens die axiomatische Voraussetzung macht, daß die in den Erlebnissen aufzeigbaren „Sinnbänder" (um einen Ausdruck Sprangers zu gebrauchen) einen Kosmos bilden, jene Kohärenz und Geschlossenheit aufweisen, die man von den Gegenständen eines Gebietes voraussetzen muß, um den Versuch einer einheit-

lichen Theorie für aussichtsreich zu halten. Die *Sinnbändertheorie*
macht diesen interessanten Versuch, wir werden sehen, mit
welchen Erfolgen.

Das Verhältnis der Theorien zueinander.

Die Psychologie soll ihre Schicksalsstunde, die zweite seit
hundert Jahren, nicht versäumen. Kontakt, Kritik und Antwort
sind lebensnotwendig für jede fortschreitende Wissenschaft, sie
sind das erste, was wir wiederherstellen müssen, um unsere Krise
zu lösen. Wir haben es erlebt, daß Behavioristen der jungradikalen Richtung die ältere Erlebnispsychologie zum alten
Eisen warfen, daß Interpretationspsychologen den Namen Psychologie für ihr Unternehmen ganz allein „zurückgefordert" haben,
während Psychophysiker und sonstige Experimentatoren in ihren
Laboratorien sich peinlich frei zu halten strebten von den
„Systemdichtern" und sonstigen „Spekulanten" aus dem Lager
der „Geistreichen und Schönschreiber". Mich dünkt, um die
zuletzt angedeuteten und ganz überflüssigen Formpräliminarien
zuerst aus dem Wege zu räumen, daß Exaktes auch in guter
sprachlicher Form zu Darstellungen gelangen und Unzulängliches
sich ebensowohl unter der schweren Rüstung einer übergelehrten,
lebensfremden Terminologie und Grammatik wie unter dem
Flittergewand brillanter Sätze verbergen kann; oder, um im Ausdruck auch den Quantitätsverehrern gerecht zu werden, ich ver-
mute, daß ein statistisches Vierfelderverfahren keine großen
positiven oder negativen Korrelationswerte zwischen den in Rede
stehenden Eigenschaften ergeben würde. Das Meritorische aber
(wie der Österreicher sagt) ist eine Angelegenheit philosophischer
Besinnung auf den Gegenstand der Psychologie. Gibt es drei
Wissenschaften mit dem einen Familiennamen oder drei Arten
des Vorgehens, die in getrennter Buchführung dasselbe ver-
buchen, oder wie steht es sonst mit dem Verhältnis der gezeich-
neten Richtungen zueinander? Daß sie nicht koordinatenfremd
wie drei Weltanschauungen nebeneinander bestehen können,
und daß der Hegelsche Kunstgriff des dialektischen Über-
einanderbauens keinen befriedigenden Ausgleich zu schaffen vermag, darüber dürfte wohl kaum eine Meinungsverschiedenheit
aufkommen. Nun, so wird eben eine gründliche Abrechnung
stattfinden müssen.

Wenn die vorausgehenden und noch folgenden Überlegungen
keinen anderen Fortschritt brächten als den, daß nun ein gewisser

Komment, ein Reglement für diese Auseinandersetzungen vorgeschlagen und von den Parteien angenommen wird, so wären sie wohl schon dadurch gerechtfertigt. Es ist ohne weiteres zu übersehen, daß die entscheidenden Bemühungen auf die Klärung der drei Verhältnisse, die zwischen *Erlebnis, Benehmen* und *Leistung* bestehen, gerichtet sein müssen; oder setzen wir statt Leistung, um vollständiger auch die Rückwirkungen des objektiven Geistes mit zu treffen, den Buchstaben G, der in den deutschen Wörtern Gegenstand, Gebilde und Geist vorkommt, dann lautet die Formel: Wie verhält sich $E:B, E:G, B:G$? Doch ich gehe weiter und behaupte, daß heute schon ein erster, wenn auch noch summarischer Schiedsspruch aus unseren philosophischen (logisch-erkenntnistheoretischen) Betrachtungen begründet werden kann.

II. Die drei psychologischen Aspekte.

Wie ist Psychologie möglich? So würde Kant in unserer Lage fragen. Es obliegt in der Tat dem Philosophen, bald über die Möglichkeit, bald über die Notwendigkeit des Gegebenen nachzudenken. Und wir bedürfen der philosophischen Besinnung auf unsere Axiomatik, ihren Charakter und ihre Tragfähigkeit. Es ist eine Art transzendentaler Deduktion im Sinne Kants, die notwendig ist und hier erstrebt wird. Ich stelle die These auf, daß jeder der drei Aspekte möglich und keiner von ihnen entbehrlich ist in der einen Wissenschaft der Psychologie. Denn jeder von ihnen fordert die beiden anderen zu seiner Ergänzung, damit ein geschlossenes System wissenschaftlicher Erkenntnisse zustande kommt. Aus jedem von ihnen entspringen eigene, der Psychologie unentbehrliche Aufgaben, die sinnlos oder unlösbar werden, wenn man ihn aufgibt. Zum Ausgangsgegenstand der Psychologie gehören also die *Erlebnisse,* das *sinnvolle Benehmen* der Lebewesen und ihre *Korrelationen mit den Gebilden des objektiven Geistes.* Zum philosophischen Problem wird dann die Frage, ob und zu welcher noch unbenannten Einheit diese drei Ausgangsgegenstände als konstitutive Momente gehören oder hinführen.

Der Beweis soll exemplarisch an dem mir bestbekannten und scharf abgrenzbaren Phänomen der Sprache geführt werden. Gelingt er, dann wird es nicht schwer sein, ihn auf andere Phänomene zu erweitern. Zur Geschichte dieser Überlegungen sei nur das eine bemerkt, daß sie über zwei Jahrzehnte zurückreichen. Ich bin nicht ausgezogen, um die Psychologie zu reformieren, sondern um die Axiome der Sprachtheorie zu finden. Ein nahezu vollendetes Buch „Theorie der Sprache" wird darüber genaue Rechenschaft ablegen. Es bedeutet eine Vorwegnahme der Hauptergebnisse, wenn ich hier in abstraktem Beweisgang zu zeigen versuche, daß man das Phänomen der Sprache nur unter den drei Aspekten wissenschaftlich zu begreifen vermag.

§ 4. Der Erlebnisaspekt in der Sprachtheorie.

Im Zeitalter von Lazarus und Steinthal feierte man die Emanzipation der Sprachtheorie von der Logik als ein großes Ereignis, eine Psychologie der Sprache erschien diesen Männern wie das erlösende Wort. Was ist daraus geworden? Wenn wir Hermann Paul und Wundt, die reifsten Werke dieser Bewegung, nachschlagen, finden wir noch alles offen und so gut wie nichts erledigt. In Sachen der Satztheorie z. B. durfte ein so umsichtiger Sprachforscher wie B. Delbrück nicht ganz mit Unrecht erklären, es sei kein großer Unterschied, ob man sich der Herbartschen Psychologie, die Steinthal und Paul vertreten haben, oder der Lehre von Wundt anschließe: „Für den Praktiker läßt sich mit beiden Theorien leben." Dieses Urteil eines erfahrenen „Praktikers" enthält, wie es auch Wundt empfunden hat, eine vernichtende Kritik. Offenbart jene Gleichgültigkeit, die der wirkliche Kenner einer Sache ohnmächtigen Erklärungsversuchen entgegenbringt. Es ist in der Tat eine völlig untergeordnete Angelegenheit, ob der sprachliche Satz aus einem synthetischen oder analytischen Prozeß im Bewußtsein des Sprechers hervorgeht; über das Wesen des Satzes ist damit noch so gut wie gar nichts ausgesagt[1]). Und so wie hier blieb die Bewegung auf der ganzen Linie im Nebensächlichen stecken. Warum? Weil mit den Mitteln einer Erlebnispsychologie allein das Phänomen der Sprache schlechthin nicht zu begreifen ist. Ich will dies an Wundt und Darwin erläutern und beweisen.

1. Ein paar grundlegende Sätze aus Wundt, der wie kein anderer den Versuch, die ganze Sprache aus dem Erlebnisaspekt zu verstehen, mit einseitiger Konsequenz zu Ende gedacht hat:

„In allem, was ihr Wesen ausmacht, in Wortbildung, Satzfügung und Bedeutungswandel, ist die Sprache nicht bloß ein äußerer Abdruck der allgemeinen Bewußtseinsvorgänge, sondern deren notwendige Teilerscheinung. In diesem Sinne haben daher die vorangegangenen Kapitel die hauptsächlichsten sprachlichen Erscheinungen zu verstehen gesucht: als Funktionen des menschlichen Bewußtseins, in denen die fundamentalen Gesetze der Entwicklung dieses Bewußtseins zum Ausdruck kommen." So schließt im zweiten Band das Kapitel „Entwicklungstheorie" der Sprache.

Die Sprache ist Ausdrucksbewegung, so heißt es immer wieder. „Als eine Ausdrucksbewegung, was sie auf allen ihren Entwicklungsstufen bleibt, geht sie vollkommen kontinuierlich aus der Gesamtheit der Ausdrucks-

---

[1]) Näheres in meinem Artikel „Kritische Musterung der neueren Theorien des Satzes". Indog. Jahrb. 6 (1919), S. 1 ff.

bewegungen hervor, die das animalische Leben überhaupt kennzeichnen."
„Wo irgendein Bewußtsein vorhanden ist, da finden sich auch Bewegungen, die diese Vorgänge des Bewußtseins nach außen kundgeben." Und was den Vergleich der menschlichen Sprache mit derjenigen der Tiere angeht, so stehen wir zwar vor einer Kluft, die wir durch keine Beobachtung direkt auszufüllen imstande sind. „Diese Kluft ist aber nicht derart, daß die im Menschen beginnenden Entwicklungen nicht bereits beim Tier in mannigfachen Vorstufen vorbereitet wären. Was in dieser Beziehung von den psychischen Funktionen überhaupt gilt, das gilt auch von den Ausdrucksbewegungen, die zu jenen als ihre natürlichen Komplemente gehören, und die Sprache ist demnach nichts anderes als diejenige Gestaltung der Ausdrucksbewegungen, die der Entwicklungsstufe des menschlichen Bewußtseins adäquat ist. Dieses menschliche Bewußtsein läßt sich ohne Sprache gerade so wenig denken, wie sich Sprache ohne menschliches Bewußtsein denken läßt. Darum sind beide miteinander und durcheinander geworden, und die Frage, ob die Vernunft oder die Sprache das Frühere sei, hat ebensowenig einen Sinn wie die berühmte Streitfrage, ob das Ei oder die Henne früher sei"[1]).

Man erkennt in diesen Sätzen **eine einfache und klar aufgebaute Axiomatik**, die streng formuliert in drei Schritten zu entwickeln wäre. Obenan steht das *Parallelenaxiom* von der durchgehenden Bindung wahrnehmbarer Körperbewegungen an alle seelischen Regungen. Im zweiten Schritt wird der Entwicklungsgedanke aufgenommen und die Konsequenz gezogen, daß uns die ganze Mannigfaltigkeit des Seelischen vom niedersten Tier bis zum Menschen an der wahrnehmbaren Mannigfaltigkeit der Ausdrucksbewegungen lesbar vor Augen steht. Der dritte Schritt endlich wird vorbereitet durch die noch nicht zitierte Annahme, daß aus dem Ganzen der Ausdrucksbewegungen die Lautsprache als ein relativ selbständiger Sektor hervorgeht. „Hiernach dürfen wir annehmen, daß sich die Lautsprache ursprünglich mit und an der Gebärdensprache entwickelt und daß sie sich erst allmählich unter dem Einfluß dauernden Zusammenlebens von ihr gelöst und verselbständigt hat." Also nur im Vorbeigehen sozusagen und um die relative Verselbständigung der Lautsprache zu erklären, wird der Einfluß der Gemeinschaft in die Sprachtheorie eingeführt. Dann wird die Menschensprache in toto ausdrücklich noch einmal unter das Parallelenaxiom gestellt. Auch in ihrer höchsten Ausgestaltung ist und bleibt sie, was sie war, nämlich ein gesetzmäßiger Ausfluß und damit, wenn man so will, ein Halt und eine Stütze des individuellen Seelenlebens.

---

[1]) W. Wundt, Die Sprache II, 2, S. 636. Die anderen Zitate auf der vorausgehenden und den darauffolgenden Seiten.

Dies letztere steht freilich nicht gerade im besten Einklang mit Wundts Auffassung von der „Volksseele" und der ausdrücklichen Abhebung der Völkerpsychologie von der Individualpsychologie. Allein bei genauerem Zusehen ergibt sich, daß diese Unterscheidung nicht reinlich zu Ende gedacht ist. Der wunderliche Begriff einer Gemeinschaftsseele tritt wie anderwärts der „Gesamtwille" und die „Gesamtpersönlichkeit" nur im Programm, nur in der Einleitung zur Völkerpsychologie auf, um bei der Ausführung so gut wie vollkommen ohne Verwendung zu bleiben. Wundt ist faktisch nicht über die Erlebnispsychologie hinausgekommen; das geht im Grunde schon aus der Tatsache hervor, daß er genau nach dem Muster der Einzelseele einen Träger für die „gemeinsamen geistigen Erzeugnisse" sucht, um sie dann doch wieder restlos in die Einzelsubjekte einzubetten. Es wird ein Kriterium für den Fortschritt in den konstituierenden Begriffen sein, daß solche zweifelhafte Konzeptionen wie die Volksseele überflüssig werden ohne Vernachlässigung der Tatbestände, die zu ihrer Bildung gedrängt haben. Was die Sprachtheorie angeht, so bilden die angeführten Axiome das Fundament der Wundtschen Lehre. Wir schreiten zur Kritik.

Zögernd nur da und dort einmal, aber ohne rechten Ernst und rechtes Vertrauen auf die Beantwortbarkeit, hat man zu Wundts Zeiten die Frage nach dem *Sinn eines Ganzen* gestellt. Hier wäre sie durchaus am Platze gewesen; denn solch ein konstitutives Axiom wie das von der durchgehenden Bindung alles Seelischen an wahrnehmbare Ausdrucksbewegungen müßte sich vor der Frage: wozu das Ganze? verantworten lassen. Man beachte scharf, daß nicht etwa von der Hypothese des psychophysischen Parallelismus, sondern von einer viel weiter gehenden und spezielleren Bindung des Seelischen an körperliche Vorgänge die Rede ist. Dem psychophysischen Parallelenaxiom wäre ja durch äußerlich unwahrnehmbare Vorgänge im Nervensystem oder sonstwo im Körper genau so gut wie durch wahrnehmbare Genüge geleistet. Nein, man müßte schon beide Begriffsmomente, das von der Wahrnehmbarkeit und das von der Ausdrucksfunktion der Körperbewegungen bis zur Unbrauchbarkeit des ganzen Begriffs verallgemeinern, verwässern, um das konstitutive Axiom der Wundtschen Sprachtheorie als eine Konsequenz der psychophysischen Parallelitätsannahme zu begreifen. „Vorgänge des Bewußtseins nach außen kundgeben" — wem kundgeben? Doch wohl nicht nur dem forschenden Psychologen, der mit raffiniert erdachten Instrumenten beobachtet, sondern allen Artgenossen, die darauf vorbereitet und dafür ausgerüstet sind, von den Kundgaben Notiz zu nehmen. Und hier liegt der Angelpunkt einer fruchtbaren Kritik. Zu einer Kundgabe im spezifischen und einzig brauchbaren Sinn des Wortes wird irgendeine Körperbewegung erst in Relation zu einem wirklich vorhandenen oder mindestens fingierten Kundnehmer; Kundgabe und Kundnahme sind nur als korrelative Begriffe definierbar. Wer Pointen liebt, könnte die These vertreten, daß Wundts und vor ihm Darwins Theorie der Ausdrucksbewegungen unabgeschlossen und unbefriedigend bleiben mußten aus mangelnder Einsicht in diesen logischen Sachverhalt. Verstöße gegen die Logik aber sind in der Regel sachlich begründet, und in unserem Falle liegen die Dinge so, daß man mit den Mitteln einer Betrachtungsweise nur vom Individuum aus etwas leisten wollte, was sie grundsätzlich nicht zu leisten vermag.

2. Obwohl es hier nur darauf ankommt, diesen allgemeinen Satz an einem einzigen exemplarischen Falle einsichtig zu machen, so sei es mir doch gestattet, in abstraktem Beweisgang zu zeigen, wie auch *Darwin* nach einer vielversprechenden Problemstellung auf dieselbe Sandbank geraten ist. Der Anfang ist einwandfrei. Denn wenn irgendein erster, allgemeiner Satz über die Körperbewegungen der Tiere und des Menschen schlechthin vonnöten ist, um die Semasiologie im weitesten Sinne des Wortes zu konstituieren, so ist es der von Darwin stillschweigend vorausgesetzte Satz von ihrer lebenswichtigen, lebenserhaltenden Leistung. Daß gewisse Bewegungen z. B. dem Aufsuchen, Ergreifen und Verzehren der Nahrung, andere wieder anderen Lebensbedürfnissen *direkt* Genüge leisten, ist eine Auffassung, die der Psychologe nicht erst zu begründen braucht. Im Gegensatz dazu kann nach Darwin beim Großteil aller Ausdrucksbewegungen von einer solch direkten Bedürfniserfüllung keine Rede sein. Wo steckt also ihre Ratio? Das ist das Darwinsche Problem. „Der ganze Gegenstand mußte von einem neuen Gesichtspunkt aus betrachtet werden, und eine jede Ausdrucksform verlangte eine rationelle Erklärung"[1]). Die gesuchte Ratio läßt sich in dem Satze aussprechen: die Ausdrucksbewegungen seien Rudimente ehemaliger Zwecktätigkeiten. Wenn der

---

1) Ch. Darwin, Der Ausdruck der Gemütsbewegungen bei dem Menschen und den Tieren.

Zornige seine Muskeln strafft, die Fäuste ballt und mit den Zähnen knirscht, so ist das Ganze ein schwacher Nachklang aus der Zeit des Kämpfens mit Faust und Gebiß. Analoge Vermutungen werden an allen übrigen Gebärden erprobt und erst dort, wo sie offenkundig versagen, zwei Hilfsannahmen in die Theorie eingeführt. Einiges wie das Zusammenfahren und die ungeordneten Bewegungen beim Schreck oder das Zittern sieht aus wie sinnlose Entladungserscheinungen, wie Überflutungen des Bewegungsapparates mit Impulsen aus einer Hochspannung im Zentralnervensystem. Andere Ausdrücke könnten, meint Darwin, auch sekundär als Kontrastphänomene entstanden sein.

Nun, die Kritik hat längst schon die Tragweite dieser Ideen auf ein bescheidenes Maß reduziert. Wir stellen die Frage, warum diese ganze Theorienbildung nach einem schönen Anlauf so hoffnungslos unabgeschlossen und zerfasert steckengeblieben ist, und geben die Antwort, weil auch sie an entscheidender Stelle den notwendigen Schritt vom Individuum zur Gemeinschaft n i c h t vollzogen hat. Rein logisch betrachtet ist die Alternative Darwins unvollständig; denn wenn die geballte Faust nicht mehr zuschlägt, so kann die Bewegung immer noch einen Zweck erfüllen, vorausgesetzt, daß der andere, dem sie gilt, als Wahrnehmender darauf reagiert. Wer weiß, ob nicht viele Ausdrucksbewegungen gerade um solcher spezifischer Effekte auf wahrnehmende Artgenossen willen allererst entstanden sind? Aber selbst dann, wenn sie wirklich, wie es Darwin für einige plausibel machen konnte, ursprünglich eine andere Funktion besaßen, so wären sie heute als rein semantische Bewegungen nicht funktionslos geworden, sondern hätten nur einen *Funktionswechsel* durchgemacht. Die außerordentlich fein differenzierte Gesichtsmimik des Menschen z. B. wäre als Sammelsurium völlig zwecklos gewordener Bewegungen gewiß nicht auf ihre heutige Entfaltungshöhe gelangt. Aber diese naheliegende und doch so weittragende Ergänzung oder Modifikation der Darwinschen Idee setzt eben voraus, daß man den anderen, den spezifischen Empfänger, den Adressaten sozusagen der Ausdrucksbewegungen, regelrecht erst in die Theorie aufnimmt. Ohne ihn wäre nichts von all dem, was sich im Anschluß an Seelenregungen im Körper abspielt, im echten Wortsinn eine K u n d g a b e; mit ihm erst kann der Grundbegriff der semantischen Körperbewegung definiert und so das Gebiet der Semantik abgesteckt werden.

3. Noch einen Gedanken, nur um zu zeigen, daß alles sich wie von selbst zusammenfügt. **Funktionsänderungen**, die mit der hier beschriebenen verglichen werden dürfen, gibt es in der Tierreihe bis hinab zu den Einzelligen. Der bedeutendste Fortschritt, den die Psychologie der niederen Tiere im letzten Menschenalter machen konnte, war wohl die endgültige Überwindung der **Tropismentheorie**. Ich denke, niemand wird das Buch von **Jennings** aus der Hand legen, ohne die Überzeugung gewonnen zu haben, daß hier der Beweis von der Unzulänglichkeit der Tropismentheorie **Loebs** und anderer bündig geworden sei. Wir sagen dann: also benehmen sich schon die Infusorien anders als Automaten. Wir wollen versuchen, den Nerv dieses Beweises in wenigen Sätzen zu treffen. **Erstens**, der Nachweis einer primitivsten Art des Lernens ist schon viel, unsere technischen Automaten pflegen nichts zu lernen, sondern eher das einförmig Sinnvolle ihres Funktionierens, das wir ihnen eingegeben haben, allmählich wieder zu vergessen. **Zweitens** ist sehr zu beachten, daß schon die niedersten Tiere gar nicht immer die zwingende äußere Not und ihre starken Reize abwarten, sondern auch ohne sie das Zweckmäßige tun und Erfolge sozusagen auf Vorrat sammeln. Sie scheinen nicht rein reaktiv, sondern schon **aktiv** tätig zu sein, ungefähr in dem Sinne wie **Aristoteles** und die anderen Griechen sich selbstbewegende Systeme gedacht haben. Vielleicht sind sie wirklich „Automaten" im Sinne des **Aristoteles**?[1]). Allein das ist bestreitbar und wir sind versucht, mit einer letzten Karte unser Spiel definitiv zu gewinnen: **Drittens**, sie reagieren, abgesehen von den wenigen instruktiven Fällen, wo man dies eigens beweisen kann, nicht stückhaft oder in Teilsystemen ihres Organismus, sondern *ganzheitlich* und *sinnvoll*.

Nun, gerade darauf kommt es an, wenn die Verhaltenslehre der niederen Tiere schon ein Teil, sogar ein systematisch sehr wichtiger Teil der vergleichenden Psychologie sein soll. Wir werden später, die beiden Begriffe *ganzheitlich* und *sinnvoll* logisch zu konstituieren versuchen. Hier ist es auf den zweiten abgesehen und darauf, daß wir den unmittelbaren und starken Eindruck der Sinnhaltigkeit des Benehmens, den wir aus Jen-

---

[1]) Ein mit aller Vorsicht unternommener Versuch, den Begriff der Aktivität biologisch zu definieren, bei **Ch. Bühler**, Zum Problem des Instinktes. Zeitschr. f. Ps., 102 (1927).

nings gewinnen, in zwei Momente auflösen können. Die Tätigkeiten dieser Systeme dürften sich bei genauester Untersuchung als *zentral gesteuert* erweisen. Das ist das erste. Und es kommt zweitens etwas in ihnen vor, was ich unter dem Terminus *Signale* bestimmen und hier schon der Beachtung des Lesers empfehlen möchte. Genaueres darüber folgt S. 73 ff. Wir wissen aus menschlichen Einrichtungen genau, was Signale sind und wie sie fungieren. Das rote Licht am Signalmast z. B. bestimmt den Lokomotivführer, so zu handeln, als ob er ein wirkliches Fahrthindernis wahrgenommen hätte. Nun ist erwiesen, daß schon Einzellige unter bestimmten Bedingungen sich prinzipiell ähnlich verhalten wie unser Lokomotivführer. Man stelle sich die Dinge nicht zu menschlich vor. Aber es gibt gewisse Reiz- und Verhaltensabläufe a—b—c—d, von denen man sagen kann, erst d bilde den regelmäßigen und natürlichen Abschluß, z. B. die Einverleibung der Nahrung, wodurch eine Situation der äußeren Körperruhe oder sonst eines neuen, prägnanten Verhaltens gegeben ist. Dies d mag in einem zweiten Fall körperliche Schädigung und Flucht bedeuten. Was wäre nun zu sagen, wenn wir nach häufiger Wiederkehr solcher Reihen in einem neuen Fall schon im Stadium a oder b die Flucht (oder der Vollständigkeit halber sei auch daran gedacht, das andere Mal unverkennbare Vorbereitungen zur Nahrungsaufnahme) eintreten sähen? Einige Amerikaner haben dieses Verhaltensschema als „conditioned reflex" beschrieben. Es ist nichts dagegen einzuwenden, daß man das Assoziationsprinzip zur Erklärung der Tatsachen anruft; wo wir dasselbe ohne vorausgehende Einübung vorfinden, sprechen wir von Instinkt und denken als Äquivalent des Gedächtnisses an angeborene Verknüpfungen oder, genauer gesagt, an angeborene Reiz-Reaktionskoordinationen.

Ebenso wenig aber dürfte theoretisch einzuwenden sein, wenn wir nun vom Gesichtspunkt unserer Untersuchung aus den Finger darauf legen und sagen: Man stelle sich die Verhältnisse Schritt für Schritt verwickelter vor, so daß wir wieder in die Sphäre der Darwinschen Untersuchung der Ausdrucksbewegungen gelangen. Wenn wir hier nun den Wandel von Zwecktätigkeiten, die direkt zu einem biologischen Erfolg führten, in solche, von denen man dies nur noch auf dem Umweg über die Intervention von Artgenossen behaupten kann, vorfinden, so ist es uns zumute, als ob wir einen alten Bekannten träfen. Wir werden nicht übersehen, daß in unserem Ausgangsschema die Rede war von einer Reizverwertung, und hier zunächst, was den Zeichengeber angeht, vom anderen Ast des Reaktionsschemas, von **Tätigkeiten**, die einen semantischen Charakter angenommen haben. Versetzen wir uns aber in die Lage des Empfängers jenes Artgenossen oder Tiergenossen, an der die Ausdruck gerichtet ist, dann ist dieser Unterschied behoben. Wenn es z. B. im Hundeleben passiert, daß ein nahender Artgenosse beim Knurren und Zähnefletschen des anderen zurückweicht, oder wenn er dies vor einem mit dem Stock drohenden Menschen tut, so liegt hier doch wohl etwas vor, was in vielen Punkten schon viel menschlicher anmutet als die Signalflucht eines Infusoriums. Zum Lokomotivführer freilich werden wir den Hund deswegen immer noch nicht vorschlagen, weil wir von einem Lokomotivführer, auch was die Reaktion auf Signale angeht, noch einiges mehr verlangen; es wäre ja doch schrecklich, wenn die Anwärter dieses wichtigen Berufes nur aus eigener schlechter Erfahrung lernen oder, wie das Sprichwort sagt, „klug" werden könnten. Doch ist die Frage, wo und wie das spezifisch Menschliche in der Verwertung und Erzeugung von Signalen einsetzt, einstweilen eine cura posterior. Es genügt, wenn die Tatsache fixiert ist, daß die Semantik im Tierreich Analoga zu den menschlichen Signalen erkennen läßt und daß wir bis zu den einfachsten uns bekannten Verhältnissen vordringen müssen, um so etwas wie ein Urbild der ganzen Einrichtung zu finden.

§ 5. Das Zweiersystem von Zeichengeber und Zeichenempfänger.

Wir stellen eine andere Axiomatik der Sprachtheorie auf als **Wundt**, eine Axiomatik, in der jeder der drei Aspekte an seinem Ort zur Geltung kommt. Das Zweckmäßigste wäre, mit einer Phänomenologie der (menschlichen) Sprache zu beginnen und erst an zweiter Stelle den Entwicklungsgedanken einzuführen. Die Semantik im Tierreich erführe dann eine Beleuchtung von oben, von dem reicheren menschlichen System her, und erwiese sich (soweit wir sie heute kennen) **um eine volle Dimension ärmer** als die menschliche Sprache. **Methodisch** liegen die Verhältnisse ähnlich, wie wenn man sich z. B. mit dem Farbensinn des Menschen und der Tiere beschäftigt. Es war eine klare Einsicht in das volle, unreduzierte Farbensystem des Menschen vonnöten, bevor es gelang, die Arten und Grade der Farbenblindheit exakt zu erfassen, ja theoretisch vorauszusagen.

Und wir mußten erst am Menschen die Dinge (in großen Zügen wenigstens) klären, bevor wir die richtigen Fragen an den Farbensinn der Tiere stellen und mit Aussicht auf Erfolg an die empirische Prüfung einer Entwicklungsidee gehen konnten. Nun aber ist die Technik des Leistungsexperimentes so vollendet und selbstsicher geworden, daß niemand mehr die Hoffnung, es werde einmal von unten her eine entwicklungsgeschichtliche Aufklärung über den faktischen Bestand des menschlichen Farbensinnes erfolgen, als utopistisch bezeichnen darf.

Die analoge Hoffnung auf dem Gebiete der Sprache ist so alt wie die Sprachtheorie selbst, denn schon die Griechen haben sie gehegt. Es geschieht nicht, um sie neu zu beleben, sondern einzig zum Zwecke einer leichteren Vergleichbarkeit mit der genetischen Betrachtung von Darwin und Wundt, wenn auch im folgenden eine entwicklungsgeschichtliche Ordnung der Axiome gewählt wird. Das ganze Gebiet der tierischen Semantik wird dann wie von selbst den Benehmensaspekt fordern.

1. Hätte es seine Richtigkeit mit dem Wundtschen Parallelenaxiom, dann wäre ein weiteres Fragen nach dem Ursprung des Semantischen abgeschnitten. Denn es wäre ja irgendwie wesensgesetzlich den psychischen Erscheinungen mitgegeben, man könnte höchstens weiter nach deren Ursprung forschen. Die neue Auffassung dagegen, welche den Begriff der Ausdrucksbewegungen viel enger und spezifischer faßt, gestattet und fordert wieder die Frage nach ihrem Ursprung. Eine Frage, die nicht mehr den Vorteil genießt, Unterschlupf zu finden bei einem axiomatischen Satz, sondern empirisch beantwortet sein will. Wir folgen einem aus intimer Kenntnis der Dinge oft ausgesprochenen aber niemals methodisch restlos fruktifizierten Satz, wenn wir den Ursprung der Semantik nicht beim Individuum, sondern bei der *Gemeinschaft* suchen. Auch die logische Erkenntnis, daß Kundgabe und Kundnahme korrelative Begriffe sind, daß zum Zeichengeber ein Zeichenempfänger gehört, wenn anders Semantik einen Sinn haben soll, weist uns auf den gleichen Quellpunkt der Sprache hin. Wir machen also die ebenso einfache als weittragende Hypothese, daß die semantischen Einrichtungen von vornherein im Dienste eines geordneten Gemeinschaftslebens stehen, und fügen noch hinzu, daß wir sie nicht als eine sekundär aus einem schon bestehenden Gemeinschaftsleben entsprungene Luxuseinrichtung, sondern viel tiefer und notwendiger mit ihm verbunden denken wollen: die Semantik

ist nicht ein Nebenprodukt, sondern ein *konstituiver Faktor* jedes tierischen oder menschlichen Gemeinschaftslebens. Erst diese strenge Fassung verleiht unserer Ausgangsidee eine gewisse Fruchtbarkeit und einen Anreiz, sie auf ja oder nein an den Tatsachen zu prüfen.

Es gibt im Tierreich und im Menschenleben mannigfache Zufallsscharungen von Einsiedlern; wir schließen sie vom Begriff eines *echten* Gemeinschaftslebens von vornherein aus und müssen, um dies tun zu dürfen, den Begriff der echten Gemeinschaft, die wir hier im Auge haben, kurz definieren. Es genügt für unsere Absichten, das eine Merkmal hervorzuheben, daß das sinnvolle Benehmen der Gemeinschaftsmitglieder einer *gegenseitigen Steuerung* unterliegt, und im Hintergrund die Erkenntnis parat zu halten, daß die ideellen Bindungen an Gemeinschaftsziele und -aufgaben, die wir aus dem Bereich der menschlichen Verhältnisse kennen, ihre Analoga im Tierreich haben. Niemand ist imstande, die Vorgänge in einem Bienenstock geordnet zu beschreiben, ohne von *dem* Sammelgeschäft, *der* Brutpflege usw. in der Einzahl, und das heißt wie von Gemeinschaftsangelegenheiten des Stockes zu sprechen. Er mag sich vorbehalten, daß dies nur vorläufige Konstruktionslinien in seinem Bilde sind, die noch eines endgültigen Berechtigungsnachweises oder irgendeiner Auflösung harren. Ob Fiktionen oder Wirkungsmomente, das ist vorerst logisch irrelevant, wenn nur zugegeben wird, daß jede geordnete Darstellung jene Linien verlangt. Doch dies nur nebenbei. Unser Interesse richtet sich auf die gegenseitige Steuerung des sinnvollen Benehmens der Gemeinschaftsglieder. Faktische Konkordanz ihres Benehmens wäre zu wenig, es muß ein Kontakt und kraft seiner eine dynamische Konkordanz, eine hic et nunc nachweisbare Regulierung vorliegen. Das Faktum solcher Regulierungen fassen wir ins Auge und behaupten, daß sie ohne Semantik, d. h. Verständigungsmittel, nicht möglich wären.

Dazu sofort eine Korrektur oder Erläuterung. Sehen wir nicht die Handlungen von Menschen und Tieren in ungezählten Modifikationen wortlos und gestenlos sinnvoll ineinander greifen? Gewiß, nämlich in gemeinsamen Wahrnehmungssituationen. Und das ist der Grundfall, von dem wir ausgehen müssen. Eine Steuerung liegt auch hier vor mit allem, was dazugehört, nämlich mit einer *Einstellung* der Individuen aufeinander, das ist der Kontakt, von dem wir sprechen, und mit einem gegenseitigen Verstehen der Tätigkeiten des anderen. Der heute viel erörterte

Begriff des psychologischen Verstehens, oder gleich genauer gesagt, des mitlebenden oder einfühlenden Verstehens hat hier seinen Ursprung; wir werden im § 9 darauf zurückkommen. Und mit ihm entspringt, wenn man so will, die Semantik.

Es ist eine Sache des Übereinkommens, ob man diesen wichtigen Ausgangsfall mit in den Bereich der Semantik aufnehmen oder ihn definitorisch ausschließen will. Im menschlichen Tun und Treiben können auch primäre Zwecktätigkeiten mehr oder minder bewußt und gewollt oder unbewußt und ungewollt Träger des raffiniertesten Ausdrucks und seelischen Kontaktes werden. Man braucht sich nicht auf Diplomaten und Schauspieler zu beschränken, sondern nur das Auge dafür zu haben, um das Faktum auf der Straße, in Gesellschaften und wo sonst sich in groben oder sublimen Formen das Hinüber und Herüber eines wortlosen seelischen Verkehrs abspielt, zu finden. Wie weit wohl dies verdeckte Rollenspielen, dies Beladen primärer Zwecktätigkeiten, mit kontaktstrebigem Ausdruck schon unter den Tieren verbreitet sein mag? Ich glaube, man müßte es, vom Haushund abgesehen, vor allem im Liebeswerben der Vögel suchen. Doch wir wollen nicht vom Wege abirren. Alles Raffinement beiseite, so gehört zu unserem reinen Ausgangsfall noch das andere wichtige Moment, daß auch der *Richtpunkt der Steuerung* in der gemeinsamen Wahrnehmungssituation enthalten ist. Einige Beispiele aus menschlichen Verhältnissen: Ein Chauffeur, vor dem ein Passant mit Scheuklappen, aber erkennbarer Marschrichtung die Straße kreuzt, umsteuert einseitig das bewegte Hindernis; hier fehlt die rückwirkende Orientierung des Benehmens auf den Passanten. Chauffeure gegenseitig im Kontakt oder mit aufmerksamen und gewandten Passanten beim Ausweichen — hier besteht eine wechselseitige Steuerung, und hier wird die Situation regelmäßig dann gefahrvoll, wenn eine Zielmißdeutung oder eine unvorhersehbare Zieländerung eines Partners eintritt. Der handreichende Lehrling und der Meister am Gemeinschaftswerk oder die chirurgischen Assistenten und der Operateur — das Hand-in-Hand-gehen der Tätigkeiten wird hier erreicht durch eine Steuerung auf das Sachziel im gemeinsamen Wahrnehmungsfeld. Diese gehäuften illustrierenden Beispiele aus dem menschlichen Alltag genügen wohl, um das, was gemeint ist, ausreichend deutlich zu machen, so daß ich auf einfache Analoga aus dem Gemeinschaftsleben der Tiere, z. B. dem der Ameisen, verzichten darf.

Nun weiter. Transzendiert aber der Richtpunkt einer gewünschten Steuerung in irgendeiner Art den gemeinsamen Wahrnehmungsbereich, dann bedarf es vermittelnder Einrichtungen, bedarf es, kurz gesagt, eines Kontaktes höherer Ordnung, um die Steuerung trotzdem zu ermöglichen. Um gleich zum Höchsten zu greifen: der sprechende Mensch appelliert an Vorstellungen und Begriffe seines Hörers. Doch davor liegt eine Skala von Zwischenstufen und ein Labyrinth von Arten des Transzendierens und von Möglichkeiten, sie zu überwinden. Es ist z. B. ein relativ einfacher Ersatz der gemeinsamen Wahrnehmungssituation, wenn unter den Bienen die Finderin einer neu aufgeblühten honigreichen Blütenart in den Stock zurückgekehrt, Genossen, die müßig herumsitzen, zum Ausfliegen anregt und ihnen den spezifischen Duft der Blütenart mitgibt, nach dem sie nun das Flugfeld absuchen. Die Ausgangssituation enthält hier eine räumliche Transzendenz des Steuerungsrichtungspunktes. Denn im Bienenstock ist die neu entdeckte Blütenart nicht wahrzunehmen und auf sie sollen doch die Neuangeworbenen das Flugfeld absuchen; also erfolgt ad hoc im Werbetanz ein rein semantischer Akt, die Duftübertragung von der Werbenden auf die Angeworbene. Die Möglichkeit einer zeitlichen Transzendenz und was die Menschensprache in dieser Richtung leistet, sei nur gestreift. Kann auch sein, daß das Ziel zwar im Bereich der Sinne, aber nicht der Aufmerksamkeit des Zeichenempfängers liegt. Der hinweisende Finger des Zeichengebers hebt es hervor, eine Gebärde, die an der Schwelle des spezifisch Menschlichen, an der Schwelle zur Darstellungsfunktion der Sprache steht und nach allem, was wier aus vergleichendem sprachhistorischen Material Material und aus Beobachtungen am Kinde wissen, eine entwicklungsgeschichtlich wichtige Rolle gespielt hat.

Fast wichtiger noch ist es, gleich am Ausgang daran zu erinnern, daß wir es mit lebenden Individuen zu tun haben. Soll der Eigenbedarf und die Eigenstimmung der Individuen bei der gegenseitigen Steuerung ihres Benehmens Berücksichtigung finden, nun, dann müssen sie eben, soweit sie nicht ohne weiteres aus der primären Zwecktätigkeit zu entnehmen sind, eigens kundgegeben werden. Hier die Stelle der Theorie, wo der Wundtsche Grundgedanke in modifizierter Form einzufügen ist. Nicht jede seelische Regung und alle Schwankungen des Zumuteseins haben einen Anspruch darauf, in spezifischen Gesten zum Ausdruck zu gelangen; gefordert wird dies entwicklungstheoretisch nur für jene, die irgendwie kurzerhand das Benehmen anderer Gemeinschaftsglieder zu steuern berufen sind.

Soviel von dem ersten Leitgedanken einer Ursprungstheorie der Semantik; ich denke, wir kommen mit ihm den Tatsachen näher als mit dem schlechthin unbegründeten Parallelitätsprinzip Wundts. Was richtig von ihm und Darwin gesehen war, ist leicht einzuordnen. Darwins Idee war im Vordersatz richtig und im Nachsatz falsch. Um ein Gemeinschaftsleben, das diesen Namen verdient, d. h. zu Gemeinschaftsleistungen organisiert ist, allererst zu ermöglichen, war die gegenseitige Einstellung, das Verstehen, und die Steuerung vonnöten. Der Fortschritt zu Kontakten höherer Ordnung dürfte von dieser Basis aus erfolgt sein, und so mag man es zum methodischen Prinzip erheben, die spezifischen Gebärden einzeln daraufhin zu untersuchen, ob und wie sie wohl aus prosemantischen, primären Zwecktätigkeiten entstanden sein mögen. Allein, sie darum als rudimentäre Zweckgebilde aufzufassen, das wäre kaum klüger und berechtigter, wie wenn jemand das Telegraphieren als rudimentäres Briefschreiben charakterisieren wollte. Es steckt ein eminent progressiver Entwicklungswert in den Gebärden. Auch unsere Auffassung ist eine Hypothese, die an den Tatsachen geprüft werden muß. Die mir bekannt gewordenen Tatsachen aus dem weiten Reich der Semantik stimmen, soweit ich sehen kann, aufs beste mit ihr überein; besonders gut die Befunde von Frischs an der Bienensprache und alles, was wir bis heute über ähnliche Einrichtungen bei den Ameisen wissen, wobei ich vor allem auch an Wasmanns Forschungen denke. Auch der Tatbestand des Schreiens, Rufens und Singens der Vögel, bei denen nach dem wohl ursprünglichen Scharungsruf der Wandervögel da und dort das Paarungsgeschäft in den Vordergrund gerückt ist, dürfte sich widerspruchsfrei einfügen. Das Vorkommen primärer Kundgebungsausdrücke wird durch die Hypothese, wie leicht zu übersehen ist, zwar als Grundregel, aber keineswegs als zwischenlaufende Erscheinung ausgeschlossen.

2. Unser Ansatz enthält so gut wie keine Annahmen über irgendwelche Bewußtseinsvorgänge, er geht nicht vom Einersystem der Erlebnispsychologie, sondern von der unentbehrlichen Zweieinigkeit von Zeichengeber und Zeichenempfänger aus. Sind wir nun um seiner Reinheit willen verpflichtet, diese Zweiheit erst irgendwie abzuleiten? Aus dem Ich ein Nichtich und das Du, um mit der Behauptung zu schließen, über-

all, wo jene semantische Zweieinigkeit besteht, da müsse die Differenzierung des Bewußtseins schon bis zum Ich und Du fortgeschritten sein? Nun, irgendwo im System der Psychologie wird gewiß vom Ich und Du und ihrem Verhältnis zueinander die Rede sein müssen. Wer paradox klingende Sätze liebt, wird sich dann vielleicht den Ausspruch Nietzsches zu eigen machen, das Du sei älter als das Ich. Und wer ein polares Schema bevorzugt, wird sagen, das Ich und das Du seien gleichzeitig hervorgegangen, in statu nascendi schon sich gegenseitig stützend und von einander abhebend, aus einem primitiveren, uns polarisierten Wesen aber nicht mehr nacherlebbaren Urmodus des Bewußtseins. Es lassen sich sehr schöne, vielleicht auch einige begründete Sätze darüber sagen. Aber sie gehören schlechterdings nicht hierher, nicht an die Pforte zur tierischen Semantik. Entschließt man sich, dies Gebiet unter dem Benehmensaspekt zu behandeln, so wird der Anfang von allem Ballast entbehrlicher Annahmen befreit und durchaus klar. Fragen aber, die man am Anfang doch nicht entscheiden kann, erhalten ihren systematischen Ort am Ende der Forschung oder jedenfalls da, wo Lücken nicht mehr so peinlich und störend empfunden werden, wie gerade am Eingang. Das ist eigentlich das entscheidende Wort über den Vorteil des Benehmensaspektes.

Nun bleibt freilich der unentbehrliche Grundbegriff des Verstehens, dessen Erörterung wir zwar aufschieben, aber nicht werden umgehen können, und der Begriff der Steuerung, den wir als terminus technicus empfehlen möchten. Über ihn noch ein Wort. Wer physikalische Modelle bevorzugt, um seine Begriffe zu klären, mag sich irgendein Zweiersystem von Sender und Empfänger wählen, um daran den wichtigen Begriff der *Steuerung* durchzudenken. Ein Empfänger braucht selbst nicht rein passiv, d. h. nicht stromlos zu sein; was der Sender bewirkt, kann eine Steuerung des Eigengeschehens im Empfänger sein. Nun, wir wissen gar nichts von einem Innern, einem Zumutesein materieller Systeme. Aber man gebe uns eines von der Art, wie sie die Menschen für die Zwecke ihrer Mitteilungen in die Ferne konstruiert haben, im Betrieb zur Untersuchung, und wir wollen an ihm rein mit den Mitteln des Technikers über die Art der Koppelung und die Angelegenheit der Steuerung allerhand wichtige Erkenntnisse gewinnen. Das ungefähr ist ins Extreme gesteigert die Position des reinen Behaviorismus angesichts der Semantik im Tierreich. Es kommt darauf an, zu erfassen, daß sein

Unternehmen weder hoffnungslos noch überflüssig genannt werden darf, um dann Schritt für Schritt den Gang seiner Theorienbildung zu verfolgen.

Ein konkreter Fall. Die Imker kennen am Bienenvolk den „Schwarmton", „Heulton", „Stechton" und haben auch beobachtet, „daß der ‚Flugton' einer reich beladen heimkehrenden Biene ein besonderer ist und namentlich der Abflugton einer zu einer Honigquelle wieder hinausstürzenden Biene ein eigenartiger und für die Fluggenossen verlockender sein dürfte[1]." Es erhebt sich also die Frage, ob hier eine Semantik durch Töne vorliegt. Exakte Bestimmungen ergaben, daß der Flugton der an der Ausbeutung ergiebiger Fundstellen arbeitenden Bienen in der Tat um etwa einen ganzen Ton höher war als der ihrer weniger erfolgreichen Genossen. Vielleicht werden die Nestgenossen durch solch höheren Flugton zur Mitarbeit angeworben? Der Versuch hat die Frage im verneinenden Sinne beantwortet, der höhere Flugton dürfte also keine semantische Funktion erfüllen. Man beachte, daß diese Entscheidung ohne irgendwelche Annahmen über den seelischen Zustand des Zeichengebers oder Zeichenempfängers getroffen werden konnte; man weiß nicht einmal genau, wie der höhere Flugton zustande kommt, und ob die Bienen überhaupt so etwas wie einen Gehörapparat haben. Es gibt aber andere Verständigungsmittel im Bienenvolk, deren Wirksamkeit exakt bestimmt worden ist. Die ganze Organisation des Sammelgeschäftes beruht nach von Frisch auf drei verschiedenen semantischen Einrichtungen, drei „Ausdrücken der Bienensprache". Es ist überflüssig, sie hier zu erörtern; das Wichtigste in unserem Zusammenhang ist die Tatsache, daß in dem ganzen Buch von Frischs über die Sprache der Bienen an keiner entscheidenden Stelle irgendein Terminus der Erlebnispsychologie zu finden ist. Nichts von Trieben, Affekten, Empfindungen, nichts von irgendeinem Zumutesein des Zeichengebers und Zeichenempfängers. Das ist reiner Behaviorismus, eine wohlgebaute Lehre vom sinnvollen Verhalten der Bienen beim Einsammeln von Nektar und Blütenstaub und von der sozialen Organisation dieser lebenswichtigen Angelegenheit des Bienenvolkes. Überflüssig die Frage zu stellen, ob das schon zur Tierpsychologie gehört oder nicht, es bietet jedenfalls einen Zugang zu ihr.

---

[1] Zitat nach v. Büttel-Reepen bei K. v. Frisch, Die Sprache der Bienen, 1923, S. 150.

Die Theorie wird beim Übergang vom physikalischen Modell zum lebenden Zweiersystem eine Reihe zusammengehöriger, spezifischer Grundeigenschaften an ihm finden. Ich nenne im Vorbeigehen die mehr oder minder großen Spielräume im Geben und Empfangen, genauer gesagt, Verwerten der Steuerimpulse je nach dem *Eigenbedarf* der beteiligten Individuen; ich nenne weiter, ohne darauf einzugehen, den entscheidenden Schritt von der unmittelbar verständlichen, naturhaften zur *symbolischen* Gebärde.

3. Schon die Biologie sieht sich veranlaßt, ihre Untersuchungen über das Individuum hinaus auf die Faktoren des Lebensraumes und der Tiergemeinschaften auszudehnen. Man schlage etwa das Werk von Hesse-Doflein „Tierbau und Tierleben" auf; im Vorwort des zweiten Bandes wird treffend der Standpunktwechsel charakterisiert, der dazu notwendig ist. Wurde im ersten Band das Individuum „als lebensfähige Einheit geschildert", so muß nun eine zweite Betrachtung folgen, worin „die Gesamtheit der Einflüsse, die während des individuellen Lebens auf eine Tierart einwirken", zur Würde jener Rahmeneinheit erhoben wird. Und es sind in der Tat neue Probleme, die aus dem neuen Aspekte entspringen. Wenn die Psychologie den analogen Schritt vollzieht, dann liegt darin mehr beschlossen als für die Biologie, denn die Erlebnisse sind Gegenstände der inneren, das Benehmen ist, wie es scheint, ein Gegenstand der äußeren Wahrnehmung. Kein Wunder, daß der Behaviorismus mit dem Gebahren und den Ansprüchen einer neuen Wissenschaft aufgetreten ist. Ich bin der Meinung, daß dieser Anspruch in einem präzisen Sinn begründet ist, aber den Verzicht, das Ganze der Psychologie auszumachen, in sich schließt. Und das Gebiet der Sprache, das wir zur Illustration gewählt haben, ist wie kaum ein anderes geeignet, uns darüber einen klärenden Aufschluß zu bieten.

Zum Ganzen der Sprache gehören sinnlich wahrnehmbare Zeichen und ihre Bedeutungen. Man kann diese Zeichen für sich zum Gegenstand einer Wissenschaft machen und gelangt so zur Konstitution der *Phonetik*. An ihr und ihrem Verhältnis zum Ganzen der Sprachwissenschaft ist paradigmatisch vorgebildet und einfach abzulesen, was uns zur Würdigung des Behaviorismus im Rahmen der Psychologie zu erfassen vonnöten ist. Erstens das scheinbar paradoxe Doppelgesicht einer Abkehr und Zukehr zum Sinn der Zeichen. Die Phonetik muß prinzipiell die sprachliche Bedeutung ihrer Gebilde außer Betracht lassen (**einklammern** würde **Husserl** sagen), um sie rein für sich zu erforschen und doch stets darauf sehen, daß etwas zum Einklammern da ist, damit sie nicht abirrt auf das Gebiet der sprachlich irrelevanten Laute. Gewiß wird ihr niemand verwehren, den ganzen Umkreis des Hörbaren abzustecken und, wo es Vorteil bringt, zur Klärung ihres speziellen Gegenstandes heranzuziehen. Aber zu dem, was sie eigentlich sein will und leisten soll, wird sie doch nur durch die besondere Auswahl derjenigen Laute, die in der Sprache als sinnvolle Zeichen fungieren. Das Analoge gilt für den Behaviorismus. Er mag sich drehen und wenden, wie er will, es ist ihm wesensgesetzlich vorgeschrieben, aus all dem, was man an Verhaltungsweisen der Tiere und des Menschen mit den Sinnen wahrnehmen kann, die „sinnvollen" auszuwählen, an denen allein das Interesse des Psychologen haftet. Also auch hier muß etwas in der Klammer zurückbleiben, und niemand kann letzten Endes darüber Aufschluß geben, was Sinn eigentlich ist, außer die Erlebnispsychologie. Vor dieser Aufklärung letzten Endes kann und muß man sich schließlich im Gebiete der Tierpsychologie mit Zwischenlösungen und vorläufigen Annahmen weithin begnügen. Man sagt z. B.: es ist so, „als ob" die Instinkttätigkeiten von Wille und Einsicht beherrscht wären.

Die Erläuterung des Sinnbegriffs sei für später vorbehalten. Hier noch etwas **zweites**, was man wissenschaftstheoretisch unserem Vergleiche entnehmen kann. Der Phonetiker begibt sich, gleichviel, ob er die akustischen Phänomene als solche oder ihre Erzeugung durch den menschlichen Stimmapparat ins Auge faßt, unter die Physiker und Physiologen. Er durchläuft mit ihnen, und muß es tun, die ganze Skala physikalischer Betrachtungen von der Stimmgabel und Lippenpfeife bis zu den komplexen Organstrukturen der Muskulatur und des tierischen und menschlichen Zentralnervensystems. Und darf über all dem doch nie vergessen, **erstens**, daß die Vollendung seiner Wissenschaft über die Psychologie führt, und **zweitens**, daß sie im Dienste der Sprachwissenschaft steht. Quod non est in actis, non est in mundo, sagt der Jurist. Die Akten sind in unserem Fall das „Sprachbewußtsein", ein Begriff, der freilich erst definiert werden muß. Aber jedenfalls kann man sofort das eine sagen: was nicht gehört oder gesehen (oder im Notfall getastet) werden kann, und zwar von den unbewaffneten Sinnen der naiven Sprachgenossen, das gehört nicht zum Bestande der Sprachzeichen. Ja noch viel weniger gehört zu ihm. Aus der vieldimensionalen und kontinuierlichen Mannigfaltigkeit der mit dem menschlichen Stimmapparat erzeugbaren Laute, aus dem kaum übersehbaren Bereich des Möglichen, verwendet jede menschliche Sprache nur eine abzählbare Menge wohl charakterisierter Elemente und Komplexe. Die Musik macht es mit ihrem Material vielleicht nicht ganz so eigenwillig, aber im Prinzip doch ebenso. Und die Prinzipien solch selektiver Bevorzugung sind wieder nur, sei es wie in der Musik aus allgemeinen Gesichtspunkten der Erlebnispsychologie, sei es wie in den einzelnen Sprachen aus dem nur teilweise durchsichtigen historischen Tatbestande, jedenfalls in beiden Fällen **nicht ohne Rücksicht auf die Sinnfunktion der Zeichen** zu gewinnen. Genau in der gleichen Lage befindet sich die Wissenschaft vom Benehmen der Tiere und der Menschen. Es wäre ein Grundirrtum, zu glauben, die natürlichen oder künstlichen „Situationen und Reaktionen" könnten ohne Rücksicht auf den biologischen Sinn des Ganzen jene begriffliche Bestimmung erfahren, die das Ziel der Psychologie vorschreibt. Ein Tier unter variierten Umständen der „Behinderung" beobachten, heißt schon die Situationen, eine Handlung als Kampf oder Pflegetätigkeit bestimmen, heißt die Reaktionen teleologisch deuten und für die wissenschaftliche Betrachtung auswählen. **Wie sich aus dem unübersehbaren Reich sinnloser Möglichkeiten das System des sinnvollen Benehmens heraushebt**, das ist das spezifische Thema der Benehmenstheorie. Mag das Experiment dabei (und das ist zum Zweck des systematischen Überblicks und zur Abhebung notwendig) alle Arten und Stufen der Sinnentleerung vornehmen, man darf es, wenn dies wie in der wohldisziplinierten Phonetik geschieht, darob nicht tadeln. Letzten Endes freilich muß eine Theorie des **sinnvollen** Benehmens herauskommen, wenn anders das Ganze eine Angelegenheit der Psychologie bleiben soll.

§ 6. Die Darstellungsfunktion der Sprache.

Der Vergleich zwischen Mensch und Tier findet auf keinem anderen Gebiet so klare Verhältnisse der Entwicklungskontinuität zugleich und der scharf bestimmbaren Grenzlinie, wie auf dem der Sprache. Die Semantik im Tierreich hat zwei Grundfunktionen, zwei Sinndimensionen mit der menschlichen Sprache gemein und es fehlt ihr (soweit wir heute wissen) die dritte. Wir finden dort und hier die gemeinschaftstragende, die soziale Funktion der Semantik und den Erlebnisausdruck, die Erlebniskundgabe. Nirgendwo beim Tiere aber das dritte, Sprache oder Gebärden als Darstellungsmittel von Gegenständen und Sachverhalten. Und diese dritte Sinndimension der menschlichen Sprache zwingt uns, sie unter dem Aspekt der geisteswissenschaftlichen Psychologie zu betrachten. Wir haben den Aspekt des Behaviorismus erläutert, gerechtfertigt und kritisiert am Beispiel der Sprache; der Kreis schließt sich, wenn uns der Beweis gelingt, daß zum vollen Verständnis der menschlichen Sprache noch einmal ein neuer Ansatz, ein Wechsel des Aspektes vonnöten ist.

1. Angenommen, ein Zeuge vor Gericht macht eine Aussage gegen seine Überzeugung, trifft aber damit exakt den objektiven Tatbestand. Er hat, wenn es unter Eid geschah, einen Meineid begangen und ist strafbar, obwohl er Richtiges gesagt hat. Es kommt auch umgekehrt vor, daß jemand nach bestem Wissen etwas Unrichtiges aussagt, also einen Falscheid begeht, und dafür unstrafbar bleibt. Daraus ist rein formal, rein relationstheoretisch, die Unabhängigkeit von zwei Sinndimensionen, denen ein und derselbe Aussagesatz angehört, zu entnehmen. Er gibt **erstens** eine Überzeugung des Sprechers kund und bringt **zweitens** einen *Sachverhalt zur Darstellung*. Die Kundgabe kann echt oder unecht sein, die Darstellung ist richtig oder unrichtig. Im lebendigen Sprachverkehr kommt es dem Sprecher oder Hörer bald mehr auf das eine, bald auf das andere an; der vollendete wissenschaftliche Satz erfüllt seine Leistung rein in der Sinndimension der Darstellung; im Gefüge eines lyrischen Gedichtes dagegen kann die direkte oder indirekte Kundgabe eines grammatisch betrachtet schlichten Darstellungssatzes durchaus dominieren:

> Über allen Gipfeln ist Ruh'
> In allen Wipfeln spürest du
> Kaum einen Hauch . . . .

Man nehme den Ausdruck „Darstellung", den wir hier verwenden, in seinem weitesten Wortsinn; es gibt nicht nur eine abbildende, sondern auch eine symbolische Darstellung. Erscheinungstreue Abbildung, wie sie uns z. B. in großer Annäherung das Photogramm bietet, ist der eine Grenzfall. Rein symbolische Darstellung, wie sie z. B. bei der Zuordnung der optischen Zeichen unseres Alphabets zu ihren Lauten (heute, wo die historischen Zwischenstufen vergessen sind) vorliegt, ist der andere

Grenzfall. Die menschliche Sprache macht in ihrem Darstellungsgeschäft in wechselndem Ausmaß von beiden Gebrauch. Doch
dies wollen wir hier nicht weiter verfolgen.

Der **Begriff und die Kriterien der Wahrheit** oder
Richtigkeit sind wesensgesetzlich aus der Darstellungsfunktion
zu entnehmen, und umgekehrt bestimmt das Ideal der treffenden
und richtigen Darstellung weitgehend die Produktion sprachlicher
Gebilde bis in die Wortwahl und Struktur der Sätze hinein. Die
Sprache ist also, soweit dies zutrifft, einem bestimmten Gebiet
des „objektiven Geistes", dem **Gebiet der Erkenntnis, der
Wissenschaft, der Logik verhaftet**, verwachsen. Das
ist gewiß keine neue und strittige Erkenntnis; sie war den
Griechen, die das eine und das andere mit demselben Wort
λόγος bezeichneten, sie war Aristoteles, dem Schöpfer der Logik,
geläufig und ist gegen alle „Kritiker" der Sprache, in besonnenem
Ausmaß, aufrechtzuerhalten. Es erhebt sich die Frage, welche
Konsequenzen sich daraus für die Psychologie der Sprache ergeben. Ich beantworte sie dahin, daß noch einmal ein neuer
Ansatz möglich und nötig wird und bringe dazu vorerst nur den
kritischen Teil des Beweises, den von der Unzulänglichkeit jeder
Sprachtheorie, die ohne ihn auszukommen versucht. Das Positive,
was ich zu den Problemen einer Konstitution der Psychologie vom
objektiven Geiste her zu sagen habe, soll dann im dritten Abschnitt folgen.

Wir schlagen noch einmal Wundt auf und finden im zweiten
Band (2. Aufl., S. 258) in der Satzlehre, wo nach dem in einer
reinen Kundgabetheorie einzig berechtigten Kundgabe-, oder wie
Wundt sagt, Ausrufungssatz der Übergang zum Aussagesatz
gesucht wird, die ebenso treffende wie unerwartete Feststellung:
„Seinem psychischen Inhalt nach ist der Aussagesatz **auf das
Tatsächliche und Objektive gerichtet**" (dort nicht gesperrt). Nun, ich denke, das mußte früher kommen und Platz
haben in den axiomatischen Grundlagen der Sprachtheorie. Jedes
Wort, das als Name fungiert, ist „aufs Objektive gerichtet",
d. h. dem bezeichneten Gegenstande zugeordnet. Und gerade
darin ist die Möglichkeit, daß es so etwas wie Darstellungssätze
gibt, vorbereitet, ja liegt nach alter Auffassung der Keim des
spezifisch Menschlichen an unserer Sprache beschlossen. Wenn
Platon die Frage stellt, ob die Wortbedeutungen φύσει oder θέσει
bestehen, wenn Herder sich um die seelischen Situationen des
Urmenschen, aus denen heraus die Menschensprache geboren

wurde, bemüht, ja selbst in der Erzählung der Genesis, wo Adam „einem jeglichen Vieh und Vogel unter dem Himmel und Tier auf dem Felde seinen Namen" gibt, stets hat man die **Nennfunktion der Wörter** in diesen Ursprungsspekulationen vor Augen. Es ist richtig, die Problemstellung **Wundts** und **Darwins** faßt tiefer an, indem sie das Gesamtgebiet der menschlichen und tierischen Gebärden zum Gegenstand wählt und die Menschensprache auf breitester vergleichender Grundlage als einen Sektor des Ganzen verstehen will. Ist nur die Frage, ob die allgemeinsten Begriffe und Leitsätze einer so umfassenden Theorie der Gebärden, auch **das Eigenartige** an der Menschensprache zu erfassen und zu bestimmen vermögen. Nach den Gesetzen der Logik ist es keineswegs ausgeschlossen, daß man beim Fortschritt der theoretischen Bewältigung eines Gesamtgebietes an bestimmter Stelle zur Aufnahme neuer Axiome gezwungen ist. Ich behaupte, dies trifft für die Sprachtheorie zu. Vorsichtiger und logisch exakter formuliert: wir können nur beweisen, daß die bis hierher entwickelte Axiomatik für die Menschensprache nicht ausreicht. Ob und wie weit etwa die Verhaftung an die Logik, die wir in der Menschensprache antreffen, auch in die vormenschlichen semantischen Einrichtungen hinabreicht, mag als eine offene Frage bestehen bleiben.

2. Überblicken wir noch einmal den Aufbau unserer eigenen Theorie:

> *I. Wo immer ein echtes Gemeinschaftsleben besteht, muß es eine gegenseitige Steuerung des sinnvollen Benehmens der Gemeinschaftsglieder geben.*
>
> *Wo die Richtpunkte der Steuerung nicht in der gemeinsamen Wahrnehmungssituation gegeben sind, müssen sie durch einen Kontakt höherer Ordnung, durch spezifisch semantische Einrichtungen vermittelt werden.*

Dies ist der Quellpunkt der Semantik bei Tier und Mensch.

> *II. Soll der Eigenbedarf und die Eigenstimmung der an einem Gemeinschaftsakt beteiligten Individuen bei der gegenseitigen Steuerung zur Geltung gelangen, so müssen sie zur Kundgabe und Kundnahme gelangen.*

Dies öffnet das Gebiet der Semantik dem Aspekt der Erlebnispsychologie und fordert ihn. Ich füge nun gleich das dritte Axiom hinzu:

> *III. Durch Zuordnung der Ausdruckszeichen zu den Gegenständen und Sachverhalten gewinnen sie eine neue Sinn-*

dimension. Damit eine unabsehbare Steigerung ihrer Leistungsfähigkeit als Kommunikationsmittel. Das eine durch das andere.

Damit ist das System der Axiome, die wir in der Sprachtheorie brauchen, zum Abschluß gebracht. Ich betone noch einmal, daß die genetische Reihenfolge aus Rücksicht auf unsere besonderen Zwecke gewählt worden ist. Wer unbeengt ist, wird mit einer Phänomenologie der Sprache beginnen und das spezifisch Sprachliche aus einer allgemeinen Semasiologie einordnend herausheben. Nicht alles, was in der Sphäre des Menschlichen die Funktion eines Zeichens erfüllt, nicht alles, was in irgendeinem Geltungssystem etwas anderes als sich selbst zu vertreten berufen ist, gehört zur Sprache. Eine Theorie der Zeichen, von diesem höchsten Gesichtspunkt her entwickelt, muß anders vorgehen und wird schließlich auch im Bestand der historischen Sprachen noch manchen Abglanz und viele Einmengungen aus sprachfremden Zeichenfunktionen nachweisen, z. B. Überreste des magischen Denkens und eine Ladung der Wörter mit moralischen, religiösen, juristischen Funktionen. Auch über sie hat eine ausgeführte Sprachphysiologie Rechenschaft zu geben. Allein hier stand das alles nicht in Frage, hier mußte jenes Minimum psychologischer Ansätze gefunden werden, ohne das auch nicht die erste Absteckung des Gebietes stattfinden kann. Ich bin allerdings der Meinung, daß die drei Sinndimensionen der Kundgabe, Auslösung und Darstellung den Kosmos der reinen Sprache restlos konstituieren.

3. Da wir nun doch schon der Entwicklungsidee als Leitfaden gefolgt sind, so seien über den Fortschritt zur Darstellungsfunktion, den die Sprache ja irgendeinmal gemacht haben muß, noch einige Überlegungen beigegeben. Ist der Beweis bündig erbracht, daß es nirgendwo im Tierreich so etwas wie eine Darstellungsfunktion der Laute, Gebärden und sonstigen Ausdrucksmittel gibt? Von einem **abgeschlossenen** Beweis des Nichtgebens oder Nichtgebenkönnens kann keine Rede sein. Wohl aber davon, daß es bis jetzt nicht gelungen ist, irgendwo das Vorhandensein auch nur wahrscheinlich zu machen. Es sei mir gestattet, am Beispiel der Bienensprache, die wir heute am besten kennen, zu erläutern, was zu einem solch positiven Nachweis nötig wäre. Wir wollen uns zu diesem Zwecke die Vorgänge, welche sich in der Bienenseele abspielen mögen, so weitgehend menschlich, so weitgehend nach Analogie unseres eigenen Sprach-

erlebens vorstellen, als es die Tatsachen irgend zulassen. Es kommt also ein erfolgreicher Genosse von draußen in den Bienenstock zurück und wirbt Mitarbeiter, Mitsammler des draußen in einer neuaufgeblühten Blütenart reichlich vorhandenen Nektars. Er führt zu diesem Zweck seinen Werbetanz auf, regt dadurch die mit ihm in Kontakt *getretenen* Stockgenossen zum Ausfliegen an und gibt jedem von ihnen den spezifischen Blütenduft, den er selbst an sich trägt, als Erkennungszeichen mit. Gewiß ein sehr einleuchtendes Verfahren.

Konzentrieren wir nun unser kritisches Denken auf die Zeichenfunktion dieses mitgegebenen Blütenduftes. Er mag, wenn nun die Suchenden ihren Instinkten folgend das Flugfeld abstreichen, ähnlich wirksam sein wie bei uns ein dem Gedächtnis eingeprägtes Erkennungszeichen. Genau gesehen aber fehlen der ganzen Einrichtung zwei Momente, auf denen der unvergleichliche Freiheitsgrad und der so gut wie unbegrenzte Anwendungsbereich der menschensprachlichen Bezeichnungen beruhen. Nämlich erstens die *Entstofflichung* der Zeichen. Denn es ist und bleibt ja der reale Duftstoff der Blüten, welcher die Kommunikation der Bienen bestreitet, während die Kennzeichen im Bereich der menschlichen Namengebung einen Verkehr ohne Stoffproben ermöglichen. Um nun den Bienen und Ameisen möglichst weit entgegenzukommen: vielleicht bedarf im Grenzfall die Empfangende bei derartigem Verkehr nicht mehr des Stoffes, als was zur einmaligen Reizung des Geruchssinnes nötig ist; vielleicht behält sie den Eindruck gedächtnismäßig und bleibt auf ihn eingestellt während des Suchens im Flugfeld. Das wäre an sich eine bemerkenswerte Leistung, aber noch nicht das Entscheidende. Erst dann, wenn sie imstande wäre, ihren Gedächtniseindruck anderen Genossen weiter zu vermitteln, ohne wieder etwas von der alten Stoffprobe zu benötigen, erst mit dieser Unabhängigkeit wäre im ersten Punkt die Vergleichsbasis mit der Menschensprache erreicht.

Dazu das zweite. Daß gerade Düfte und das Geruchsorgan den Verkehr der Bienen vermitteln, während sich unser Sprechen im Sektor des Hörbaren vollzieht, wäre kein Grund, einen Niveauunterschied zu konstatieren. Übrigens dürfte in der Semantik der Bienen, ähnlich wie bei den Ameisen, auch der Tastsinn eine Rolle spielen, und der Tastsinn böte gewiß annähernd ähnliche Möglichkeiten wie unser Gehörssinn in Verbindung mit dem Kehlkopf. Wozu außer einer gewissen Mannigfaltigkeit die

Selbsterzeugung der Kommunikationsmittel gehört. Beides wäre prinzipiell auch in einer Geruchssprache möglich, ja, mit einem einzigen Eigenduft zum mindesten arbeitet sogar die Semantik der Bienen. Wenn sich nämlich eine Finderin an reicher Nahrungsquelle vollgesaugt hat, beduftet sie den Fundort, und es ist exakt bewiesen, daß die Stockgenossen aus einiger Entfernung von diesem Lokalzeichen angelockt werden. Ein selbstproduziertes Lokalzeichen also wird der Fundstelle angeheftet, so ungefähr wie der famose Rötelstrich von den Räubern Ali Babas. Wir wollen als Deuter der Dinge auch hier nicht kleinlich mäkeln an dem Vergleich, sondern die Leistung möglichst hoch einschätzen. Ein geschickter Anwalt und Vermenschlicher der Bienensprache wird nach solchem Zugeständnis einen großen Logiker zum Zeugen aufrufen. Hat nicht J. St. Mill den Kreidestrich der Räuber in der menschlichen Logik als Beispiel verwertet, um die Leistung der Eigennamen zu charakterisieren? Also erreicht die Bienensprache das Niveau der menschlichen Eigennamen? Nein, das wäre ein übereilter Schluß. Der besonnene Gegner einer vorschnellen Vermenschlichung wird von der doppelten Gleichung, Gleichstellung, die hier behauptet wird (Beduften = Rötelstrich = Name) nicht die erste, sondern die zweite, selbst gegen J. St. Mill, wenn es sein müßte, in Zweifel ziehen. Das naheliegende erste Argument, es sei doch immer dasselbe Erkennungszeichen, was die Bienen an jedem neuen Fundort anbringen, ist, was die Prinzipien anlangt, von geringem Gewicht. Wenn ihrer Sprache nur das eine, nämlich eine angemessene Mannigfaltigkeit der selbstgeschaffenen Ortszeichen mangelte, das wäre kein belangreiches Manko; auf dem Gebiet der Tastzeichen der A m e i s e n besteht nach den Angaben der besten Kenner eine recht beträchtliche Mannigfaltigkeit, wenn nicht gerade von Ortszeichen, so doch von Klopfzeichen, die sich die Tiere gegenseitig auf Brust und Kopf versetzen. Aber das andere ist bestreitbar, nämlich, daß in dem Punkte, auf den es hier ankommt, Kennzeichen von der Art des Kreidestrichs den Eigennamen der menschlichen Sprache gleichzustellen sind. Man braucht nur der Frage nachzugehen, warum solche Erkennungszeichen der Natur der Sache nach nur angeheftet an Objekte als Zeichen fungieren, also *nicht ablösbar* sind, um wieder in das rechte Geleise zu kommen. Unsere Eigennamen fungieren ja auch ohne physische Anheftung. Erst wenn bewiesen wäre, daß solch **unangeheftete, selbstgeschaffene**

Gegenstandszeichen im Verkehr der Bienen oder irgendwelcher anderer Tiere vorkommen, wäre für sie die Gleichstellung mit den Namen unserer Sprache berechtigt. Das ist das zweite.

Noch einmal beides zusammengehalten, die *Entstofflichung* der Verkehrsmittel, genauer gesagt der Schritt von der Stoffprobe zum echten Zeichen und eine prinzipielle *Ablösbarkeit* von den Dingen, als deren Zeichen es fungiert. Erst beide in eins böten die Gewähr dafür, daß eine gegebene Semantik, die wir nur von außen her beurteilen können, auf unserer dritten Entwicklungsstufe steht. Weder die Ablösung allein, wenn der Charakter einer Stoffprobe erhalten bleibt, noch die Selbsterzeugung allein, wenn die prinzipielle Ablösbarkeit fehlt, beweisen, daß Zeichen von der Dignität unserer Namen vorliegen. Beweisen, daß zwischen Sender und Empfänger rein ideelle, d. h. kraft reiner Zuordnung fungierende Gegenstandszeichen ausgetauscht werden k ö n n t e n. Auf diese Möglichkeit kommt es an. Das eingeschlagene Beweisverfahren ist ein Indizienbeweis, der wie jeder andere seiner Art geschlossen sein muß, um bündig zu sein; der Arzt kennt aus seinem Erfahrungsbereich analoge Fälle, wo zwei Symptome nur kombiniert eine Beweiskraft besitzen.

Was die Sache angeht, so kann man sagen: wo beide Symptome vorliegen, da ist ein Entwicklungsschritt vollzogen, der mit dem Übergang vom primitiven Tauschverkehr der Sachgüter zum Papiergeld verglichen werden darf. Oder noch einmal anders ausgedrückt: G. S i m m e l hat einmal, um ganz allgemein die Eigenart der menschlich geistigen Stufe im biologischen Entwicklungsgang zu charakterisieren, von der *Wendung zur Idee* gesprochen. Damit ist ziemlich exakt das tertium unseres Vergleiches getroffen. Die Zuordnung der Namen zum Genannten ist ebenso wie die Zuordnung der Assignaten zu ihren ökonomischen Werten eine rein ideelle Relation. Bei der Goldmünze, richtiger beim Goldbarren, dagegen ist man wie beim reellen Duftaustausch der Bienen trotz ihrer semantischen Funktion vom Stoffwert des Kommunikationsmittels noch nicht ganz frei geworden. Noch nicht derart frei, daß seine Ersetzbarkeit durch ein, kraft reiner Zuordnung, in Kurs gesetztes Zeichen für dieselbe Gemeinschaft garantiert erscheint.

Ein Schluß aus Symptomen ist stets ein umständliches Verfahren. Aber es ist in der Tierpsychologie notwendig, und wir haben auf diesem Wege o b j e k t i v e K r i t e r i e n für das Bestehen der dritten Entwicklungsstufe gewonnen.

4. Gehen wir zur Menschensprache über, so ist die Struktur, der Sinn und die Art ihrer Darstellungsfunktion viel einfacher und reiner durch einen Vergleich mit anderen Arten der Darstellung, die in Kunst, Wissenschaft und sonstwo anzutreffen sind, begrifflich zu erfassen. Die Sprache ist wohl die erste und ist sicher die universellste von allen, die der Menschengeist erschaffen hat. Es ist, wenn wir von da zurückblicken, beim gegenwärtigen Stand unserer Kenntnisse müßig, zu überlegen, ob eine andere Spezies auf Erden dem Menschlichen in diesem Punkt nähergekommen ist als die Ameisen und Bienen. Obgleich weder beim Haushund noch bei den menschenähnlichen Affen, sei es im Bereich der Laute und Gebärden, sei es sonst am sinnvollen Verhalten, eine echte Darstellungsfunktion nachgewiesen ist, muß die Frage ihres Vorkommens noch einmal ausdrücklich als eine offene und rein empirische Frage bezeichnet werden. Und für die Psychologie liegen die Dinge dann so: überall dort, wo eine Darstellungsfunktion nicht nachzuweisen ist, genügen unsere zwei ersten Axiome zu einer Theorie der semantischen Einrichtungen. Das dritte aber wird gefordert durch die neue Sinndimension der Darstellung.

Und wenn wir auch sie theoretisch erfassen und mitbewältigen wollen, so können wir gar nicht anders verfahren als es die geisteswissenschaftliche Psychologie prinzipiell vorschlägt. Wir müssen die Sachkenntnis des Logikers mitbringen, um das Darstellungsgeschäft der Sprache zu begreifen. Der Leser möge hier nun den ersten Satz unseres § 4 nachsehen. Ist also dies nach langem Umweg das Ergebnis, daß wir Psychologen die Sprache an dem Punkte, wo sie spezifisch menschlich zu werden anfängt, in das Ressort der Logik zurückschicken, weil wir mit ihr nicht fertig werden? So ist es nicht gemeint, und derart unverändert kehren große Bewegungen in der Theoriengeschichte nicht an ihren Ausgangspunkt zurück. Nehmen wir das durch Husserls befreiende Kritik definierte Wort vom Psychologismus in der Logik und anderen Wissenschaften auf, so trifft dies Wort Psychologismus die Sprachtheoretiker von Steinthal bis Paul und Wundt in verschiedenem Ausmaß und aus zwei Gründen. Psychologismus in der Logik bedeutet, daß man an logischen Fragen und Antworten eine Sinnfälschung vornimmt, eine μετάβασις εἰς ἄλλο γένος im Großen begeht. Eine Entgleisung anderer Art war es, daß man mit den Mitteln der Erlebnispsychologie allein dem ganzen Tatbestand der Sprache gerecht werden wollte. Wundt z. B. suchte Erlebniskundgaben an Stellen der Entwicklung, wo vielleicht überhaupt noch keine Erlebnisse vorliegen, ich meine bei den niederen Tieren; und er kannte nichts anderes als Kundgabe, wo es überhaupt nicht auf sie ankommt, sondern eine andere Sprachfunktion im Vordergrund steht, wie in der Sprache der reinen Wissenschaft.

Wenn wir beide Entgleisungen vermeiden, fallen wir nicht mehr dem Logiker in den Arm, der sich als solcher, wie z. B. Aristoteles, mit der Sprache befaßt, und behalten für uns doch das Recht und die Pflicht, die ganze Sprache psychologisch zu behandeln. Das aber an ihr, was unserem dritten Axiom untersteht, das Darstellungsgeschäft der Sprache, fordert seiner Natur nach eine Besinnung darauf, was Darstellung, welchen Strukturgesetzen sie unterworfen ist. Genau so fordert das in der Sprache, was unserem zweiten Axiom untersteht, eine Besinnung auf das Wesen und die Strukturgesetze der Kundgabe; daß sie echt und unecht sein kann, ist z. B. hier eine ebenso wichtige Einsicht wie in der ersten Sphäre die andere, daß eine Darstellung richtig oder falsch sein kann. Und um das dritte nicht zu vergessen, der erfolgreiche Rhetor weiß instinktiv, was wirksam ist und was nicht von seinen sprachlichen Auslösungsversuchen. Und so verlangt das rhetorische Moment in der Sprache, welches unserem ersten Axiom untersteht, eine theoretische Einsicht in das, was man seelischen Kontakt und im weitesten Sinne des Wortes Suggestibilität, unmittelbare Beeinflußbarkeit, unmittelbare Steuerbarkeit nennen sollte. Die Dinge liegen also nicht so, daß der Psychologe dort, wo er in die Sphäre von wahr und falsch eintritt, entweder eine Gebietsverletzung begehen oder irgendetwas von den berechtigten Souveränitätsansprüchen seiner eigenen Wissenschaft aufgeben müßte. Denn ebenso wie er im Gebiet von wahr und falsch die Struktureinsichten der Logik nicht in den Wind schlagen darf und die Tendenzen einer Steuerung des psychischen Geschehens nach den Richtpunkten von richtig und unrichtig, wahr und falsch, als reale Faktoren in seine Rechnung einstellen und eigens untersuchen muß, genau so ist es prinzipiell auf allen anderen Gebieten. Der handelnde und praktische Willensentscheidungen treffende Mensch untersteht dem Glücksstreben oder anderen praktischen Steuerungstendenzen, der Kunst schaffende oder nachschaffende wieder anderen usw. Die Untersuchungsbasis in solchen Einsichten wählen, heißt geisteswissenschaftliche Psychologie treiben, heißt den Aspekt wählen, der diesen Sphären adäquat ist.

§ 7. Das Ergebnis.

Was ist nun gewonnen? Das Ziel dieser Untersuchung war eine Deduktion, eine Ableitung der drei psychologischen Aspekte aus den Aufgaben, vor denen unsere Wissenschaft steht, und aus den Untersuchungsmitteln, über die sie verfügt. Wer an die Kantsche Terminologie gewöhnt ist, mag dies kleine Unternehmen im Bereich einer einzelnen Wissenschaft mit dem großen erkenntnistheoretischen Versuch eines Berechtigungsnachweises der Mathematik und der „reinen Naturwissenschaft" dem Charakter nach vergleichen. Eines solchen Berechtigungsnachweises bedürftig erachte ich faktisch vorhandene und nach dem ersten Anschein koordinatenfremde Systeme von Problemen und Sätzen, von denen jedes den Anspruch erhebt, entweder die ganze Psychologie oder doch ihren wissenschaftlich reinsten oder wichtigsten oder aussichtsreichsten Teil, also die *eigentliche* Psychologie mit dem Ausdruck Sprangers zu repräsentieren. Es ist für den Schiedsspruch, den ich vorschlage, das eine vorweg in Anspruch zu nehmen, daß er nicht aus einer ad hoc vorgenommenen Untersuchung sondern aus einer zwei Jahrzehnte währenden, rein sachlich orientierten Erforschung der Sprache wie von selbst gewachsen ist. Ich wußte nichts vom Behaviorismus und wenig von der geisteswissenschaftlichen Psychologie, als ich 1919 glaubte, mit den Grundzügen im Reinen zu sein und den Artikel „Kritische Musterung der neueren Theorien des Satzes" veröffentlichte. Es kamen neue Schwierigkeiten, ablenkende Aufgaben und, als wieder so etwas wie ein möglicher Abschluß da war, die Aufforderung der Kantstudien zu einem Artikel über die Gegenwartslage der Psychologie. Nun weiß ich rückblickend, worin die Schwierigkeiten letzten Endes beschlossen lagen, nämlich in dem zweimal erfolgten Aspektwechsel, der mir von der Sache her unbemerkt aufgedrängt worden war. Was der Abschnitt enthält, ist also im Grunde nichts anderes, als ein Stück selbst erlebter und nun im Rückblick sinnvoll gewordener Wissenschaftsgeschichte.

1. Die vorgelegte Deduktion ist formal, logisch betrachtet, ein Syllogismus mit Obersatz, Untersatz und Konklusio. Der Obersatz stellt fest, daß alle drei Aspekte zur Begründung einer

Theorie der Sprache notwendig sind. Der Untersatz subsumiert das Phänomen der Sprache unter die Gegenstände der Psychologie. Woraus dann zu schließen ist, daß einiges, was zur Psychologie gehört, die drei Aspekte fordert.

Zu den Terminis als solchen ist kaum noch etwas Belangreiches zu sagen. Es könnte etwa jemand fragen, ob der terminus medius „Sprache" sachgerecht definiert ist und ob nicht etwa eine quaternio terminorum durch die verschiedene Komposition, das eine Mal heißt es „Theorie der Sprache" und das andere Mal „Phänomen der Sprache", entsteht. Aus beiden Fragen können sachlich wichtige Überlegungen sprechen. Soll man daran festhalten, daß nicht nur jedes Verständigungsminenspiel des Menschen, sondern auch der Brunstschrei des Hirsches und der Werbetanz der Bienen mit der sprachlich formulierten wissenschaftlichen These zusammenzubinden sind als „Sprache"? Nun, auf das einzelne Körnchen kommt es dem erntenden Bauern und auf dies und jenes Lächeln oder Werbetänzchen einem so reichen Ganzen wie der Sprache schlechthin natürlich nicht an; die ganze Semantik im Tierreich wird gewiß niemand restlos ausschließen und sonstwo passender unterbringen können als bei der Sprache, wenn schon einmal in großzügiger Betrachtung Grundbegriffe der vergleichenden Psychologie geschaffen werden sollen. Und das genügt für unsere Zwecke. Scharf definiert ist der Begriff von diesem mächtigen Gebilde freilich nicht expressis verbis. Das wird man zweckmäßig der hier nicht gebotenen Phänomenologie der Sprache überlassen und diese wird die menschliche Sprache, auf die es uns doch immer wieder am meisten ankommt, in jene Reihe einordnen, in der auch die Kunst (als besonders instruktive Vergleichnachbarn der Sprache z. B. Musik und Malerei), ferner Sitte und Recht, Mythos und Religion u. dgl. mehr, kurz die sogenannten Gebilde des objektiven Geistes oder die Kulturphänomene enthalten sind. Gleichgültig ist es natürlich nicht für den künftigen Aufbau der Psychologie, daß eines dieser Phänomene nun in vergleichender Betrachtung fast bis zu den Amöben hinab verfolgt und damit ein bestimmter Sektor ihres Gegenstandes markiert wird; dies war ja auch schon bei Wundt so. Noch weniger gleichgültig ist es, daß dieser Sektor vom Ursprung her mit dem Gemeinschaftsleben als solchem innerlich notwendig verbunden wird.

Die Gefahr einer quaternio terminorum ist leicht zu beschwören. Aber die Überlegung, ob man die Sprachtheorie in toto als eine psychologische Angelegenheit betrachten darf, muß ernst genommen werden. Unser Syllogismus ist, um dies gleich zu erledigen, formal gerettet, wenn ein irgendwie abgrenzbares engeres Gebiet der Sprachtheorie, das den Namen Sprachpsychologie erhielte, an der Notwendigkeit, unter drei Aspekten betrachtet zu werden, teilnimmt. Dies wird, wenn uns irgendeine brauchbare Einengung präsentiert werden sollte, leicht zu beweisen sein. Im übrigen ist es eine unabweisbare wissenschaftstheoretische Forderung, daß Gebietsgrenzen das, was sich sachlich zum System zusammenschließt, nicht unsachlich zerteilen dürfen. Und was diese Systemeinheit angeht, so scheint sie mir aus dem Aufbau unserer Axiome klar hervorzugehen.

Zu den Prämissen als solchen habe ich nichts mehr zu bemerken. Der Schlußsatz beschränkt sich auf einiges, was zur Psychologie gehört, und überläßt es vorerst der Kraft von Analogieschlüssen, wieweit hinaus über die Sprache das Ergebnis als gültig zu betrachten sei.

2. Ein Schlußwort zur materialen Begründung des Obersatzes von der Unentbehrlichkeit der drei Aspekte in der Sprachtheorie. Um mit dem letzten zu beginnen, so mußte gezeigt werden, daß der Begriff der Darstellungsfunktion an der Sprache nur von dem zu gewinnen ist, der sie als Instrument des Erkennens, in letzter Linie als Instrument der Logik betrachtet. Zu den aufschlußreichsten Untersuchungen, die man als reiner Theoretiker an der Sprache anstellen kann, führt die konsequente Verfolgung der einfachen Frage, wie denn die Sprache imstande ist, mit hörbaren Lauten so gut wie alles, woran und worüber wir zu denken vermögen, in ihrer Art zur Darstellung zu bringen. In dem Begriff *symbolische Darstellung* kreuzen und verschlingen sich erkenntnistheoretische, logische und psychologische Probleme, ohne eine Auflösung zu finden, bevor man erkannt hat, daß zu jeder systematischen und produktiven Darstellung ein *Darstellungsfeld* gehört, und daß die Sprache mehrere Darstellungsfelder übereinander von der einfachen, aber fast bedeutungslosen Lautmalerei bis hinauf zur Kohärenz der Begriffe in ihrem Dienste verwendet. Auf Begriffe, auf das Invarianzprinzip, auf die Verwendung einer abzählbaren, verhältnismäßig kleinen Anzahl von symbolischen Zeichen ist die Sprache, ganz anders als z. B. die Malerei, ihrem Wesen nach angelegt. Doch das alles wird hier nur flüchtig und nebenbei erwähnt, um anzudeuten, welcher Reichtum von Problemen aus dem dritten

Aspekt erwächst und von einer ausgeführten Sprachtheorie erledigt werden muß.

Der erste in unserer Aufzählung ist der Aspekt der inneren Wahrnehmung; und wollten wir ihn streichen, so wäre mit ihm außer vielem anderen „die Sprache des Herzens" gestrichen und das Moment der Kundgabe von Erlebnissen aus der ganzen Semasiologie verbannt, die Ausdrucksbewegungen auch des Menschen restlos „entseelt", was außer einigen kaum ernst zu nehmenden jungradikalen amerikanischen Behavioristen noch niemand in den Sinn gekommen ist.

Der zweite Aspekt ist notwendig, um die gemeinschaftsbildende und gemeinschaftstragende Funktion semantischer Einrichtungen von Grund auf zu begreifen. Vielleicht entstehen noch einmal Zweifel und die Notwendigkeit, auf das präziseste zu entscheiden, ob und warum der Erlebnisaspekt allein mit diesem Tatbestand nicht fertig zu werden vermag. Wir werden zunächst unumwunden zugeben, daß mit einer genügenden Dosis menschenartiger Reflexion im Ansatz alles zu bewältigen wäre. Das Ich und das Nichtich, das Du und die Gemeinschaft — vom philosophisch vielfach reflektierten und überlegenen Denken kann man alles Schritt für Schritt dialektisch erobert und in das solipsistisch ausgestaltete Koordinationssystem des menschenartigen Bewußtseins hineingebaut ausdenken. Die Frage ist nur, ob die Berechtigung und Notwendigkeit besteht, solche Endleistungen des philosophischen Denkens an den Ausgang der genetischen Reihe zu rücken oder nicht. Der behavioristische Ansatz bietet den unüberschätzbaren Vorteil, daß das direkt Wahrnehmbare, die Steuerung des Benehmens der Gemeinschaftsglieder, als das Erstbestimmte und alle übrigen vorerst unauflösbaren Faktoren wie mit unbestimmten Zahlzeichen versehen in der Rechnung erscheinen. Nicht damit fährt man am besten beim Aufbau der Theorien einer Realwissenschaft, daß man das einstweilen Unentscheidbare, mag es biegen oder brechen, doch zur Entscheidung bringt, sondern damit, daß man mit Unbekannten in der Rechnung fehlerfrei zu operieren und sich das Schritt für Schritt zu erweiternde Feld des Bestimmbaren nicht überflüssig und vorzeitig zu verbauen versteht. Und dies ist in unserem Fall der Sinn der Behauptung von der Unentbehrlichkeit des Schrittes vom Einerzum Zweiersystem. Ohne unerträgliche Belastung der Hypothesen kann man die Grundtatsachen der tierischen Semantik nicht solipsistisch bewältigen, während alles unerhört einfach wird für denjenigen, der sich zu dem vorgeschlagenen Standpunktwechsel entschließt. Und so ist mit der Rückkehr zum genetisch ersten unser Rundgang beschlossen.

3. **Historisches.** Merkwürdig genug, daß dieser Sachverhalt hier zum erstenmal begrifflich fixiert werden mußte. Wer sich in der Geschichte der Sprachtheorie umsieht, findet immer wieder Versuche, das Ganze aus einem einzigen Aspekte zu bewältigen, z. B. Logiker, die alles und jedes, was es in der Sprache gibt, als Darstellung zu kennzeichnen unternehmen. Ich nenne Bolzano, dem Husserl, auf rein Logistisches eingestellt, nicht scharf genug entgegengetreten ist[1]). Die Autorität des Aristoteles, der genau gesehen hat, daß nicht jede „Rede" ein Urteil ist, nicht jeder Sprachsinn dem Kriterium von wahr und falsch untersteht, würde allein schon genügen, der restlosen Logisierung der Sprache zu mißtrauen. Entscheidend dagegen spricht der Tatbestand der tierischen Semantik und vieles aus den Ergebnissen der vergleichenden Sprachwissenschaft. Wenn z. B. der indogermanische Imperativ aus einer älteren Schicht von nicht flektierender Sprachen übernommen worden ist, so ist er uns ein Zeuge für das höhere Alter der Auslösungsfunktion auch in der menschlichen Sprache; ebenso der Vokativ und für die Kundgabe der uralte Bestand von Interjektionen. Ausdenken kann man sich natürlich einen Zustand des restlos reflektierten Sprechens, in welchem der schlichte Satz „Die Donau ist aus den Ufern getreten" drei Urteile enthielte: 1. Ich glaube an das Gesagte; 2. ich will dir die Überzeugung daran einflößen; 3. es ist so. Es blieben dann immer noch drei Dimensionen, weil die drei Urteile unabhängig voneinander wahr oder falsch sein können. Aber daß dieser Grenzfall restlos reflektierten Sprechens als die Norm und zugleich als der ursprüngliche betrachtet werden dürfe, wird deshalb wohl im Ernste niemand vertreten. — Wundt, der einseitige Kundgabetheoretiker, wird, wie wir gesehen haben, an der entscheidenden Stelle seinem Prinzip untreu. — Marty legt den Akzent auf die Auslösungsfunktion, kennt aber sehr gut auch die Kundgabe und hat zur begrifflichen Klärung dieses Begriffes die ersten Beiträge geliefert. Daß er die **Eigendimension** der Darstellung verkennt, daß er die Zuordnung der Sprachzeichen zu den Gegenständen nur als ein implizites Sinnmoment behandelt, hängt mit der Eigenart seiner Psychologie zusammen. Nach ihm müßte jede Intention eines Sprechers letzten Endes auf die Auslösung und jedes Verstehen des Hörers durch die Kundgabe hindurchgehen. Wer vorurteilslos eine wissenschaftliche Darstellung selbst produziert oder die eines anderen verstehend aufnimmt, wird die direkte Richtung auf die Objekte in aller wünschenswerten Klarheit finden. — Am nächsten kommen meiner eigenen Theorie die Bemühungen Meinongs. Es war mir eine große Freude, als er mir 1919 brieflich „unsere Übereinstimmung" bestätigte. „Statt ‚Kundgabe' sage ich ‚Ausdruck', und statt ‚Darstellung' rede ich von ‚Bedeutung'. Die Lö-

---

[1]) Vgl. dazu: K. Bühler, Kritische Musterung der neueren Theorien des Satzes, Indogerm. Jahrb. 6 (1919).

sung des Bedeutens vom Ausdrücken habe auch ich gelegentlich hervorgehoben, glaube aber, daß sie durch Ihre Darlegung in weit helleres Licht tritt." (Brief vom 26. August 1919.) — Ähnlich wie Meinong haben auch schon die Engländer, vor allem Hobbes und J. St. Mill, und hat auch Frege der Sache nach eine Zweiheit im Sprachsinn erkannt (Frege spricht von Sinn und Bedeutung), aber nie ist das ganze „Dreiersystem von Koordinaten" aufgestellt worden. — Phänomenologisch gehört das, was in der Kundgabe und Auslösung an Zeichenfunktionen vorliegt, unter den Oberbegriff der *Anzeichen*, während die Darstellung mit *Ordnungszeichen* operiert.

III. Die Einheit der Psychologie.

Die Selbstbesinnung des Behaviorismus begann bei Thorndike mit der Ausbildung einer eigenen Terminologie. Auch die geisteswissenschaftlichen Psychologen sprechen da und dort schon einen besonderen Dialekt. Die Begriffe der älteren Erlebnispsychologie dazu gerechnet, wird es bald so sein, daß man in ein und derselben Wissenschaft mit drei Sprachen vertraut sein muß. Innerhalb gewisser Grenzen liegt dies unvermeidbar in der Natur der Dinge vorgezeichnet, wenn anders der Satz gilt, daß jeder der drei Aspekte möglich und keiner entbehrlich ist. Erlebnis, Benehmen und jenes noch ungetaufte Dritte, für das wir vorläufig den Buchstaben G gesetzt haben, anders gewendet: das Erstgegebene der inneren Wahrnehmung, das den äußeren Sinnen Zugängliche am sinnvollen Benehmen der Lebewesen und ihre Verhaftung an die Gebilde des objektiven Geistes verlangen jedes nach seiner Art ein eigenes Koordinatensystem für ihre erste Bestimmung. Darüber werden wir nicht hinwegkommen. Um dies noch einmal an der Sprache zu erläutern: Die Phonetik wäre hilflos, wenn die Bestimmung der Sprachzeichen ganz ohne die Mittel des Physikers und Physiologen vorgenommen werden sollte. Auf der anderen Seite, was die Zeichen kundzugeben und was in vielen Fällen zu suggerieren oder zu steuern sie berufen sind, die Erlebnisse des Sprechers und die des Hörers, Gedanken Gefühle, Willensvorgänge an sich erfordern die Bestimmungsmittel der inneren Wahrnehmung; die Sprachpsychologie wäre zur Sterilität verdammt, wenn ihr diese Erkenntnisquelle verschlossen würde. Und noch einmal anders, der sprachlich dargestellte geistige Gehalt, auf den die Geisteswissenschaften eingestellt sind, auch er hat seine eigenen Koordinaten. Es gäbe ohne sie keine wissenschaftliche Grammatik und überhaupt keine vollendbare Sprachwissenschaft. Und auch von da gibt es einen Zugang zur Psychologie mit naturgemäß noch einmal eigenen Begriffen.

Es entsteht die Frage, ob und wie trotz dieser Dreispältigkeit am Ausgang eine Einheit am Ende, eine einheitliche Wissenschaft erwartet werden darf. Erlebnis, Benehmen und Werk sind weitgehend unabhängig variabel und gehören doch irgendwie zusammen, konstituieren eine höhere Einheit. Wenn die Alltagserfahrung lehrt, daß oft schon ein heiteres Werk auf düsterem, verzweifeltem Erlebnisgrunde entstanden ist, daß Gesinnung und Benehmen manchmal diametral auseinandergehen u. dgl. m., so kann dies alles für die Theorie nur ein Anreiz sein, die Gründe und Grenzen sowohl der erwarteten Konkordanz wie der unerwarteten Diskordanz tiefer zu erfassen und exakter zu bestimmen. Ausgeschlossen muß in Zukunft jeder Versuch bleiben, einen der drei Aspekte zu dem schlechthin *orthoskopischen* zu erheben. Wenn die Psychologie als die Theorie eines irgendwie in sich geschlossenen Systems von Erlebnissen zu vollenden wäre, gäbe es kein psychophysisches Problem, keine Annahmen über das Unbewußte, keine Psychoanalyse. Und mindestens das eine oder andere von den Dreien wird doch wohl jeder Erlebnispsychologe für unvermeidbar halten. Über die Unvollendbarkeit und Selbstauflösung der einseitigen Benehmenstheorie ist aus dem konkreten Problemgebiet der Instinkte heraus in meinem Sammelbericht über die Instinkte des Menschen ausführlich gesprochen worden. Und ebensowenig wird es gelingen, die Psychologie einseitig als eine Theorie des „subjektiven Geistes" zu vollenden. Von da her allein sind weder die Erlebnisse noch das Benehmen restlos zu begreifen. Die Lösung der Krise wird also eine andere sein müssen.

Angenommen, der Geograph erhält von einem unbekannten und schwer zugänglichen Gelände drei photographische Aspekte, die von verschiedenen, geographisch bekannten Standorten aufgenommen sind, so wird er über die Methode einer Vereinigung dieser Aspekte nicht im Zweifel sein. Eine neue Darstellungsart, die geographische Karte zu gewinnen, ist sein Ziel; in sie wird er nach diesem oder jenem Übersetzungsverfahren die Daten der Bilder eintragen. Gelingt dies aber aus irgendeinem Grunde nicht sofort, dann könnte er immerhin vorerst in eines oder das andere der Bilder selbst schon Orientierungslinien, z. B. die Nord-Südrichtung, etwas von den Längen- und Breitenwerten, Maßstäbe u. dgl. m., das heißt, summarisch ausgedrückt, Daten aus dem Fonds seiner übrigen Kenntnisse anbringen und es damit wissenschaftlich exakter lesbar und wertvoller machen. Vielleicht ist dies letztere ein methodisches Gleichnis für die nächsten Ziele und die Gewinnung der Karte ein Gleichnis für das Endziel einer Vereinigung der Aspekte in der Psychologie. Jedenfalls finden wir allenthalben Bilder mit fremdaspektlichen Eintragungen, z. B. Schilderungen des sichtbaren Benehmens von Mensch und Tieren mit erlebnispsychologischen Interpretationen ausgestattet. Erlebnisanalysen von Affekt- und Willensverläufen, die am sichtbaren Benehmen ihre Stütze finden, Leistungsanalysen, die immer wieder das Erlebnis schildern, nicht nur soweit es von dem objektiven Gebilde, sondern auch, soweit es von subjektiven Zusatzeinflüssen bestimmt wurde. Puristische Forderungen und Scheidungsversuche müssen im Namen der erkenntnistheoretischen Sauberkeit erhoben und können vom Forscher, der sich hilft, wie es geht, vorerst doch nur in den seltensten Fällen reinlich erfüllt werden.

Für den Fortschritt und die Vereinheitlichung der Theorie von höchster Tragweite wäre es nun, wenn etwas von dem Begriffssystem, in das einst die Daten aller drei Aspekte nach einem durchsichtigen Übersetzungsverfahren eingetragen werden können, greifbar hervorträte. Die philosophischen Bemühungen um die Neuorientierung der Psychologie sollten sich vor allem um ein solches Begriffssystem konzentrieren. Wer das weite Reich der psychologischen Forschung von heute durchmustert, wird aus allen Provinzen brauchbare Beiträge und konvergierende Bestrebungen dazu finden. Vom Gesamtverhalten der Amöben bis zum wissenschaftlichen Denken der Menschen ist gewiß ein kaum überschätzbarer Abstand. Und doch wird das eine und das andere nach den besten modernen Beobachtern unter die zwei gemeinsamen Begriffe des ganzheitsgeregelten und des sinnvollen Geschehens zu bringen sein. Da haben wir den Strukturbegriff und den Sinnbegriff. An anderer Stelle schon sagte ich, es sei die teleologische Betrachtung, zu der uns ebenso die Eigenbestrebungen jedes Aspektes wie die Bedürfnisse einer übergreifenden, einheitlichen Theorie hinführen. Wie verhalten sich die drei Grundbegriffe, Struktur, Sinn und Zweck zueinander?

Weiter, wir haben den Begriff der Steuerung aus dem Wortschatz des Physikers entlehnt, um die zweckvolle gegenseitige Beeinflussung des Verhaltens der Mitglieder tierischer und menschlicher Gemeinschaften auf eine Formel zu bringen, die kraft ihrer Herkunft wenigstens den oberflächlichsten Einwänden mechanistisch gesinnter Denker entrückt ist. Es gibt Steuerungen auch an toten Systemen, man kann ihr Vorhandensein und ihre Richtpunkte, auch ohne von vornherein bestimmte Annahmen über den Steuermann zu treffen, bestimmen. Und nichts hindert, diesen Begriff in gleicher Weise vom Benehmen und vom Erleben zu gebrauchen. Vielleicht ist der Gegenstand der Psychologie einigermaßen exakt durch diesen Begriff zu charakterisieren. Die Steuerungen im Gesamthaushalt der Individuen selbst, samt ihren Bezügen zu dem Gemeinschaftsleben und zu ideellen Richtpunkten, das gibt in der Tat eine brauchbare Umschreibung, die allen drei Aspekten gerecht wird. Von da aus wäre leicht auch die Tatsache unterzubringen, daß innerhalb jedes Aspektes die Mituntersuchung des Eigengeschehens der gesteuerten Systeme selbst notwendig wird, und daß diese Untersuchungen es sind, die den Psychologen bald zur Aufstellung des Assoziationsgesetzes, bald zu Anleihen bei dem Physiker und Physiologen veranlassen. Ein solcher Gedankengang läßt sich grob, er läßt sich auch sehr subtil zu Ende denken[1]). Weitere Voraussetzung einer gegenseitigen Steuerung der Individuen ist die Einstellung aufeinander und das „Verstehen" des fremden Benehmens. Es ist gewiß mehr als ein Zufall, daß dasselbe Wort „Verstehen" in der Methodendiskussion der Gegenwart an hervorragender Stelle vorkommt; wir werden uns noch mit ihm beschäftigen.

Ein anderer Gedanke. An dem, was von der Sprache den Sinnen zugänglich ist, wird ganz deutlich, daß es dem Psychologen letzten Endes nur als Zeichen für etwas anderes, dem es verhaftet oder zugeordnet ist, und zwar gerade um seiner *Zeichenfunktion* willen, ein Gegenstand der Untersuchung wird. Vielleicht ist dies ein Gleichnis für vieles oder sogar für das Ganze, worum es in der Psychologie geht. Vielleicht ist das Seelische, nach dem wir forschen, das Deutungsgeschäft, die Deutungszentrale der Organismen mit allen Hilfseinrichtungen, die dazu gehören. Es paßt recht gut dazu, wenn z. B. E. Cassirer den Begriff der „symbolischen Formen" als Überschrift wählt in seiner Philosophie des Geistes, oder wenn Freyer statt des einen Oberbegriffes der Symbolik fünf Grundrelationen heraushebt, in denen der Mensch zu seinen Werkzeugen, Sachgütern, Kunstwerken usf., kurz den „Geräten des Lebens" steht. Was die Erlebnisse angeht, so trifft eine ähnliche Bestimmung, nämlich das Moment der *Intentionalität,*

---

1) Ich glaube, E. Becher meint mit der „Führerrolle des Seelischen" im Organismus dasselbe.

zum mindesten eine wichtige Seite ihrer Natur. Ich will ein paar Sätze, die ich an anderem Orte geschrieben habe, wiederholen. ‚Die psychischen Phänomene unterscheiden sich von allen physischen durch nichts so sehr als dadurch, daß ihnen etwas gegenständlich innewohnt (Brentano).' Es ist das unvergängliche Verdienst Franz Brentanos, das Merkmal der Intentionalität, des Hinweisens, Gerichtet-, Bezogenseins der Erlebnisse, jenes Merkmal, das kraft einer Art Stammesvernunft den fruchtbarsten psychologischen Klassifikationsversuchen seit Aristoteles häufig unerkannt oder verschleiert zugrunde lag, begrifflich scharf erfaßt und gebührend gewürdigt zu haben[1]). Die punktmäßige, sozusagen statische Intentionalität jedes Einzelerlebnisses für sich betrachtet wäre eine Kuriosität; wenn wir darin aber mehr, nämlich eine dynamische, eine Ablaufszuordnung erblicken, dann gewinnt die Intention die natürliche Funktion eines Steuerhebels, durch den Erlebnisse in uns in Konkordanz mit den Struktur- und Daseinsgesetzen der Gegenstände gebracht werden können. Ein Gedanke, den ich denke, ist mein Gedanke, er steht im Erlebnisverband mit Affekten und Strebungen, die, als Ganzes gesehen, nicht noch einmal vorkommen. Aber die gegenstandsgerechte Steuerung, die sachliche Bestimmung meines Denkverlaufes ist, wenn alles klappt, von solcher Art, daß wir mit Spinoza unter gehörigen Vorbehalten voraussagen können: ordo idearum idem est ac ordo rerum. Ein Wort über die connexio zwischen beiden Bereichen sei uns vorbehalten.

Der Ertrag solcher Überlegungen muß einmal systematisch gesichert werden, wir brauchen aufs dringendste die Hilfe der Philosophie. Aber ebenso wichtig erscheint es mir, daß die Entwicklung eines übergeordneten Begriffssystems im Kontakt mit der lebendigen Einzelforschung erfolgt. Man wird fortfahren, die Theorie der Farben und Töne, der sinnlichen Gefühle, der Gesetze des Einprägens und Vergessens im Rahmen des Erlebnisaspektes zu vollenden. Die Forschung ist damit noch lange nicht am Ende, ganz zu schweigen von der deskriptiven Bestimmung der sogenannten komplexen oder höheren Erlebnisse im Koordinatensystem der Selbstbeobachtung. Die Wendung der Denkpsychologie ins Dynamische und die Eroberung des wichtigen Begriffs der psychischen Operationen, wie sie vor allem von Selz gefördert worden ist, hat einiges zum Abschluß ge-

---

[1]) K. Bühler, Die geistige Entwicklung des Kindes, 4. Aufl., S. 436.

bracht und neue Perspektiven eröffnet. Man darf aber im Namen einer Verlaufsbetrachtung die ältere statische Analyse nicht für überflüssig erklären. Mögen die Behavioristen fortfahren, in großzügiger, vergleichender Betrachtung das sinnlich wahrnehmbare Verhalten der Tiere und des Menschen als Phonetiker sozusagen exakt aufzunehmen; sie werden gewiß Benehmensgesetze finden, die dem Vergleich etwa mit den Assoziationsregeln an Gehalt und Exaktheit gewachsen sind. Das alles ist ebenso unentbehrlich und ebenso unvollendbar im Sinne einer geschlossenen Wissenschaft wie etwa die Erfolge der Interpretationsmethode der geisteswissenschaftlichen Psychologen. Das übergreifende Darstellungssystem aber fordert, wie es scheint, von den Daten, die es aufnehmen soll, die Sinnhaltigkeit oder Sinnfähigkeit. Die Erlebnisse ebenso wie die Daten des Benehmens und der physischen Dingen, die als Träger des objektiven Geistes fungieren, müssen diese Grundbedingung erfüllen, um im System der Endsätze unserer Wissenschaft erscheinen zu können. Wir haben Spranger nicht widersprochen, wo er die Psychologie als die Lehre vom sinnerfüllten Leben bezeichnete; nur ist Sorge dafür zu tragen, daß sich unsere Wissenschaft von den anderen, die es auch mit dem „Leben" und gewiß nicht nur mit seinen sinnleeren oder sinnwidrigen Phasen, Momenten, Erscheinungsformen zu tun haben, mit wünschenswerter Schärfe abhebt, und daß der Sinnbegriff selbst samt der ganzen Sippe von Begriffen, die mit ihm verwandt sind, die höchst erreichbare logische Klärung erfährt. Ein nahezu uferloses Debattieren darüber ist in Gang gekommen; ich wähle das, was mir das Dringendste und Förderndste für die nächste Zukunft der Einzelforschung zu sein scheint, und nehme Stellung dazu.

§ 8. Die neue Zweiheitslehre Sprangers.

E. Spranger hat 1926 eine Abhandlung „Die Frage nach der Einheit der Psychologie" geschrieben und ist darin zu folgendem Ergebnis gekommen: „Trotzdem wird die physiologische Psychologie der sonstigen immer als ein anderes gegenüberstehen. Denn es bleibt wesensmäßig und in alle Ewigkeit ein Unterschied der Fragestellung, ob ich Seelisches als eine kausalabhängige Reihe oder gar als Spiegelung von Leiblichem meine, oder die intentionale Beziehung seelischen Erlebnisgefüges auf eine objektive Welt betrachte, die teils als Körperwelt, teils als objektive geistige Welt aufzufassen ist. Umgekehrt mag eine spiritualistische Metaphysik den Unterschied zwischen körperlicher Natur und Geisteswelt wegdeuten, indem sie auch das Körperliche als phänomenale Darstellung eines Geistigen erklärt. Innerhalb dieser Metaphysik aber bliebe der Unterschied in der Weise bestehen, daß für sie der Leib die Seele selbst wäre, während die Seele niemals der objektive Geist selbst wird, sondern ihm mit ihren subjektiven Erlebnissen immer nur als Teilstruktur eingelagert bleibt"[1]). Von der zuletzt genannten Einlagerung der Seele mit ihren Erlebnissen in den objektiven Geist wird später (§ 13) die Rede sein. Hier wollen wir das „trotzdem" und die Zweiheitslehre Sprangers ins Auge fassen. Es liegt mir durchaus fern, das Ewigkeitswort in seiner Formel anzutasten, wenn es den Unterschied zwischen Kausalrelation und intentionaler Beziehung treffen soll. Die Frage ist nur, ob rein auf das eine die „physiologische Psychologie" und rein auf das andere die übrige Wissenschaft der Psychologie gestellt werden kann.

1. Spranger beginnt mit einem Schema, das unter fünf Gesichtspunkten je eine Zweiteilung enthält: „Ich nenne als viel erörterte Gegensätze: 1) Die erklärende und die verstehende Psychologie, 2) die induktive und die „einsichtige" Psychologie, 3) die Psychologie der Elemente und die Strukturpsychologie, 4) die sinnfreie und die sinnbezogene Psychologie, 5) die naturwissenschaftliche und die geisteswissenschaftliche Psychologie." „Meine Absicht ist es, an einer dieser Antithesen, nämlich der Gegenüberstellung von naturwissenschaftlicher und geisteswissenschaftlicher Psychologie, die Frage zu erörtern, wie es mit der Einheit der Psychologie steht, ob sie sich in zwei oder gar mehr getrennt arbeitende Forschungsrichtungen auflösen wird und, falls dies nicht geschieht, in welchem Sinne noch künftig von der Einheit der Psychologie gesprochen werden kann. Von dem gewählten Hauptgegensatz aus werden auch die anderen einige Mitbeleuchtung erfahren, wennschon sie in ihrer ganzen Tragweite hier nicht zur Erörterung gelangen können" (172 f.). Was er dann als naturwissenschaftliche Psychologie charakterisiert, ist Psychophysik in dem weiten Fechnerschen Sinne des Wortes. Ihr Bezugssystem, so wird uns gesagt, ist das Weltbild der mathematischen Naturwissenschaften. In der Tat, so etwas hat es einmal gegeben, und in der Beurteilung des älteren Physikalismus in der Psychologie stimme ich mit Spranger restlos überein. Einige haben von Fechner und

---

[1]) Sitzungsber. d. Berl. Akad., 1926, XXIV. Das Zitierte S. 199.

Lotze die physikalische Denkweise und sonst nichts übernommen; sie übersahen die Kehrseite des Leibniz-Lotzeschen Weltbildes, die kosmische oder immanente Teleologie, und erhoben die universelle Mechanik, die dort nur ein Mittel war, zum absoluten Weltprinzip. Daher letzten Endes ist es gekommen, daß die Psychophysik älteren Stils führerlos in einer Wüste sinnfreien Geschehens steckengeblieben ist. Dem Behaviorismus der Amerikaner droht dasselbe Schicksal, wenn er sich nicht rechtzeitig auf den vollen Gehalt des Verfahrens bei Ll. Morgan, Thorndike und Jennings zurückbesinnt. Das war das Thema und die Mahnung meines Sammelreferates über „die Instinkte des Menschen" auf dem 9. Psychologenkongreß. Die Nächstbeteiligten haben mir brieflich ihre Zustimmung versichert und auch Spranger betont, daß der Vergleich des Behaviorismus mit der Phonetik, der dort durchgeführt worden ist, „genau das meint, was auch ich hier meine" (S. 181 Anm.).

So sei denn versucht, dieselbe Harmonie der Theoretiker auch für die Kehrseite der Medaille anzubahnen. Spranger schlägt eine Basis vor: „Wäre die Biopsychologie und ihre Erweiterung zur Entwicklungspsychologie schon weiter ausgestaltet, als es heute, besonders in Deutschland, der Fall ist, so würde die Differenz zwischen naturwissenschaftlicher und geisteswissenschaftlicher Psychologie im definierten Sinne weniger auffallend sein als jetzt, wo bisweilen der Übergang von der Sinnespsychologie etwa zur Psychologie des ästhetischen Erlebens und Verhaltens beinahe sprunghaft erfolgt. Denkt man sich dieses Zwischenglied weiter ausgebaut, so kann innerhalb der Psychologie ähnlich von Schichten der Fragestellung und Begriffsbildung gesprochen werden, wie innerhalb der Naturwissenschaft, die — in einer Art von konstruktivem Aufbau — von der Chemie und Physik über die allgemeine Morphologie und Physiologie bis zur speziellen Biologie und Deszendenztheorie fortschreitet" (197). Das ist eine gute Parallele; wir wollen darauf sehen, daß sie auch festgehalten und reinlich durchgeführt wird. Das Ärgerlichste im Meinungsaustausch auf Zwischengebieten, wo Forscher verschiedener Herkunft sich treffen, ist immer dies, wenn die Kritik des einen Phasen der Theoriengeschichte des anderen trifft, die dieser selbst innerlich schon längst überwunden hat. Gegen den älteren Physikalismus der Psychologie braucht heute keiner mehr von außen her Sturm zu laufen. Das biologische Denken ist den Jüngeren, die heute richtunggebend am

Werke sind, mit wenigen Ausnahmen zur Selbstverständlichkeit geworden. Und wenn der Ausdruck *naturwissenschaftliche Psychologie* etwas Lebendiges treffen soll, muß es die Biologie, darf es nicht mehr die Physik sein, an die man diese Forschungsrichtung angelehnt, an der man sie orientiert denkt. Doch wozu überhaupt der Trennungsstrich?

Nehmen wir ein Beispiel, das mir persönlich gut vertraut ist, die Theorie der Farben. Es braucht nicht umständlich begründet zu werden, warum ein Psychologe, der sich mit der Welt der Farben beschäftigt, zum Physiker in die Lehre gehen muß und sich über kurz oder lang von den neuesten psychologischen Problemen aus in rein physikalische Tatbestandsfragen verwickelt sieht. Einfach deshalb, damit er nicht ins Blaue baut und weil die Phänomenologie der Farben ohne Physik und Psychophysik schlechterdings nicht auf einen grünen Zweig zu bringen ist. Da liegt z. B. unter den aktuellen Problemen der wichtige Satz Ewald Herings von der angenäherten Farbenkonstanz der Sehdinge im Beleuchtungswechsel vor und harrt seiner definitiven Bereinigung. Ein Satz, der für das Erkennen und Wiedererkennen der Sehdinge und damit für die Durchführung eines sinnvollen Verhaltens von Mensch und Tier im Sektor des Sichtbaren von entscheidender Bedeutung ist. Was man als physikalischer Laie daran „verstehen" kann, ist in fünf Minuten erledigt: er ist sehr zweckmäßig, sehr sinnvoll, wenn er gültig ist. Aber *ob* er gültig ist und in welchem Bereiche und kraft welcher Einrichtungen unseres Sehapparates, das ist ohne Physik und Physiologie nicht zu entscheiden. Und wer sich hier durch den Sirenenklang des reinen Geistes nicht abbringen läßt von dem Forschungsweg, den die Sache vorschreibt, sieht sich am Ende als Psychologe und Theoretiker all des Sinnvollen, was man mit Farben machen kann, aufs Reichste belohnt. Unversehens steht er mitten in dem, was Goethe und vor ihm Leonardo da Vinci an den Farben interessierte, unversehens steht er mitten in der ‚Gemäldeoptik' und erfaßt staunend die Prinzipien, die den Maler befähigen, eine Welt des sinnvollen Scheines vor unserem wahrnehmenden Auge erstehen zu lassen. Erfaßt nicht nur das *daß* sondern das *wie* es möglich wird, daß z. B. ein und dasselbe Grau bald dahin bald dorthin in die Malfläche gesetzt einen ganz verschiedenen *Bildwert* erhält, bald zwingend als Schatten, bald zwingend als aufgesetzter Lichtreflex, bald als Gegenstandsfarbe, als Fleck wirken kann und wirken muß. Im *Sinnganzen des*

Gemäldes nämlich, als Darstellungswert, Bildwert, den das Fleckchen gesetzmäßig annehmen muß, so wie der Maler es will, wenn nur der Beschauer die Fähigkeit des Bildsehens mitbringt[1]). Das sind, wie ich denke, trotz Physik und Psychophysik und aller Naturwissenschaft, die darin steckt und stecken muß, keine Untersuchungen mehr am sinnlosen Material.

Ein wenig Abstraktion nur, und wir sind zu der Erkenntnis gelangt, daß Farben, wo immer sie uns begegnen, auch in der Wahrnehmung des täglichen Lebens, ähnlich einen „Sinn" haben wie im Gemälde, d. h. als Zeichen stehen und die Dinge der Welt mit ihren Eigenschaften konstituieren helfen für unser Bewußtsein. Wir brauchen uns nicht erst, wie Spranger es für nötig hält, an künstliche Zeichen, z. B. den Buchstaben H zu wenden, um in der Wahrnehmung das Bedeutungsmoment oder, um mit ihm zu sprechen, jene „intentionale Beziehung des seelischen Erlebnisgefüges auf eine objektive Welt" zu entdecken. Spranger ist gewiß nicht der Ansicht, damit eine der Psychologie vollkommen neue Erkenntnis geschenkt zu haben; man könnte sonst Brentano oder selbst Helmholtz, Hering und Ebbinghaus, der im zweiten Band seiner Grundzüge ausdrücklich das Deutungsmoment in der Wahrnehmung gewürdigt hat, oder beliebige andere Psychologen als Zeugen zitieren. Daß die Daten der Tastsinne z. B., daß warm und kalt und Druckdaten, zwiefach deutbar sind und auch tatsächlich gedeutet werden, einmal als Meldungen über die Eigenschaften der Tastdinge und das zweite Mal als Meldungen über den Zustand des eigenen Leibes, hat man stets hervorgehoben. Sie konstituieren in der zweiten Intention das Körpertastbild des Erlebenden, das den Akten des Selbstbewußtseins eine der nächstliegenden Anschauungsgrundlagen bietet.

„In dem Augenblick, in dem wir aus der Welt der allein mathematisch - physikalisch - chemisch - physiologisch bestimmten Körper hinaus in das Gebiet der Bedeutungen übergehen, vollziehen wir den Schritt von der Natur zum Geist. Entsprechend: in dem Augenblick, wo wir von der Betrachtung der Erlebnisse, die allein auf jene Körperwelt bezogen gedacht

---

[1]) Vgl. dazu den dritten Abschnitt „Gemäldeoptik" in meinem Buch „Die Erscheinungsweisen der Farben", bei Gustav Fischer in Jena 1922. Zum neuesten Stand der Untersuchungen über die Farbenkonstanz der Sehdinge: H. Bocksch, „Duplizitätstheorie und Farbenkonstanz der Sehdinge", Zeitschr. f. Psychologie 102 (1927).

werden, zu der Schicht der Bedeutungserlebnisse übergehen, gelangen wir von der naturwissenschaftlichen zur geisteswissenschaftlichen Psychologie" (182). Mich dünkt, hier sei eine dem Wesen der Erlebnisse nach unzweckmäßige, um nicht zu sagen unmögliche, Schnittführung verlangt, und Spranger falle zurück in etwas, was wir eben gerade nach dem Zitat S. 70 überwunden glaubten. Wer den Sprangerschen Schnitt durchführt, erhält zwei lebensunfähige Gebilde. Bleiben wir bei den Wahrnehmungen, um dies zuerst für die „naturwissenschaftliche" Psychologie zu beweisen. Wie ist es mit dem Sinngehalt der Wahrnehmungen? Der Anblick, der Geruch der Maus wird in der Katze eine Tätigkeit *auslösen,* die ich nicht näher zu beschreiben brauche. Was geschieht, wenn ich einen Jagdhund auf die Hasenfährte setze? Die Geruchsspur wird verfolgt, sie *steuert* den Lauf des Hundes. Wir können beides zusammenfassen und sagen: Die Wahrnehmungen fungieren wie *Signale* im Bereich der Instinkthandlungen. Und damit schon sind wir mitten im Sinngebiet, denn es sind semantische Begriffe, die wir verwertet haben. Es ist völlig überflüssig, sich über die „Erlebnisse" der Katze oder des Hundes den Kopf zu zerbrechen; es genügt zu notieren, daß auch die Behavioristen den Grundbegriff des Signales nicht entbehren können. Man schlage Jennings nach, um ihn dort schon zur Beschreibung des Benehmens wirbelloser Tiere zu finden, wir kommen S. 80 ff. darauf zurück.

Was weiter? Wir stellen den von Spranger gewählten Fall einer *Symbolwahrnehmung* daneben. „Gegeben sei außerseelisch das objektive Gebilde H, eine physische Elementarkonstellation, die gestalttheoretisch als eine ebene lineare Figur und physikalisch-chemisch als eine Anhäufung von schwarzen Stoffpartikelchen auf weißem Papier zu bestimmen ist. Gefragt ist nach dem Auffassungserlebnis, das diesem Objektgebilde als seelischer Vorgang korrespondiert. Offenbar besteht hier ein ziemlich weiter Spielraum. Ich kann das Gebilde erleben rein als lineare Gestalt; dann kommt es psychologisch auch nur auf das bedeutungsfreie Sehen an (von mir gesperrt): auf die subjektive Verschiebung, Größe, Helligkeit, Deutlichkeit oder Undeutlichkeit des Bilderlebnisses. Ich kann aber, ohne dabei zu verweilen, es sofort erleben mit der Bedeutung: Buchstabe H oder, wenn ich im griechischen Geisteszusammenhang lebe, mit der anderen: Buchstabe Eta. Hier baut sich über dem Sehen noch ein anderes Erlebnis auf. Und damit ist psychologisch ein wesentlich Neues da: eben das Bedeutungserlebnis oder das Sinnerlebnis" (179). Ich antworte: Einverstanden, mit der rechten Seite der Ungleichung, aber nicht mit der linken. Etwas Neues ist in der Tat hier, nämlich das Symbolverhältnis, das Gebilde auf dem Papier wird als Symbol erfaßt. Wir haben uns allgemein im § 6 über die Darstellungsfunktion der Sprachzeichen geäußert und brauchen dem Gesagten nichts hinzuzufügen. Aber die linke Seite der Ungleichung enthält einen Fehler, der dem verehrten Autor unterlief; quandoque bonus dormitat Homerus. Ich wähle einen ganz parallelen Fall, um der Sache etwas mehr Relief zu geben. Man tritt so nahe an ein Gemälde heran, daß der Bildeindruck völlig vernichtet wird und nichts mehr als Farbenflecken auf der Leinwand gesehen werden. Ist das nun jenes „bedeutungsfreie" Sehen, ein Wahrnehmungserlebnis, in dem kein Sinngehalt mehr die zerflatternden Momente von Farbqualitäten, Helligkeiten usw. zur Einheit bindet? Dann wäre es wahrhaft schlimm um unsere Wahrnehmungswelt bestellt. Nein, wir sehen die Flecken der Leinwand als Dinge mit ihren Eigenschaften, wie wir sonst gefärbte Dinge wahrnehmen. Und das ist kein sinnfreies Sehen.

Spranger selbst muß sich korrigieren: „Entsprechend wird sich später zeigen, daß auch das Physische nicht, wie wir bisher behauptet haben, sinnfrei ist, sondern daß es in einer besonderen und allerdings begrenzten Sinnordnung, nämlich in der des naturwissenschaftlichen Erkenntnissystems drinsteht" (180). Nur zieht er die rückwirkende Konsequenz nicht, daß er demnach eine Seite früher zu Unrecht behauptete, das Symbolverhältnis erst bringe einen Sinn in die Wahrnehmung. O nein! Vorher schon können die Sinnesdaten z. B. als *Anzeichen* fungieren, wie wenn ich warm verspüre und sage, „man hat zu stark geheizt". Auch wenn ich mich strenger an den ersten Tatbestand meiner Beobachtung halte und sage „es ist warm hier" oder „mir ist warm" oder „der Ofen ist warm" (den ich berühre), nie komme ich mit all dem aus dem Bereich des Sinnhaften heraus. Wir fertigen Menschen haben eine wohlgeordnete Wahrnehmungswelt; in sie, in dieses umfassende System von Bestimmtheiten, tragen wir die Sinnesdaten oder tragen sie sich selbst ein. Als Eigenschaften der Dinge und Ereignisse in naiver Wahrnehmung finden wir die Sinnesmeldungen vor. Hier ist die intentionale Beziehung; und wer sie ausstreicht, vernichtet nicht nur den Sinn, sondern die Wahrnehmung selbst. Wir können und müssen freilich auch hier die Reduktion, die Einklammerung des Sinnes vornehmen, ähnlich wie es der Phonetiker an seinen Sinngebilden tut. Aber dann haben wir keine Wahrnehmungen mehr, die wir bestimmen, sondern das Material von Qualitäten usw., von welchem in der Materiallehre der Empfindungstheorie die Rede ist.

2. Ich will die Gelegenheit ergreifen, um eine neue und, wie ich glaube, sehr wichtige These über den Sinn der Wahrnehmungen von Mensch und Tier zu formulieren. Eine These, die dem Aufbau unserer Sprachtheorie parallel geht und geeignet ist, den Benehmens- und den Erlebnisaspekt auf dem Gebiete der Wahrnehmungen in höherer Einheit zu verbinden. Ich behaupte, daß mit den genannten drei Sinnfunktionen, *Signale, Anzeichen* und *Symbole,* das Gesamtgebiet der Wahrnehmungen theoretisch zu bewältigen ist. Die erste Formel, die wir gewählt haben, mit ihren zwei Ausdrücken (Auslösung und Steuerung) ist ohne weiteres vom Benehmensaspekt auf den Erlebnisaspekt zu übertragen. Sie beschreibt das Geschehen, angefangen von den niedersten Tieren, wo überhaupt von so etwas wie Wahrnehmungen gesprochen werden kann, bis hinauf zu den verwickeltsten Symbolwahrnehmungen. Denn wie ist es z. B. mit dem Lesen der optischen Sprachsymbole, das uns durch Spranger zur Erläuterung der Dinge empfohlen worden ist? Unsere Augen wandern beim fließenden Lesen ruckweise über die Zeilen hin und nehmen Wortbild für Wortbild auf. Doch die Gedanken, Gefühle, Interessen des Lesenden weilen indessen nicht bei den Formen, die schwarz auf dem weißen Papiergrund stehen, sondern bei den Gegenständen, von welchen die Rede ist. Zwischen den optischen Zeichen und diesen Gegenständen besteht eine durch mehrere Systeme hindurchgehende Zuordnung; davon später. Was aber das Geschehen angeht, so kann man sagen, daß die Sinneseindrücke auslösend und steuernd eingreifen. Wenn ich laut ein Buch vorlese, so steht die Wahl des Tempos, das laut oder leise, die richtige Betonung, ob phlegmatisch oder temperamentvoll, und noch manches andere bei mir. Ich kann mich als gewandter Leser und Beherrscher der Sprache schrittweise noch weiter befreien; und wenn ich als Redner Selbstgeschaffenes vortrage, mich aber an ein vor mir liegendes Notizblatt dabei halte, so ist dies ein Grenzfall minimaler Gebundenheit. Uns hier kommt es auf die Erkenntnis an, daß auch der andere Grenzfall des wortgetreuen Vorlesens noch ein ansehnliches Minimum von Freiheit des Lesenden, d. h. von einer Selbsttätigkeit seines seelischen und psycho-

physischen Apparates, seines eigenen Aktionssystems, und im Bereiche dieses Freiheitsgrades ein Nachschaffen gestattet und verlangt. Beim Notenspiel des Musikers ist es ebenso. Und wenn wir das Eingreifen der optischen Wahrnehmungen in diese Tätigkeiten irgendwie kurz charakterisieren wollen, so gibt es dafür wohl keine besseren Termini als Auslösen und Steuern.

Das Gemeinsame, was solche nachschaffenden Reproduktionstätigkeiten des Menschen mit dem Eingreifen der Sinneswahrnehmungen in die einfachsten Instinkt- und. Gewohnheitshandlungen der Tiere verbindet, ist ein Fonds gerichteter und ganzheitsgeregelter Dispositionen. Ob erworben oder angeboren, ist hier irrelevant. Man könnte noch viele Züge in dieses Bild eintragen. Es wird z. B. einsichtig zu machen sein, daß überall eine untere Grenze der Plastizität, der Steuerbarkeit, im Gefüge solcher Dispositionen vorhanden sein muß, ein Minimum von Starrheit, wenn die Leistungen nicht durch Unstabilität gefährdet werden sollen. Jene prinzipielle Starrheitsgrenze, nach welcher die Reflexforschung der Physiologen und die ältere Instinktforschung gesucht haben, muß irgendwo zu finden sein. Noch mehr. Je verwickelter das Dispositionsgefüge wird, desto tiefere und breitere Schichten müssen von Steuerwirkungen im konkreten Fall unberührt bleiben, müssen en bloc funktionieren. Die vollkommensten Erfolge werden dort zu erwarten sein, wo die Steuersensibilität des Systems auf eine entscheidende, einheitliche und beherrschbare Schicht — man darf nicht sagen, „eingeschränkt" bleibt, das wäre zu viel, aber „zugespitzt" bleibt. Dort weilt der vollendete Virtuose aktionsbereit mit seiner Aufmerksamkeit.

Nun gibt es beim Menschen in reichen Fällen auch Wahrnehmungen, die einen sozusagen inneren Abschluß erfahren. Wer als still und unbewegt Aufnehmender mit voller seelischer Hingabe lauschend oder schauend im Wahrnehmungskontakt mit den Dingen steht, verwertet die Eindrücke anders als der Handelnde, der seine Körperbewegungen von ihnen steuern läßt. Und doch ist unsere Formel auch auf das seelische Geschehen in ihm ohne weiteres anzuwenden. Vorausgesetzt nur das eine, daß er nicht im Grenzfall zum reinen Rezeptor sozusagen oder richtiger, zu einem von sich aus aktionsfreien Registrierapparat geworden ist. Vielleicht widerstreiten die zwei Grundbestimmungen „mit voller seelischer Hingabe" und „aktionsfrei" von vornherein; jedenfalls ist das Eigengeschehen in den zwei wichtigsten Modifikationen des Zustandes, den wir im Auge haben, in der ästhetischen und forschenden Grundhaltung leicht nachzuweisen und in den Hauptzügen auch zu charakterisieren. Ich nehme die forschende zum Exempel. Ihr Ergebnis sind *Beobachtungen,* d. h. Wahrnehmungen, die mit einem *so ist es,* einem Urteil, das sich auf die Sinnesdaten stützt und miterstreckt, ihren Abschluß finden. Nicht nur in der Wissenschaft, sondern auch im Leben, von langer oder kurzer Hand vorbereitet, erwartend oder überrascht, machen wir Beobachtungen. Jede Beobachtung beantwortet eine Frage an die Dinge. Wir pflegen den Dispositionsfonds, aus welchem diese Fragen aufsteigen, unsere theoretischen Interessen zu nennen; der Befriedigung theoretischer Interessen dient die Art von Wahrnehmungen, welche wir hier im Auge haben. Die Frage an die Dinge braucht nicht explicite gestellt zu sein, sie kann, wo die Eindrücke ungesucht und überraschend über uns kommen, auch nachträglich noch gestellt und im Rückblick beantwortet werden.

Frage und Antwort — damit treffen wir auf das Faktum, daß **zwei** Momente in jedem Wahrnehmungsprozeß beschlossen liegen, ein Faktum, welches die Lehre von der Apperzeption von jeher gekannt hat. Nur ist es zweckmäßig, sich nicht einseitig auf eine der historisch berühmten Formeln festzulegen. Wir werden also nicht mit Herbart sagen, es sei das Gedächtnis, was die neuen Sinnesdaten aufnimmt in den Verband der alten, schon gefestigten und geordneten Wissensdispositionen. Wir werden auch nicht mit Kant und Schopenhauer sagen, es sei der Verstand, der in das Chaos der Sinnesdaten allerest Ordnung bringt. Mit all dem hat es seine Richtigkeit, aber die Natur ist reicher als jede einzelne dieser Formeln. Die ganze Seele, d. h. alle sinntragenden und sinnschaffenden Faktoren in uns können in der Wahrnehmung zum Anklingen gebracht werden. Man denke nur an die ästhetische Grundhaltung und was sie an Auslösung und Steuerung der höheren Gefühle durch Sinneseindrücke zu leisten vermag. In der forschenden Grundhaltung aber lösen die Sinneseindrücke Denkprozesse aus und steuern sie.

Das psychische Geschehen kann also, gleichviel ob es sich um primitivste tierische oder höchste menschliche Wahrnehmungen handelt, stets nach der einen Formel begriffen werden. Die Sinneseindrücke lösen aus und steuern eine **Zwecktätigkeit.** Aber damit ist nur die eine Seite der Sache erledigt. Es ist die zweite, komplementäre und unentbehrliche Betrachtung, die Blickrichtung auf das *intentionale Moment,* welche uns lehrt, daß die Sinnesdaten noch eine andere semantische Funktion erfüllen. Sie sind Zeichen, stehen für etwas anderes als was sie selbst sind, und vertreten das Bezeichnete. Sie fungieren als S y m b o l e im Fall des Lesens, sie fungieren als A n z e i c h e n im Falle der Beobachtung. Die Welt der reinen Naturwissenschaften dürfte keine Symbole enthalten, während die Gegenstände der Geisteswissenschaften gesättigt sind mit symbolischem Gehalt. Das ist es, was S p r a n g e r uns sagen wollte, was richtig ist in seiner Gegenüberstellung. Wir selbst haben am Beispiel der Sprache scharf bestimmt, wie es sich mit dem Aufkommen der Darstellungsfunktion verhält. Vielleicht dient es der weiteren Aufklärung, wenn wir hier das andere, die Anzeichenfunktion der Sinnesdaten in der Wahrnehmung noch einmal besonders ins Auge fassen. Wir sagen Anzeichen, weil der Gehalt des Wahrnehmungsurteils, weil der S a c h v e r h a l t, den wir in der Wahrnehmung zu erfassen vermeinen, den Bereich der Empfindungsdaten stets überschreitet. Das Urteil „es ist geheizt hier", wenn ich warm verspüre, ist typisch für die Beobachtungen, welche wir im Zuge des täglichen Lebens zu machen pflegen. Die Reduktion auf das „unmittelbar Gegebene", welche der Erkenntnistheoretiker versucht, ist, wie man weiß, ein äußerst subtiles und dem unbefangenen Wahrnehmungserlebnis fern liegendes Unternehmen. In dem Maße, wie diese Reduktion fortschreitet, schrumpft die Spannweite des Anzeigens ein; wir brauchen uns hier nicht darüber zu äußern, ob sie restlos aufzuheben ist. Man findet in der Kritik, die K ü l p e an dem erkenntnistheoretischen Standpunkt des Konszientialismus geübt hat, auch psychologisch interessante, weitausholende Überlegungen dazu. Theoretisch denkbar bleibt noch ein anderes, nämlich, daß das uneinsichtige Anzeigen einer Struktureinsicht Platz macht. Wenn der beobachtende Naturforscher das abzulesende Resultat eines Experimentes konstruktiv vorauszusagen vermag, dann mischt sich irgendwie Struktureinsicht in die Deutung der Sinnesdaten. Auch davon brauchen wir nur im Vorbeigehen Notiz zu nehmen.

Wir erwachsenen Menschen haben unsere wohlgeordnete Wahrnehmungswelt. In sie, in dieses umfassende System von Bestimmtheiten, tragen die Meldungen der Sinne sich selbst ein. Das Empfundene stattet kraft der intentionalen Beziehung die Dinge und Ereignisse unserer Wahrnehmungswelt mit Eigenschaften aus; wir sehen das „rot" als eine Eigenschaft des Apfels und spüren das „warm" als eine Eigenschaft des berührten Ofens. Das ist die Grundlage. Darüber hinaus aber fungieren dieselben Sinnesdaten als Anzeichen für dies und das, was weiter über die Dinge zu sagen, was weiter von ihnen zu erwarten ist. Das ist die Zeichenfunktion der Sinnesdaten in unseren Beobachtungen. So ist es bei uns Menschen.

Die Tierpsychologie steht vor der Frage, wo und wie man Anhaltspunkte gewinnen könnte zu einer ersten Hypothese über den Ursprung und die Ausgestaltung des intentionalen Momentes in den vormenschlichen Entwicklungsstadien des Bewußtseins. Wer einmal mit Ernst und Umsicht diese entscheidende Grundfrage der Tierpsychologie angehen wollte, fände im Bereiche der gesicherten Erkenntnisse verschiedenartige Ansatzpunkte. Wir selbst haben einen Sinnapparat, an dessen Leistungen das Problem exakt zu formulieren ist, ich meine den sogenannten statischen Sinn. Der statische Sinn ist ein ausgesprochener Steuerapparat, und was er steuert, sind Körperbewegungen, nicht Erlebnisse; wir erhalten von seiner Tätigkeit erst nachträglich, vom Erfolge her, Meldungen im Bewußtsein. „Man bemerkt sogleich, daß hier grundsätzlich andere Verhältnisse vorliegen, als beim Gesichts- und Tastsinn. Wenn wir einen roten oder grünen Gegenstand sehen, einen harten oder weichen, runden oder eckigen Körper fühlen, so ist der Begriff, durch den wir das äußere Verhalten bezeichnen, in einer, wenigstens für das naive Bewußtsein, endgültigen Weise durch jene den betreffenden Sinnen angehörigen Eigenschaften definiert. Die ganze Reihe psychologischer Vorgänge, die sich von der Betätigung des peripheren Sinnesorganes bis zu dem objektivierten Eindruck erstreckt, spielt sich also in einer für den einzelnen Sinn völlig selbständigen und unabhängigen Weise ab. Ganz anders beim statischen Organ." Hier „erscheint es wohl richtig, den maßgebenden Mechanismus darin zu erblicken, daß gewisse dem Zentralnervensystem zugeführte Erregungen in die an andere Sinneseindrücke angeknüpfte Vorgangsreihe irgendwie eingreifen, und den Fall, daß dies **ganz ohne Vermittlung selbständiger Empfindungen stattfindet**, als einen mindestens möglichen Grenzfall zu betrachten"[1]).

---

[1] Joh. von Kries, Allgemeine Sinnesphysiologie. 1923. S. 24 f. (das letzte von mir gesperrt).

Man nehme diesen Grenzfall zum Ausgang und überlege, ob und in welchem Ausmaß Sinne, die nach Art des statischen Organes *unvermittelt* die Körperbewegungen steuern, den Tatbeständen der Tierpsychologie gerecht werden. So einfach wie beim statischen Organ, wo die Richtung der Schwerkraft als konstante Einstellungsnorm fungiert, liegen die Verhältnisse nicht überall. Bei höheren Tieren und dem Menschen muß das Benehmen durch bunt wechselnde äußere Konstellationen sinnvoll hindurchgesteuert werden. Man denke, um ein Vergleichsmodell vor Augen zu haben, an die Steuerung eines Schiffes, das eine Mal auf hoher See nach dem Kompaß und das andere Mal, wie sie im Gewirr von Klippen und Inseln dem Lotsen obliegt. Nicht geringer und von ähnlicher Art ist der Unterschied der unvermittelten und der *gegenständlich vermittelten* Steuerung der Körperbewegungen bei Tieren und Menschen. Der Lotse richtet sich nach gegenständlichen Merkmalen, Tiere und Menschen im zweiten Fall ebenso. Die Frage ist, wo, wie und in welchen Stufen diese Lotsensteuerung nach den Gegenständen entstanden sein mag. Das ist das Problem, wie es im Rahmen der behavioristischen Betrachtung gestellt werden muß. Jennings hat es klar erkannt, er spricht von „Reaktionen auf repräsentative Reize". „Der Seeigel sucht an dunklen Stellen zu verharren, denn Licht scheint schädlich für ihn zu sein, und doch antwortet er auf plötzliche Beschattung damit, daß er seine Stacheln nach der Richtung streckt, aus welcher der Schatten kommt. Dies ist eine Verteidigungsbewegung, die dazu dient, ihn vor Feinden zu bewahren, die bei ihrer Annäherung den Schatten verursacht haben könnten. Die Reaktion wird durch den Schatten hervorgerufen, doch sie bezieht sich in ihrer biologischen Bedeutung auf etwas, das sich hinter dem Schatten verbirgt (von mir gesperrt). Diese Reaktion auf repräsentative Reize ist vom biologischen Standpunkte zweifellos äußerst wertvoll. Sie ermöglicht es dem Organismus, vor einer Schädigung zu fliehen, schon bevor diese eintritt, oder sich nach einer günstigen Beeinflussung hin zu bewegen, die sich in einiger Entfernung befindet. Solche Reaktionen erreichen bei den höheren Tieren eine ungeheure Entwicklung; die meisten von unseren eigenen Reaktionen zum Beispiel erfolgen auf solche repräsentativen Reize hin. Nur wenn wir auf wirklichen physischen Schmerz oder Vergnügen reagieren, teilen wir mit den niederen Organismen die Grundreaktion auf unmittelbare Schädigung oder

Vorteil. Tatsächlich sind alle unsere Reaktionen auf gesehene oder gehörte Dinge derartige Reaktionen auf repräsentative Reize. Während ein solches Verhalten bei höheren Organismen eine viel größere Rolle spielt als bei niederen, ist doch das Vorkommen von Reaktionen auf repräsentative Reize auch schon bei den in diesem Buche beschriebenen Organismen eine unbestrittene Tatsache"[1]).

Es ist durchaus korrekt gedacht, wenn Jennings zur Erklärung seiner Beobachtungen an niederen Organismen an das Assoziationsprinzip appelliert. „Der Zustand A, der durch den Schatten herbeigeführt wird, geht gewöhnlich in den Zustand B über, den der Angriff eines Feindes auslöst, und der in einer Verteidigungsbewegung zum Ausdruck kommt. Dieser Übergang kann dann allmählich spontan werden, so daß der Seeigel jetzt definitiv reagiert, schon wenn eine Wolke über die Sonne zieht." So ist es anfangs und so ist es am Ende der Entwicklungsreihe, die wir im Auge haben. Auch der menschliche Lotse auf dem Schiffe reagiert positiv oder negativ, hinzielend oder ausweichend, auf bestimmte Sinneseindrücke, kraft der Verknüpfungen zwischen ihnen und dem, was nach ihnen zu erwarten steht. Nur daß wir hier mit Bestimmtheit die entscheidende Angabe machen können: wenn die Reaktion etwa durch einen Schatten hervorzurufen sich auf etwas bezieht, was sich hinter dem Schatten verbirgt, dann ist diese Relation dem Menschen selbst *in procura* gegeben. Sie hat einen Anschluß, einen Einbau erfahren in das wohlgeordnete System von Gegenstandsbestimmtheiten und Gegenstandsrelationen, in das Wissen, über das der Lotse verfügt. Und das ist etwas prinzipiell anderes als ein System blinder Assoziationen. Die Genese dieses neuen, andersartigen Systems in der Tierreihe abzulesen aus den Gesetzen des Benehmens der Tiere, das gehört zu dem Problemkomplex vom Ursprung des Intellektes. Wenn nicht alles täuscht, müssen wir durch eine Stufenfolge von Konstanzmomenten zu dem menschlichen Niveau aufsteigen, wo die Sinnesdaten ihren Halt und ihre Deutung erfahren als Eigenschaften von Wahrnehmungsdingen, die in einer konstanten Ordnung stehen. Was wir in unseren eigenen Wahrnehmungen z. B. als Konstanz der Sehdinge im Beleuchtungswechsel oder als Größenkonstanz der Sehdinge im Entfernungswechsel vorfinden, ist nach allem, was wir darüber wissen, keine

---

[1]) H. S. Jennings, Das Verhalten der niederen Organismen. S. 466 f.

auf das menschliche Erleben eingeschränkte, vom Menschen neu erworbene, Verfassung, sondern ein Gemeinbesitz zum mindesten des ganzen Wirbeltierstammes. Und in dieser Verfassung wird das intentionale Moment, die Gegenstandsbezogenheit der Sinnesdaten, auch den Forschungsmitteln der Tierpsychologie zugänglich und greifbar werden.

3. Man denke sich „die intentionale Beziehung des Erlebnisgefüges auf eine objektive Welt" im Sinne des S p r a n g e r schen Schnittes aus der Tierpsychologie weg, und es bleibt kein irgendwie abschließbares Forschungsgebiet zurück. Warum also noch weiterhin von einer „naturwissenschaftlichen" Psychologie sprechen, die Seelisches rein „als eine kausalabhängige Reihe oder gar als Spiegelung von Leiblichem" meinen darf? Sie darf es eben nicht, wenn sie den Weisungen ihres Gegenstandes folgt. Genau so wenig aber kann und darf man den anderen Zweig, die „geisteswissenschaftliche" Psychologie einzig und allein auf das intentionale Moment der Erlebnisse gründen. Sie müßte jeden Halt im hic et nunc verlieren, wenn man die Erlebniswurzeln im kausalen Gefüge des leiblich-seelischen Geschehens abschneiden oder als nicht vorhanden betrachten wollte. Davon mehr im § 13.

§ 9. Der seelische Kontakt und das Kontaktverstehen.

Wer dem Schlagwort von der „verstehenden Psychologie", das in der Methodendiskussion der Gegenwart eine große Rolle spielt, nachgeht, sieht sich schließlich vor zwei grundverschiedene Tatbestände geführt. Der eine ist das, was ältere Psychologen *Einfühlung* genannt haben, und dem anderen sollte man den Namen *Struktureinsichten* geben. Ich bin derselben Meinung wie S p r a n g e r, wenn ich eine scharfe Sonderung der beiden fordere, und gehe einen Schritt weiter als er, wenn ich vorschlage, man soll den Begriff des Verstehens weder beiden noch dem einen von ihnen schlechthin zuordnen. Seinen natürlichen Begriffspartner findet der kokette Ausdruck Verstehen an dem ebenso koketten Sinnbegriff: Verstehen = Sinnerfassen. Und umgekehrt: einen Sinn hat alles, was man verstehen kann. Wenn der Beweis erbracht wird, daß es **sinnfreie Strukturen**, z. B. in der Mathematik, gibt, dann muß es zu Ende sein mit der verwirrenden Koppelung von Strukturerkenntnis und Verstehen.

Strukturen wollen einsichtig erfaßt sein und sie sind das einzige in der Welt, was einsichtig erfaßbar ist. Wird dieser Grundsatz nach gehöriger Läuterung des schillernden Strukturbegriffes angenommen, dann macht es keine Schwierigkeit mehr, die mannigfaltigen Komplexionen von Struktureinsicht und Sinnverständnis als solche theoretisch zu bewältigen. Es gibt auch Strukturen und Struktureinsichten an sinnhaften Gebilden, doch bei weitem nicht alles Verstehen = Sinnerfassen ist einsichtige Erkenntnis. Davon mehr in den §§ 10 und 11.

Hier aber nehmen wir unseren Ausgang von der Grundtatsache des seelischen Kontaktes und suchen erst einmal das, was im seelischen Kontakt an Möglichkeiten des Verstehens angelegt ist, begrifflich scharf zu erfassen. Max Scheler, der bahnbrechende Denker auf diesem Gebiet, hat die kühne These von einer Art Wahrnehmbarkeit des fremden Erlebens im seelischen Kontakte aufgestellt und Widerspruch gefunden. Das ist der gegenwärtige Stand der Diskussion[1]). Ich will zeigen, daß Scheler im wesentlichen recht hat; wir können seine These so interpretieren, daß die Paradoxie verschwindet und eine Erkenntnisart des Fremdseelischen zum Vorschein kommt, für die der Ausdruck „Wahrnehmung" durchaus gebräuchlich ist. Faktum ist, daß im seelischen Kontakte eine gegenseitige Steuerung des Benehmens und des Erlebens der Partner stattfindet. Daß das Benehmen gesteuert wird, ist eine Feststellung der Außenansicht, des behavioristischen Aspektes; daß das Erleben gesteuert wird, wissen wir aus eigener innerer Erfahrung und nehmen es darüber hinaus auch von anderen Menschen und von Tieren an, deren Benehmen wir in Kontaktsituationen gesteuert sehen. Genau betrachtet ergibt sich, daß eine Koppelung der beiden Aspekte, ein Ineinandergreifen, bereits im Ausgangstatbestande vorliegt und unaufhebbar ist. Es gilt, Schritt für Schritt bald vom einen, bald vom anderen her die Fäden zu entwirren und die zwei Wahrnehmungsmöglichkeiten, die innere und die

---

1) Er ist sehr gründlich und umsichtig dargestellt bei: G. Roffenstein, Das Problem des psychologischen Verstehens. Kleine Schriften zur Seelenforschung, Heft 15, 1926. Dort ein ausführliches Literaturverzeichnis; an der Diskussion über die Schelersche These sind hervorragend beteiligt: Volkelt, Becher, Binswanger, Kronfeld und Jonas Cohn.

äußere, welche in dem komplexen Tatbestand des seelischen Kontaktes in eins verschmelzen, gesondert zu erfassen.

1. Der Sachverhalt im ganzen ist jedem aus dem seelischen Verkehr mit anderen Menschen bekannt und geläufig. Man steht im Kontakt mit dem Partner der Situation und versteht sein Benehmen; fast so im günstigsten Fall, als wäre er gar nicht ein anderer, sondern „als wärs ein Stück von mir", wie es im Liede vom guten Kameraden heißt. Man vermeint aber nicht nur das sinnlich wahrnehmbare Benehmen, sondern darin, daraus, dahinter, oder wie sonst man sich ausdrücken mag, die Beseeltheit (oder im besonderen Fall auch einmal die Unbeseeltheit) des fremden Benehmens und sogar das Erleben des anderen mehr oder minder unmittelbar zu erfassen. Der solipsistische Aspekt der Psychologie, der diesen Tatbestand programmgemäß nur in dem Einerkoordinatensystem der ichhaften Ereignisse zu beschreiben und zu begreifen versucht, macht irgendwie aus zwei eins. Die naive Bestimmung dagegen kennt mein und dein, ob sie vom Benehmen oder Erleben spricht. Die solipsistische Theorie nimmt in ihrem ersten Ansatz entweder das fremde Erleben in das Ich herüber oder läßt umgekehrt das Ichhafte, wie wenn es irgendwie entfremdet wäre, in der Sphäre des Partners stattfinden. Man versetzt sich selbst, so wird uns im Sinne der zweiten Formel gesagt, fiktiv in die Lage des anderen, um ihn zu verstehen. Das Bild müßte für viele Fälle noch intimer sein; bald in die Haut, will sagen in die Sinne, bald in die Muskeln, will sagen in den Bewegungsapparat, bald ins Erlebniszentrum des andern versuche man sich mit mehr oder minder gutem Erfolge zu versetzen und nehme dann mit ihm wahr, bewege mit ihm seine Glieder, spreche, entscheide sich, handle aus dem besetzten Erlebniszentrum heraus. Umgekehrt, im Sinne der ersten Formel, bestimmt die Aktivität und Führereigenschaft des anderen unser eigenes Erleben, unsere primär ichhaften Erlebnisse derart, daß wir an ihnen abzulesen vermögen, wie es dem Partner zumute ist. Nun, wir wollen uns nicht bemühen, gleich am Anfang diese als-ob-Beschreibungen kritisch zu beurteilen. Ob Hereinnehmen oder Sichhinausversetzen, gewöhnlich beeilen sich die Einfühlungstheoretiker hinzuzufügen, dies sei nur ein Scheinmanöver, ungefähr so wie die ästhetische Illusion. Man unterliegt im Theater nicht einer echten Sinnestäuschung wie im Falle der pathologischen Illusion, sondern weiß Schein und Sein zu scheiden, behält die Orientierung im

Koordinatensystem der Wirklichkeit trotz aller Hingabe an die Scheinwelt bei und vermag sprunglos und sicher zwischen beiden hin- und herzuwandern. Ähnlich sei es in der Situation des seelischen Kontaktes mit dem Hinüber und Herüber zwischen der Ichsphäre und der Dusphäre.

Ich mache den Vorschlag, für den Anfang einmal alles Entbehrliche beiseite zu stellen und nur das durch den Vergleich mit der ästhetischen Illusion unterstrichene Zweiheitsmoment theoretisch aufzugreifen. Es liegt in der Tat ein zweipoliges Geschehen im vollentwickelten seelischen Kontakte vor; verbeißen wir uns nicht zur Unzeit darüber in erkenntnistheoretische Schwierigkeiten. In Fällen sublimer menschlicher Situationen, gleichviel, ob wir als Kontaktpartner engagiert sind oder uns als reine Zuschauer verhalten, werden wir irgendwie inne, daß in dem Spielen, Necken, Kämpfen (z. B. um das Führen oder Geführtwerden vom Partner) zwei Aktionszentren da sein müssen, daß es sich um ein Wechselspiel handelt. Die Verhältnisse müssen ferner, wenn unsere Theorie vom Ursprung der tierischen Semantik richtig ist, so liegen, daß es Tiefenschichten des Kontaktes und des Verstehens gibt. Darüber wird auch im Benehmensaspekt dies und das wissenschaftlich greifbar, denn ebenso, wie wir unter normalen Verhältnissen leicht und sicher Aufschluß darüber gewinnen, ob ein fremder Mensch mit uns im Wahrnehmungskontakte und vielleicht darüber hinaus in feinerem, höherem seelischen Kontakte steht oder nicht, so vermögen wir dies als unbeteiligte Beobachter auch zwischen zwei fremden, menschlichen oder tierischen Partnern festzustellen. So sicher und so weit im Prinzip, als wir das Gebahren der beteiligten Individuen überhaupt zu deuten vermögen. Wasmann versichert, daß er die Ameisensprache, d. h. die Klopfsignale, die sich diese Tiere bei Begegnungen gegenseitig auf Kopf und Rumpf zu geben pflegen, unmittelbar versteht. Das ist nicht merkwürdiger als die Tatsache, daß wir selbst etwa die Sprache des Hundes im Groben oder bis ins Feinere verstehen. Und wenn zwei Genossen dieser Art gleichzeitig in unserem Wahrnehmungsfelde auftauchen, sind wir rasch im klaren darüber, ob ein Kontakt und welcher zwischen ihnen eingetreten ist.

Angenommen, wir fassen aus der Ferne zwei menschliche Passanten auf der Straße daraufhin ins Auge, ob sie untereinander im seelischen Kontakt stehen oder nicht, so werden wir dies unter günstigen Umständen bald entschieden haben. Und zwar an dem Merkmal der *Kovarianz* ihres Benehmens. Das Benehmen des einen spricht auf das Benehmen des andern an. Wenn A seinen Gang beschleunigt oder verlangsamt, stehen bleibt, umkehrt, abbiegt, können wir beobachten, ob B offen oder verschleiert mitgeht oder nachsteigt, allgemein gesagt, ob er kovariiert. Wie stellt man in den exakten Naturwissenschaften und sonstwo einen vermuteten Zusammenhang zwischen zwei Tatbeständen A und B fest? Wer noch ganz im Dunkeln tappt, sucht an beiden eine Reihe von Bestimmungen zu treffen, die rechnerisch dem Korrelationsverfahren unterworfen werden können. Wo der Korrelationskoeffizient nach der einen oder anderen Seite von dem Ausgleichswert der Wahrscheinlichkeitsrechnung abweicht, liegt (wenn alles in Ordnung ist bei dem Verfahren) ein Zusammenhang vor. Kovarianz der Phänomene A und B selbst ist ein beliebter Sonderfall, der die Forschung unter günstigen Umständen rasch weiter führt. Ähnlich wie unseren Detektivbeobachter auf der Straße die Kovarianz des Benehmens von A und B. Wie aber ist dieser Beobachter, der doch nicht experimentierend eingreift und vom Korrelationskoeffizienten nie etwas gehört hat in seinem Leben, imstande, die Kovarianz zu erfassen? Nun, der seelische Apparat eines menschlichen Beobachters löst viele Aufgaben schneller und eleganter als ein umständlicher Rechner.

Hier wäre der Ort, über den Sinnbegriff nachzudenken; doch wir müssen dies verschieben. Wären die Bewegungen von A und B schlechterdings sinnlos für unseren Beobachter, so bliebe ihm kaum etwas anderes übrig, als es mit der Korrelationsrechnung zu versuchen oder seine Bemühungen, weil sie keine Aussicht auf raschen und sicheren Erfolg hätten, aufzugeben. Sie sind aber nicht sinnlos für ihn und ein guter Detektiv wird, wenn ihm das Glück günstig ist, die Aufgabe lösen. Er hat von Anfang an bestimmte Erwartungen und Vermutungen. Wenn keine anderen, so zum mindesten die, daß er A und B als „Passanten" betrachtet und damit ihrem Benehmen einen ersten, noch nicht näher bestimmten Sinn beilegt. Er erwartet den allgemeinen Charakter des Passantenbenehmens und trägt ihn mit den spezielleren Bestimmungen, die ihm aus der Wahrnehmung zufließen, wie wenn er Kurven zu zeichnen hätte, extrapolierend in die Zukunft ein. Für Wendepunkte und Störungen an Kurven aber haben wir eine ungemein feine Auffassungsfähigkeit. So ist seine erste Aufgabe auf die allgemeine Formel gebracht, die zeit-räumliche Kovarianz zweier Kurven (Gestalten) festzustellen, eine Aufgabe, die unser seelischer Apparat in tausend Modifikationen sehr zuverlässig und spielend löst. Was weiter? Die Bemühungen, tiefer in Art und speziellen Zweck einer entdeckten seelischen Bindung einzudringen, wollen wir nicht mehr an dem fingierten Beispiel, sondern in neuem Ansatz studieren.

2. Es gibt **einseitigen** und **wechselseitigen** seelischen Kontakt. Wenn A mit Mordabsichten einem B auf der Straße folgt und auf die günstigste Gelegenheit lauert, so wird sein Benehmen, sein Weg z. B., von dem des B bestimmt, gesteuert, ohne daß B eine Ahnung davon hat. Man kann auch vermuten, daß A das Benehmen von B mehr oder minder tief zu verstehen sucht und tatsächlich versteht, um sich danach einzurichten. Das ist einseitiger Kontakt. Die Theorie wird besser fahren, wenn sie vom wechselseitigen ausgeht. Bei voller Ausbildung des zweipoligen Geschehens vermag jeder Partner in wechselndem Ausmaß das Benehmen und Erleben des anderen in einer spezifischen Weise zu steuern. Sehen wir noch nicht auf unser Sonderproblem des Verstehens, sondern auf dies Faktum der **Steuerung**. **Charlotte Bühler** hat an Kindern im Säuglingsalter die Stadien des werdenden Kontaktes exakt beschrieben[1]). „**Affektübertragung und Präsenzwirkung** sind die frühesten Formen, in denen Kontakt sich anbahnt" (S. 41). Darüber erheben sich die Stufen des ausgebauten Schau-, Berührungs- (und Hör-) Kontaktes, die bei ungehemmter und reibungsloser Entfaltung der zweipoligen Aktivität des Systems die ästhetisch reizvollen und theoretisch aufschlußreichen ersten Gemeinschaftsspiele der Kinder im letzten Viertel des ersten Lebensjahres tragen. In ihnen kommt schon eine große, aber leicht übersehbare Mannigfaltigkeit sozialer Relationen zum Vorschein. Es geht bei diesen Gemeinschaftsspielen um Selbstentfaltung und Fremdbeeinflussung, Führen und Geführtwerden in vielen Modifikationen und Konsequenzen des gegenseitig verflochtenen Benehmens und Erlebens. Der Theoretiker wird sein Interesse mit gleicher Sorgfalt auf die Ausgangslage wie auf die Endperspektiven dieses kurzen, auf

---

1) **Charlotte Bühler**, Die ersten sozialen Verhaltensweisen des Kindes. §5 Kontaktstufen. Quellen und Studien zur Jugendkunde, Heft 5. Jena 1927.

wenige Monate konzentrierten Entwicklungsdramas richten, um zu einigen entscheidenden Einsichten zu gelangen.

In der Ausgangslage, der Exposition dieses Dramas, steht die primitivste Gebärdenresonanz, wenn z. B. das zwei Monate alte Kind auf das Schreien eines anderen Kindes mit eigenem Schreien anspricht. Wie ein Radioapparat auf den Sender, könnte man sagen; doch ist es in einem wichtigen Punkt anders. Denn der ansprechende Lautapparat des Kindes produziert aus dem Fonds seiner eigenen angeborenen und bereits übungsmäßig ausgestalteten — Melodien, war ich versucht zu schreiben, man sagt aber gewöhnlich „Dispositionen" in der Psychologie. Das Kind singt nicht wie der Radioempfänger ein fremdes, sondern sein eigenes Lied, ähnlich wie die resonierende Saite ihre systembedingten Eigenschwingungen produziert. Der Unterschied ist kein radikaler, sondern eine Angelegenheit der Systemhöhe, in welcher die Steuerung erfolgt. Lassen wir ihn vorerst auf sich beruhen. Jedenfalls ist es beim Mitschreien des Kindes so: daß der Kehlkopf des mitschreienden Kindes jetzt auf faktisch fremdentsprungene Gehörseindrücke hin in Tätigkeit gerät, liegt an zwei Momenten. Es besteht erstens zwischen Hören und Produzieren eine Kohärenz, die oft greifbar auch das endogene Schreien des Kindes verlängert, d. h. über die Dauer der endogenen Triebkraft hinaus in Gang hält. Man hat sich schon mehrfach über die Natur dieser Kohärenz Gedanken gemacht. Sie ist die unentbehrliche Grundlage nicht nur für das Mitschreien, sondern auch für das spätere Nachsprechen und Nachsingen. Es gibt gute Gründe für die Annahme einer angeborenen, ich würde mit von Kries sagen: einer „strukturgesetzlich geregelten"[1]) Komponente in der Kohärenz zwischen Hören und dem Selbstproduzieren von Lauten. Eine angeborene Grundlage, die übungsmäßig differenziert und ausgestaltet wird. Für unsere Zwecke ist nur das eine wichtig, daß wir in dieser Kohärenz die erste von zwei Synapsen vor uns haben, deren Erforschung das erste Thema einer Theorie des seelischen Kontaktes bilden muß. Sagen wir in der hergebrachten Sprechweise, es sei die *senso-motorische* Synapse oder Zuordnung im Hörkontakt und sie habe ihr unentbehrliches Korrelat in einer zweiten, die man entsprechend die *moto-sensorische* nennen müßte, so sollte diese Ausdrucksweise nach

---

[1]) Der Ausdruck ist erläutert und angewendet in meinem mehrfach schon zitierten Sammelreferat über „Die Instinkte des Menschen".

unserer Stellung zur primitivsten Form des Assoziationsgedankens von vornherein vor den gröbsten Mißverständnissen geschützt sein. Wie diese Zuordnungen, diese Systemkoordinationen, im einzelnen ausgebaut, ausgestaltet sind, darüber ist noch nichts gesagt. Die Existenz der moto-sensorischen Systemzuordnung und wie durch sie der Kreislauf des Kontaktgeschehens geschlossen wird, soll später ganz klar am Tastkontakte hervortreten und dann erst für den verwickelten Hörkontakt zwischen zwei Menschen erläutert werden.

Zwischen fremdentsprungenen und selbstproduzierten Schreilauten besteht beim resonanzartig mitschreienden Kinde noch kein wesentlicher Unterschied, was ihre Auslösungskraft angeht. Das ist das zweite, was dem Tatbestand zu entnehmen ist. Das ältere Kind entwächst der Ausgangslage, daß Fremdentsprungenes genau wie Endogenes wirksam wird. Bleibt nur hinzuzufügen, daß diese Emanzipation so gut wie nie und bei keinem Menschen den Grad einer absoluten Befreiung erreicht. In Situationen des Massenkontaktes, der Massensuggestion, bleibt der Mensch sein Leben lang dem Grundgesetz der einfachen Gebärdenresonanz unterworfen. Und es gehört noch beim drei- oder sechsjährigen Kinde nicht viel dazu, um die Systembedingungen der Gebärdenansteckung herzustellen.

Doch nicht die Grenzen der Befreiung und der Restbestand, sondern die faktische Emanzipation vom primitivsten Zustand verdient in erster Linie das Interesse des Theoretikers der Einfühlung. Machen wir uns noch einmal klar, daß seelischer Kontakt mit Suggestion in einem weitesten, aber nicht gebräuchlichen Sinn des Wortes identisch ist. Zwei Menschen oder Tiere im wechselseitigen Kontakt, das bedeutet in jedem Fall, daß jeder Beteiligte das Benehmen seines Partners in irgend einem Ausmaß zu steuern vermag. Auch zwei in Kampf verstrickte Gegner steuern sich. Es ist also erstens nicht gesagt, daß die Relation auf Gleichklang der Affekte gestellt sein muß. Das Weh des Unterliegenden kann einen Triumphaffekt des Siegers auslösen usw. Ob und wie dies Weh des Besiegten im Sieger trotz seines Triumphes anklingt, mag vorerst noch offen bleiben. Wohl möglich, daß das Raubtier nichts von der Angst und dem Weh des Beutetieres in sich anklingen spürt; aber dann triumphiert es auch nicht im wahren Sinn des Wortes. Es ist zweitens nicht gesagt, daß der Auslösungsmechanismus auf die einfache Gebärdenresonanz beschränkt bliebe. Man durchdenke die Verhältnisse, wie sie zwischen Hypnotiseur und Hypnotisiertem vorliegen; der ganze Steuerungseinfluß des Hypnotiseurs kann an das Wort, die Einsprache auf den Hypnotisierten, gebunden sein. Und man stelle daneben das andere Extrem, das schlechthin wort- und gestenlose Ineinandergreifen sinnvoller Tätigkeiten in der gemeinsamen Wahrnehmungssituation, wie wir es S. 39 ff. beschrieben haben. Und doch! Es muß eine gemeinsame Grundformel für all dies gefunden werden, sonst vermag die Theorie der faktisch durchgehenden Gleichartigkeit dieser Fälle nicht gerecht zu werden. In der Phylogenese ist es anders als in der Entwicklung beim Kinde. Dort dürften die Regulationen des Benehmens in gemeinsamer Wahrnehmungssituation das primäre sein und die breite Basis bilden, aus der sich erst sekundär die Gebärdenresonanz erhebt. So will es der Kerngedanke der Darwinschen Theorie. Beim menschlichen Kinde dagegen sehen wir keine erheblichen Leistungen des sinnvollen Mitmachens in gemeinsamen Wahrnehmungssituationen, bevor die Gebärdenresonanz auftritt. Die ersten lebensnotwendigen Leistungen des Ansprechens auf all das, was die Pfleger mit dem Kinde machen, und all die Reize, die seine Sinne treffen, das Saugen in adäquater Situation u. dgl. m. sind verhältnismäßig sehr monoton und machen den Eindruck eines direkt und ziemlich starr reflexgeregelten Geschehens in den ersten Lebenswochen, bevor die Gebärdenresonanz beginnt. Die Entwicklung des Individuums eilt in diesen Dingen also rasch über das phylogenetisch erste Stadium hinweg, oder richtiger gesagt, sie setzt mit beiden nahezu gleichzeitig ein.

Die Verbalsuggestion, wie sie in Reinkultur und exzessiv gesteigert in der Hypnose vorkommt, ist in diesem Entwicklungsgang natürlich das letzte. Doch hat auch sie ihre sehr frühen Vorstadien im Kindesalter, wie uns neueste Studien über die Reaktionen des Säuglings auf die menschliche Stimme gelehrt haben[1]). Es bietet keine Schwierigkeit und wäre verlockend aber umständlich, im Sektor des Hörens theoretisch den Anfang mit dem Ende zu verknüpfen. Begnügen wir uns mit der Feststellung, daß es auch hierin Angeborenes, strukturgesetzlich geregelte Momente gibt, deren Fülle erst spät in der kindlichen Sprache voll-

---

[1]) H. Hetzer und B. Tudor-Hart, Die frühesten Reaktionen auf die menschliche Stimme. Quellen und Studien zur Jugendkunde, Heft 5, S. 107 ff.

ständig zu übersehen ist, und darüber eine breite und weitverzweigte übungsmäßige Ausgestaltung des Angeborenen. Die Lautsprache dürfte wohl (trotz aller Feinheiten der Gesichtsmimik und in anderen Richtungen als sie) den Anspruch haben, als das biegsamste und leistungsfähigste unter den menschlichen Kontaktmedien betrachtet zu werden. Doch kann uns jede Art von Suggestion als Grundlage dienen, um zwei weitere Begriffe einzuführen und damit die Überlegungen abzuschließen. Es gibt erstens eine *Kontakttiefe*. Die einfachsten Beobachtungen aus dem Alltag belehren uns darüber. Ein flüchtiges Lächeln der Heiterkeit, etwa über das komische Gebaren eines Dritten, wenn sich die Blicke von A und B, zweier einander fremder Menschen, auf der Straße oder im Eisenbahncoupé treffen, das braucht kein tiefer seelischer Kontakt zu sein. In anderen Fällen kann man sich begegnen und aneinander messen in Schichten des eigenen und fremden Wesens, die viel tiefer sind als momentane Regungen des Fühlens, Strebens und Denkens. Ich kann ringen mit einem Partner, z. B. um die Überwindung seines Geizes oder irgend eines anderen Charakterzuges oder um die Aufrechterhaltung meiner Autorität für den Partner auf dem oder jenem Gebiete. Und wo die besondere Leistungsfähigkeit des einfühlenden Erkennens gepriesen wird, ist es neben seiner angeblichen Unmittelbarkeit gerade dieses fast unbegrenzte Eindringen in das Wesen des anderen, was man hervorzuheben pflegt. Nun, an der schlichten Tatsache verschiedener Kontakttiefen ist gewiß nicht zu zweifeln; ich möchte hinzufügen, daß mir die Art, diesem Tatbestand gerecht zu werden, ein gutes Prüfungsmittel der Brauchbarkeit einer Kontakttheorie zu bieten scheint.

Nehmen wir das zweite gleich hinzu. Wo von Kampf und Sieg, und wären es auch nur Plänkeleien oder Scheingefechte, die Rede ist, da muß es auch so etwas wie *Widerstände* geben. Sollte jemand an der Realität dessen, was das Wort meint, zweifeln, so mag er sich Aufschluß darüber in der Lehre von der Hypnose oder meinethalben auch bei den Psychoanalytikern holen. Es ist wiederum klar, daß Widerstände, denen eine Beeinflussungstendenz begegnet, oberflächlich oder tiefer im Wesen des Partners begründet liegen können. Soll man nun die Kontakttiefe, etwa gerade im Hinblick auf die Tatsachen der Hypnose, nach der Schicht bestimmen, in welcher Widerstände des Partners gerade noch oder gerade nicht mehr überwunden werden können? Das wäre in mehr als einer Hinsicht inkorrekt, ein zu einfaches

Denkschema. Die Verhältnisse liegen etwas verwickelter, und gerade die verbale Suggestion ist geeignet, darüber mehrere Aufschlüsse zu bieten. Wenn A dem B einen Sachverhalt durch eine klare Darstellung einsichtig macht, sagen wir die Gültigkeit eines geometrischen Lehrsatzes, dann ist die also in B entstandene Überzeugung nach dem bestehenden Sprachgebrauch nicht als Suggestionswirkung anzusehen. Aber im Kontakte standen die beiden doch; B wurde von A geführt, und es war auch hier verbale Suggestion im Spiele. Nämlich soweit, als der Geführte am Leitseil der sprachlichen Hinweise und Anweisungen des Führers hing, nicht mehr dagegen, soweit sein Denken eigenen Impulsen folgte und von der Sache her gesteuert wurde. Darin liegen zwei Grenzbestimmungen des e n g e r e n Suggestionsbegriffes vorgezeichnet. Es wäre ein zu weitläufiges Unternehmen, diese Grenzen hier exakt zu ziehen. In tiefer Hypnose braucht der Führende kaum mehr mit störenden Eigenimpulsen des Geführten bei der Überzeugungsübertragung zu rechnen und kann sich auch weitgehend die Steuerung von der Sache her ersparen, wenn er sie nicht haben will. Er vermag auch ohne dies feste und wirksame Überzeugungen im Partner entstehen zu lassen, ähnlich wie sie in uns auch im Traume, oft auf Schaum oder im Grenzfall auf nichts mehr gebaut, entstehen.

Jeder von uns wachenden und kritikgewohnten Menschen, der als Hörer den Worten eines Sprechers Einlaß gewährt, hängt zunächst einmal in irgendeinem Grade am Leitseil des Sprechers. Und das ist im strengen Wortsinn Suggestion. Arten der Befreiung davon gibt es viele, solche die der Redner uns anträgt durch den Appell an die sachliche Steuerung und andere, die wir uns selbst schaffen können. Die Tiefe des Kontaktes, die der Redner mit uns und wir mit ihm haben, wird von zwei Seiten her zu bestimmen sein. Wir werden so tief von seinen Leitungstendenzen getroffen, als die Schicht unseres Wesens liegt, in der sie *bündig* werden; dort schafft er in uns. Und umgekehrt dringen wir in ihn ein, mit unserem Verständnis notabene zunächst betrachtet (und das ist keine Wirkungsbeziehung wie die von ihm auf uns ausgehende, wenn wir seinen Leittendenzen unterliegen), so tief meinen wir ihn als den Steuermann des Geschehens, das sich an uns vollzieht, zu verstehen, wie die Schicht liegt in seinem Wesen, in der·diese Leittendenzen unserem hinhorchenden, darauf gerichteten Erfassen *sinnvoll* werden. Dies alles ist im Prinzip zwischen einem Redner und seinen Hörern an Radioempfängern möglich. Die reale Rückwirkung von den Hörern auf den Redner in gemeinsamer Wahrnehmungssituation ist darin noch nicht beschlossen. Versteht sich auch von selbst, daß einer von beiden oder beide Partner so gut wie rein auf die Sache eingestellt sein können; dann ergeben sich wie im extrem unpersönlichen akademischen Vortrag gewisse Verkümmerungen des persönlichen Kontaktes. Man kann sich als extremen Fall ausmalen, daß beide sich fast nur noch bei der Sache begegnen, wie wenn der Sprecher nichts als ein Hindeuter und Hinleiter auf die Sache wäre. Freilich, er müßte verstummen und nur noch wie bei einem reinen Lichtbilder„vortrag" als stockhandhabender Hindeuter fungieren, um, was an ihm liegt, den persönlichen Kontakt auf dies denkbare Minimum zu reduzieren. Der Hörer ist in diesem Punkt der freiere von beiden, weil er den andringenden Worten und Sätzen beliebig elektiv den Einlaß verwehren und den Sprecher selbst wie eine tote Sprechmaschine oder wie den Autor eines mit rein sachlicher Einstellung gelesenen Buches behandeln kann. Im lebendigen Wechselgespräch dagegen wie bei jedem anderen wechselseitigen Kontakt geht sowohl die reale Suggestivwirkung wie die ideelle Verstehensbeziehung hinüber und herüber und nur die Sache, wenn es wirklich dieselbe ist, die zwischen den Partnern schwebt, bleibt einmalig und identisch für beide oder strebt danach, es zu werden.

Machen wir uns ein Schema, um das Gesagte zu verdeutlichen und festzuhalten. Es ist wie mit Sender und Empfänger in einem gekoppelten Zweiersystem; es ist wie mit der Steuerung des Geschehens im Empfänger. Im wechselseitigen Kontakt ist

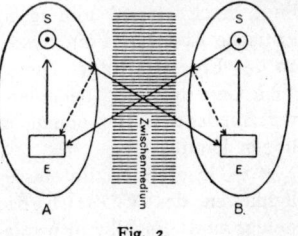

Fig. 2.

in jedem Partner ein Sender, ein Aktionssystem, und ein Empfänger in Tätigkeit. Das Besondere liegt an den inneren Synapsen, die das lebende System enthält. Ein Affekt, eine Strebung im Aktionssystem von A ergreift den Leib, kommt in Gebärden und primären Zwecktätigkeiten dieses Leibes in das Zwischenmedium von A und B. Der Empfänger in B spricht durch dies Zwischenmedium an. Aber auch der Empfänger in A spricht darauf an, weil jeder seine eigenen Körperbewegungen spürt. Und zwischen E und S in jedem Partner besteht die innere, senso-motorische

Synapse, von welcher wir ausführlich gesprochen haben. Das Neue dieser Betrachtungsweise liegt einzig und allein in dem Umstand beschlossen, daß der Begriff der *Steuerung* in das alte Modell eingeführt wird. Wir betrachten nicht Elementarwirkungen, sondern Systemsteuerungen. Und daraus entspringen greifbare Vorteile für die Theorie.

Daraus entspringt die Begreifbarkeit des Faktums, daß in E die Rückmeldungen der Eigenaktionen von den Meldungen der Fremdaktionen prinzipiell geschieden werden können, auch wenn sie demselben Sinnesgebiet angehören. Geschieden und doch wieder in Relation gesetzt; in Relation gesetzt auch dann, wenn sie verschiedenen Sinnesgebieten angehören. Davon im nächsten Abschnitt mehr. Prinzipiell begreifbar wird auch das andere Faktum, daß es eine Tiefe gibt, bis zu welcher die Suggestionswirkungen greifen. Man kann als Empfangender den Beeinflussungen des anderen in höherem oder geringerem Grade offen stehen; kann wie ein Präzisionsinstrument auf die feinsten Regungen seines Aktionssystems ansprechen oder sich für dies in höherem oder geringerem Grade unempfänglich machen. Die Tiefe dieses Offenstehens wird durch die Schicht in unserem eigenen Wesen bestimmt, in welcher bildlich gesprochen das Medium aufhört und die Steuerimpulse bündig werden. Dort liegt, noch einmal anders ausgedrückt, die entscheidende und kritische Ebene, wo ein Systemanschluß des Fremdentsprungenen an das Eigene erfolgt. Dieser Anschluß kann Resonanz, er kann auch Gegenwirkung bedeuten. Es gibt, physikalisch ausgedrückt, verschiedene Systemhöhen, in welcher diese kritische Schicht liegen kann.

3. Unser Spezialinteresse haftet an den mannigfachen Möglichkeiten des Verstehens, die in der Kontaktsituation angelegt sind. Es gibt prinzipiell drei, und nur drei Stellen, wo das Verstehen eines Kontaktpartners einsetzen kann. Ich (A) verstehe meinen Partner (B) entweder erstens von den Steuerwirkungen aus, die ich von ihm her erfahre und an mir wahrnehme. Oder zweitens von den Steuereinwirkungen aus, die ich an ihm vollziehe und an ihm wahrnehme. Wenn außerdem eine Sache zwischen uns schwebt, an der sich außer mir auch B betätigt, so kann mir drittens diese Sache zum objektiven Gebilde werden, von der aus ich den B verstehe. Wir wollen und brauchen das Schema nicht weiter zu komplizieren. Der eine Begriff Sache steht uns für vieles. Überflüssig zu sagen, daß es eine Person

sein kann, ein C, was zwischen zwei menschlichen Kontaktpartnern schwebt, und daß aus dem faktischen Dreierkontakt nicht nur neue Formen der Harmonie und des Konfliktes, sondern auch besondere Möglichkeiten des Verstehens für jeden der drei Partner entspringen. Wenn der ominöse Dritte dem A zum ersten Mal persönlich begegnet, beginnt A auch im Kontakt mit B manches anders und besser (oder schlechter) zu verstehen.

Dem psychologischen Theoretiker wird dies personale Dreieck ebenso interessant sein und ebenso viele Schwierigkeiten bereiten wie das Dreikörperproblem dem Physiker. Lassen wir uns durch das Vorkommen des personalen Dreiersystems nicht von Anfang an das Konzept verderben. Einfacheres muß erledigt sein, bevor man es in Angriff nimmt. Und mit dem Begriff der Sache, soweit gefaßt wie der Jurist z. B. in der Redewendung „in Sachen des . . . ." den Terminus gebraucht, Sache = Sachverhalt und Angelegenheit, Affaire, ist die Intervention von C im wesentlichen mitzutreffen, was die Möglichkeiten des Verstehens angeht.

Die Steuerung von B her erfaßt A in der inneren Wahrnehmung, die von ihm an B geübte an dessen Benehmen, also in der äußeren Wahrnehmung. Das ist das Paradigma. Es ist jedoch nicht ausgeschlossen, daß mir dies und das vom Einfluß eines anderen auf mich erst nachträglich an der Veränderung meines eigenen Benehmens auffällt, und zwar durch die Sinne, mit denen ich meinen Körper und seine Bewegungen wahrnehme. Meinen eigenen Einfluß auf den Partner dagegen kann ich einzig und allein an seinem Benehmen ersehen, erhören, ertasten. Und doch sieht dieses Erfassen, psychologisch gesehen, ein wenig anders aus, als der leicht zu einfachen Abstraktionen neigende Logiker vielfach erwartet hat. Die Diskussion zwischen S c h e l e r und seinen Kritikern ist in diesem Punkte restlos zu einer Entscheidung reif.

Die Alternative, ob ich als Verstehender die Erlebnisse im Kontaktpartner w a h r n e h m e oder per analogiam e r s c h l i e ß e, ist, psychologisch genommen, unscharf und unbrauchbar. Wie ist es, wenn ich aktiv leblose Dinge abtaste, um deren W e i c h h e i t, Härte und E l a s t i z i t ä t oder R a u h i g k e i t und G l ä t t e oder beim Abwiegen auf der Hand die S c h w e r e zu prüfen? Gibt es „Wahrnehmungen" dieser Eigenschaften oder nicht? Es wäre gegen den Sprachgebrauch „nein" zu sagen. Und doch geht auch in diese Wahrnehmungen jenes charakteristische Doppelgeschehen ein, das wir an unserem zweipoligen System beschrieben haben. Meine tastende Hand *verspürt* die Elastizität doch nur in dem Wechselspiel von bewegendem Druck und bewegtem Gegendruck, das sich hin und her zwischen ihr und dem geprüften Dinge vollzieht. Halten wir den Ausdruck „verspüren" als terminus technicus fest. Er trifft in seiner Vorsilbe *ver-,* die nach Auffassung der Etymologen ähnlich wie in *ver*-stehen mit dem griechischen περί (um, herum) verwandt ist, ungefähr so wie das *ab-* in „abtasten" oder das *be-* in „begreifen" die Komplexität der Tätigkeit und das Moment der Aktivität, das in ihr beschlossen ist. Der Verstehende ist aktiv, er streckt seine Fühler aus und die Fühler begegnen einer fremden Aktivität. Die Gegenaktionen meines lebenden Partners, die ich tastend etwa im Handgemenge verspüre, sind etwas komplizierter, kapriziöser, wenn man so will, als das einfache Zurückschnellen des elastischen Körpers, wenn ich mit dem Druck nachlasse. Aber *verspüren* werde ich das eine wie das andere.

Ein besonderes Geheimnis liegt darin nur für jene Theoretiker, welche in ihrer Analyse der Wahrnehmung Zusammengehöriges auseinanderreißen. Wenn ich ein Ding beklopfe, um an den Tönen, die ich erhalte, ihm dies und das von seinen Eigenschaften abzulauschen, wenn ich ein Ding in der Hand drehe und wende, um ihm von mehreren Seiten und in der besten Beleuchtung dies und das abzusehen, verfahre ich im Prinzip genau so wie mit der aktiv tastenden Hand. Ich greife ein, um am Erfolg zu erfassen, was mich interessiert. Daß dies Eingreifen im seelischen Kontakt weniger massiv zu geschehen pflegt, ändert nichts an der theoretischen Formel. Wo es im Grenzfall nur darauf ankommt, zu bestimmen, ob der Partner überhaupt anspricht auf meine Bemühungen oder nicht, halte ich mich an das Merkmal der Kovarianz. Darüber hinaus verspüre ich Eigenschaften meines Partners an den Modifikationen seines Ansprechens. Ich verspüre seine Schmiegsamkeit oder Sprödigkeit, Unbeholfenheit oder Gewandtheit, Temperaments- und Willenseigenschaften, systemniedere und systemhöhere Züge seines Wesens im Prinzip genau so, wie ich mit der aktiv tastenden Hand die Elastizität und tausend andere Eigenschaften der Dinge verspüre. Der Psychologe darf sich nicht irre führen lassen durch eine völlig unangebrachte Scheu vor der angeblichen Komplexität dieser Verhältnisse. Für den Erlebenden, für den einigermaßen gewandten Versteher, sind sie genau so einfach wie das Essen und

Trinken. Die Theorie schmiegt sich dem Tatbestande an, indem sie mit der Analyse nicht bis zu jeder Muskelzuckung vordringt und darauf wartet, bis ein unendlicher Verstand das also Zerfaserte wieder integriert hat, sondern den Begriff der gegenseitigen Steuerung des Benehmens und Erlebens ansetzt.

Man darf weiter in der Wahrnehmungslehre nie vergessen, daß schon die einfachsten Qualitäten, wie „rot" und „warm" nicht für sich selbst, sondern als Anzeichen für etwas anderes zu fungieren pflegen. Als Anzeichen für Eigenschaften der wahrgenommenen Dinge und Ereignisse. Anders wird dem nur in dem einigermaßen problematischen Grenzfall, wo man das Ansich dieser Qualitäten in der Wahrnehmung zu bestimmen versucht. Ist aber die Zeichenfunktion einmal da, so macht es prinzipiell keinen Unterschied mehr aus, ob die Röte der Kirsche als Anzeichen ihres süßen Geschmacks oder die Rötung einer menschlichen Wange als Anzeichen eines schämig-schüchternen Benehmens fungiert. Täuschen kann man sich natürlich in beiden Fällen wie überall sonst, wo man sich auf Anzeichen verläßt. Vorsichtige und Kenner halten sich an die bewährte Regel, daß die Sicherheit wächst, wo die Anzeichen für ein und dasselbe sich mehren; eine Schwalbe, so pflegt man zu sagen, bringt noch nicht den Frühling. Die Alternative, ob im konkreten Fall „Wahrnehmung" oder „Analogieschluß" des Kontaktverstehens vorliegt, wäre demnach verfehlt, weil es Wahrnehmungen frei von jeder Zeichenfunktion der Sinnesdaten, nur in einem für das gewöhnliche Leben gänzlich unwichtigen Grenzfall geben kann. Das zweite Glied der Alternative umfaßt bei der versuchten Teilung ganz unbrüderlich nahezu das Ganze. Es muß freilich sofort hinzugefügt werden, daß gerade der Restbestand, von dem wir sprechen, jenes Ansich der empfundenen Qualitäten, für die endgültige Erledigung der erkenntnistheoretischen Probleme des Kontaktverstehens von größter Wichtigkeit ist. Doch davon erst später.

Es ist nicht alles an Erläuterungen, Zusätzen, Ausführungen, was wünschenswert wäre, auf einmal und in der hier gebotenen Kürze zu erledigen. Denken wir zunächst an zwei extreme Fälle. Ist es, wie in den tiefen Stadien der Hypnose, daß der Führende vom Partner her so gut wie keinen Widerstand mehr erfährt, dann wäre an sich die Gelegenheit günstig, die Steuerwirkungen drüben in reiner Form zu studieren. Doch die einfachste Überlegung zeigt, daß dabei an Erkenntnissen über den Partner so gut wie nichts herauskommen kann. Sein Benehmen wäre im Grenzfall ein reines Echo der Aktionen des Hypnotiseurs; der Hypnotiseur könnte im Partner nur noch, wie in einem mehr oder minder reinen Spiegel Züge seines eigenen Wesens finden. **Nur am Widerstand und den Eigenaktionen des Partners** erfahren wir etwas Wichtiges über seine Seele. Die Technik des sogenannten einfühlenden Verstehens bevorzugt darum in der Regel den anderen Grenzfall, daß der Beobachter sich selbst zum möglichst reinen Rezeptor macht. Nicht indem er sich hypnotisieren läßt vom Partner. Kann sein, daß der also abgehorchte Partner überhaupt nichts weiß und ahnt von dem (einseitigen) Kontakt, geschweige, daß er selbst einen Suggestionswillen hätte; der kann einseitig im mitmachenden Beobachter liegen. Dieser aber läßt sich nicht hypnotisieren, weil er sonst die Beobachterfähigkeit einbüßte oder doch stark getrübt erhielte. Noch mehr. Der Beobachter vermag sich sogar als geübter Techniker seines Verfahrens vom Suggestionseinfluß auf seine eigenen „Ernsterlebnisse", wie man sie kurz genannt hat, nahezu vollständig frei zu halten. Kann sein z. B., daß sich der Beobachter in das Leid des Partners einfühlt und doch nicht mitleidet, sondern affektiv neutral bleibt oder mit eigenem ganz andersartigem Ernstaffekt darauf reagiert. Das für die Beobachtungsabsichten Günstigste ist wohl in der Regel die Neutralität.

Und doch liegen die Dinge so, daß in irgendeiner Modifikation vom Beobachter mit- oder nacherlebt wird. Derart, daß er z. B., wenns darauf ankäme, dies und das von dem Geschehen drüben aus eigenem vorauszusagen, abgebrochene Ketten fortzusetzen, das Wort im Sinne seines Partners zu ergreifen vermöchte. Wir stehen beim Schauspieler vor demselben Problem in anderer Fassung: wie es möglich ist, unter weitgehender Wahrung des eigenen zum Schauplatz und Resonator fremden Erlebens zu werden. Beim Schauspieler (eines bestimmten Types) ist es so, daß er weitgehend innerlich unberührt den dargestellten Helden körperlich aus sich sprechen läßt, daß er jenem seinen Körper und von der Seele nur, was notwendig dazugehört, einen Schauplatz von Scheinerlebnissen als Medium leihen kann. Beim einfühlenden Beobachter ist es so, daß in seiner Seele eine Bühne für die Wirkungen vom Partner her errichtet ist, ein Schauplatz für jene Scheinerlebnisse, auf die der Beobachter seine Erkenntnis- und Deutungsabsichten wie auf etwas Fremdes zu richten vermag. So merkwürdig und rätselhaft dies alles klingen mag, wir können die Tatsachen im ersten theoretischen Ansatz und im abstraktiv gereinigten Modell kaum anders, als es hier in Übereinstimmung mit der unbefangenen Aussage guter Techniker in diesen Dingen und vorurteilsloser Theoretiker geschehen ist, beschreiben. Alles unbeschadet und mit dem Vorbehalt der Modifikationen, Verwicklungen, Umzeichnungen, die immer mit dem Schritt vom konstruktiv gewonnenen Modell zur reicheren und mit weniger scharfen Grenzlinien versehenen Wirklichkeit verbunden sind.

4. Wir wollen nicht achtlos an dem erkenntnistheoretischen Zentralproblem vorbeigehen. Es ist uns gegeben „Du" zu sagen, und der Verstehende im seelischen Kontakte meint unbefangen durch das Medium des fremden Benehmens hindurch duhafte Erlebnisse und seelische Eigenschaften des Partners zu verspüren. Scheler hat kühne philosophische Überlegungen an dies Faktum gewendet. Vielleicht hat er in vielen Punkten recht. Vor allem würde ich die Korrelation von Ich und Du unterstreichen und die Annahme machen, das Ich und Du seien Kategorien, die man im Wirklichkeitsdenken vorfindet wie andere Kategorien und als konstitutive Momente, nicht Produkte dieses Denkens betrachten muß. Wenn Schelers Robinson ein mit Erbanlagen für soziales Verhalten ausgestattetes Wesen ist, wird er in der Tat sein Ich nur in Korrelation zu einem Du finden können. Und wäre dies Du auch nur an ein Tier oder an einen Stein zu heften. Es wäre ungerechtfertigt, zu behaupten, der Weg zum Du müsse einen Analogieschluß enthalten. Wir sind in diesen letzten erkenntnistheoretischen Fragen noch so weit hinter dem für die mathematischen Naturwissenschaften Geleisteten zurück, daß man jeden Vorstoß philosophischen Denkens, der Niveau hat, sorgsam beachten und aufgreifen muß. Und Niveau hat der Schelersche Versuch. Doch muß die Kategorienfrage getrennt werden von den psychogenetischen Überlegungen. Schelers Ansatz: „Es gibt phänomenologisch ursprünglich gar kein psychisches Ich und Du. Es gibt nur einen indifferenten Strom kontinuierlichen seelischen Totalgeschehens" — hat eine fast durchgehend ablehnende Kritik erfahren. Der eine oder andere Kritiker mag das Beiwort „phänomenologisch" vor „ursprünglich" übersehen haben; ich muß für mich gestehen, daß ich auch mit einem phänomenologisch ursprünglichen Totalgeschehen im Sinne Schelers nur dann etwas rechtes anzufangen wüßte, wenn von ihm im Aspekt des Be-

nehmens gesprochen würde. Wenn Scheler diese Änderung seiner Lehre gut heißt, stehe ich auf seiner Seite. Wir brauchen das Ich und das Du nicht, um die ersten Schritte in der Tierpsychologie zu machen, um die ersten Ansätze zu einer Theorie des sozialen Verhaltens der niederen Tiere zu'gewinnen. Dann aber sprechen wir nicht von Erlebnissen, sondern nur von dem *Benehmen* und halten uns an das Faktum einer gegenseitigen Steuerung dieses Benehmens. Wir haben dann zwar noch eine Unbekannte in unserer Rechnung, die Steuerungszentrale in jedem Kontaktpartner, können uns aber eines Urteils darüber enthalten, ob dort schon so etwas wie die Scheidung von Ich und Du im Zumutesein angenommen werden muß. Wenn ich recht sehe, wäre dies für Scheler eine Wendung, um all seinen Gegnern zunächst einmal den Wind aus den Segeln zu nehmen.

Irgendwo im System der Psychologie wird dann freilich die psychogenetische Frage nach dem Ich- und Dumoment des Erlebens akut werden. Wir brauchen das Ich und das Du, um den Erlebnisaspekt der Psychologie zu konstituieren. Wollte man sich hier am Anfang mit dem Ich und einem streng solipsistischen Koordinatensystem begnügen, dann wäre schlechterdings nicht abzusehen, wie man daraus je zu einem Du durch Ableitungen gelangen sollte. Die Aufforderung an das menschliche Kind im Alter von wenigen Lebenswochen, zuerst sich selbst noch einmal zu setzen und dann in dem Spiegelwesen nicht mehr ganz das Ausgangsich, sondern ein Du zu sehen, erinnert, auch wenn man sie mit dem größten Wohlwollen betrachtet, doch einigermaßen an die verzweifeltsten philosophischen Ursprungsspekulationen auf dem Gebiete der Metaphysik. Nein, aus einem streng solipsistischen Koordinatensystem kommt weder der Erlebnispsychologe noch der Erkenntnistheoretiker, der es ansetzt, aus eigenen Mitteln je wieder heraus. Die Beobachtungen am Kinde rechtfertigen den Ansatz auch gar nicht. Greifen wir noch einmal auf früher Gesagtes zurück. Die primitive, unmittelbare Gebärdenresonanz des Zweimonatskindes, das Mitschreien, und darin der Umstand, daß fremdentsprungene und selbstproduzierte Schreilaute denselben hörbaren Erfolg haben, ist ein Faktum, das man mit jeder wünschenswerten Genauigkeit feststellen kann. Ebenso das zweite Faktum, daß mit dem Fortschritt zu reicheren Kontaktwirkungen eine Differenzierung zwischen Selbstproduziertem und Fremdentsprungenem stattfindet. Hier mag die Überlegung einsetzen, ob diesem Fortschritt etwa eine Erlebnisdifferenzierung, eine erste Scheidung von Mein und Dein entspricht. Das wäre dann aber kaum mehr als eine erste Kerbe an der Stelle, wo später in wiederholten Schüben eine immer tiefere Einschnürung und später in der Pubertätszeit erst jene tiefste Isolierung stattfindet, die vorausgehen muß, wenn es zum tiefen Erlebnis einer Begegnung mit dem Du kommen soll.

Die schwierigste psychogenetische Frage bleibt immer: Was war vorher, ganz am Anfang? Ich neige zu der Auffassung, daß in dem sehr primitiven Zumutesein, welches man dem Neugeborenen etwa zuschreiben mag, all das, was wir später aus ihm hervorgehen sehen, die Scheidung von Ich und Du und die Scheidung von Ich und Gegenstand, das intentionale Moment im Gegensatz zur Ichgetragenheit der Erlebnisse, irgendwie schon angelegt sein dürfte. Wir wissen nicht, warum und wie das Erleben aufkommt; es ist theoretisch einfacher, das Aufgekommene, ähnlich wie man dies in der ebenso dunklen Frage nach dem Ursprung des Lebens zu tun pflegt, gleich mit gewissen Hauptpotenzen auszustatten. Und dazu dürfte die doppelte Antithesis von Ich und Du, Ich und Gegenstand gehören.

Ein letztes Wort zu diesen philosophischen Fragen nach der Konstituierung der Erlebnisse und des Erlebnisaspektes in der Psychologie. Wir meinen im seelischen Kontakte das Du zu spüren, als Aktionsquelle, als Steuermann, als Sender der Einflüsse auf unser Eigenerleben. Und wir glauben es zu verspüren an der Eigenwilligkeit des fremden Benehmens, soweit es sich den von uns ausgehenden Leitungstendenzen entzieht. Es ist Sache der wissenschaftlichen Abstraktion, daß man beides unterscheidet; de facto sind Erlebnis- und Benehmensaspekt in diesem Punkte unaufhebbar verflochten. Ein Rätsel, wenn man so will, aber eines, das uns die Tatsachen aufgeben; es ist ebenso in der aktiven Tastwahrnehmung der Elastizität wie in der Wahrnehmung des Du enthalten. Man hat nun über das Kategorienproblem von Ich und Du hinaus die Frage gestellt: Woher nimmt der Verstehende die spezielleren Prädikate, mit denen er im Einzelfall das Du ausstattet? Herbart hätte gefragt: Woher die Apperzeptionsmasse? Wir drücken uns etwas weniger massiv aus und nennen es etwa das Deutungsgerät. Es ist nichts als eine Selbstverständlichkeit, wenn man betont, dieses Deutungsgerät liege uns ausgereiften Menschen im Dispositionsbesitze bereit oder müsse im Notfall aus anderem Bereitliegenden herstellbar sein, wenn in concreto ein Verstehen möglich sein soll. In diesem Punkte ist die

Selbstwahrnehmung und die Sinneswahrnehmung an toten Dingen prinzipiell nicht anders gestellt wie die Duwahrnehmung. Daß man mit besserem Deutungsgerät Besseres, Feineres, Exakteres erzielt als mit unzulänglichem, ist eine Weisheit, die ihre Parallelen hat, etwa in der Erkenntnis, daß man mit dem gewöhnlichen photographischen Apparat keine getönten Farben als solche aufnehmen kann. Die Auflösung von spezifischen Schwierigkeiten, die Beantwortung von Grenzfragen des einfühlenden Verstehens gehört nicht zu unserem Thema. Wir werden im § 12 einiges mit Freyer über das Verstehen der Gebilde des objektiven Geistes zu sagen haben, was naturgemäß auch hierher gehört.

5. Wie ist es mit der *Tiefe* des Verstehens? Eine böhmische Köchin erhebt den Anspruch, die Gärung des Hefeteiges besser wie andere Menschen zu verstehen, und der Gärungschemiker macht ihr diesen Anspruch streitig. Ein Kammerdiener behauptet, niemand sei so tief in die Seele seines Herrn eingedrungen wie er, und der Historiker quittiert mit einem verzeihenden Lächeln. Mit Recht in beiden Fällen natürlich. Aber genau besehen sprechen die Wissenschaftler doch von etwas anderem wie jene schlichten Leute. Die theoretisch vertieften Struktureinsichten und Kausalerkenntnisse, worin der Wissenschaftler den Laien übertrifft, stehen auf einem anderen Blatte. Die Intimität des Mitmachens, Ansprechens, Antwortens und Gegenhandelns in konkreten Kontaktsituationen öffnet dem Verstehen eine eigene Tiefe, wohin der wissenschaftliche Begriffsapparat nicht überall mit hingelangt. Man stelle den Dichter oder eine geistig gewachsene Frau an den Beobachtungsort des Kammerdieners und die Dinge werden ein anderes Gesicht annehmen. Sie werden es, weil nun das adäquate Deutungsgerät mitgesetzt ist. Wenn immer noch der Dichter und die Frau es anders machen, andere Bilder von dem Helden entwerfen als der Historiker, so kann das an den Endzielen und am Horizont der Beteiligten gelegen sein. Das Endziel und der Horizont der Psychologie als Wissenschaft müssen so beschaffen sein, daß alle richtigen Aussagen über die reale Persönlichkeit des Helden, gleichviel von wem sie und wie sie gewonnen sind, ein Maß als richtig und eine Systemstelle in der psychologischen Wissenschaft erhalten. Nicht weniger, aber auch nicht mehr darf man von der Psychologie erwarten; z. B. keinen Ersatz für die Bilder des Dichters, der Frau, des Historikers. Es gibt vermutlich unaufhebbare Unterschiede zwischen diesen unter sich auch dort, wo einmal der Dichter ausnahmsweise

mit dem Historiker an wirklicher oder vermeintlicher historischer
Treue wetteifert, wie Bernard Shaw in seiner Heiligen Johanna.
Dann bleibt die Psychologie als Wissenschaft wie immer hors
de concours. Sie hat über gar nichts anderes als über die Mög -
lichkeit der Bilder im Ganzen und in ihren einzelnen Zügen
und außerdem noch in einem spezifischen Sinn des Wortes über
die innere Wahrscheinlichkeit der Bilder im Ganzen und ihrer
einzelnen Züge Rechenschaft zu geben. Es wird vorkommen, daß
ein Unmöglichkeitsurteil der Psychologie dieselbe Würde erreicht
wie die Ablehnung des perpetuum mobile durch die Physik; in
anderen Fällen muß sie sich mit geringerer Wahrscheinlichkeit
begnügen. Eine Wahrscheinlichkeit hohen Grades würde ich
z. B. dem psychologischen Urteil Eduard Meyers, von dem
unten S. 158 ff. die Rede ist, zusprechen: einen Staatsmann wie
Mommsens Cäsar gibt es nicht. Analoge Erkenntnisse werden
in Fülle aus der fortschreitenden Typenforschung, z. B. auch aus
Sprangers „Lebensformen", wenn sie verifiziert sind, fließen.

Das Kontaktverstehen überhaupt und seine Tiefe im Besonderen interessiert den Psychologen als Faktum und als Erkenntnisquelle. Das Faktum hat seinen systematischen Ort an zwei
Stellen, erstens im Bereich der Suggestion und zweitens im Bereich der Wahrnehmungstatsachen überhaupt. Die Suggestions-
tiefe wird durch das Merkmal der Wirkungsbündigkeit, ungefähr
so, wie wir es S. 91 ff. versucht haben, eindeutig zu definieren sein.
Wie steht es mit der Wahrnehmungstiefe? Das Analogon
zur Wirkungsbündigkeit der Suggestion ist die *Sinn*bündigkeit
des in der Wahrnehmung Erfaßten. Es ist eine interessante, aber hier nicht zu entscheidende Frage, ob es irgendeine Wahrnehmung ohne ein Minimum von Sinngehalt geben
kann; wenn ich den einfachsten Sinngehalt wie 'süß' oder 'rot' im
System meiner Wirklichkeitserkenntnisse als Zeichen, als Anzeichen interpretiere, indem ich konstatiere: Das beachtete Etwas,
das Ding ist süß oder rot, so ist damit genau besehen schon ein
erster Sinngehalt der Wahrnehmung gegeben. Die Verhältnisse werden verwickelter, wo und wie immer in der Wahrnehmung selbst eine sichtbare Ordnung einfachster Sinngehalte auftritt. Wo und wie immer die Ordnung der Anzeichen für eine
Ordnung des Angezeigten hingenommen, erfaßt wird. Das ist
es, was wir in der weitesten Bedeutung des Wortes mit 'Sinnbündigkeit' meinen. Das Gesicht meines Kontaktpartners wird erst
flammend rot dann kreidebleich — der Farbwechsel vollzieht

sich im Bereich meiner Sinnesdaten und steht mir, dem Verstehenden als Anzeichen für einen Affektverlauf im Du. Mein Verstehen greift so tief in das Wesen des Partners als die Schicht, die Ordnung des Angezeigten gelegen ist, zu der die Bündigkeit gehört. Ob meine Deutung richtig oder unrichtig ist, steht auf einem andern Blatt; vielleicht habe ich einen geschickten Schauspieler vor mir, oder einen Herzkranken und ich greife mit der Deutung daneben. Dann wird es im weiteren Verlauf der Ereignisse, wenn anders ich ein guter Techniker des Kontaktverfahrens bin, mit jener vermeintlichen Bündigkeit des Angezeigten bald zu Ende sein. Jedenfalls befand ich mich mit meiner Deutung da oder dort, ich griff mit ihr und glaubte richtig zu ergreifen diese oder jene Schicht im Wesen meines Partners. Und die Lage dieser Schicht ist es, nach der wir die Tiefe des Verstehens zu bestimmen haben.

Weiter und weiter ab von der Ordnung der Sinnesdaten, die als Anzeichen fungieren, liegen Ordnungen des Geschehens, die wir wie Medien durchblicken, zu durchblicken meinen, um an derjenigen Ordnung einen Halt für den deutenden Blick zu finden, wo das Angezeigte bündig wird, bündig zu werden scheint. Tiefe ist kein Wert- und kein Wahrheitsprädikat für den Theoretiker des Kontaktverstehens; es ist nicht einmal gesagt, daß die Tiefe wachsen muß mit der Vervollkommnung der Technik, der Kunst des Kontaktverstehens. Es kann unter Umständen eine größere Kunst sein, früher Halt zu machen und die wahre Bündigkeit des Angezeigten in Oberflächenschichten des Kontaktpartners zu erfassen. Es gehört z. B. mit zu den schwierigsten und subtilsten Leistungen eines Beobachters, die Ebene zu finden, in welcher die Ausdrucksbewegungen des Schauspielers und neben ihnen alle anderen Arten der gemachten, der „unechten", der stilisierten und der auf Täuschung, auf den Schein als solchen angelegten Ausdrücke, wahrhaft bündig werden. Und das ist durchaus nicht immer die Tiefe der Seele.

6. Es wäre möglich, rein vom Kontaktverstehen aus, unter Vorbehalt der natürlichen Erweiterungen, die sich im Fortgang ergeben mögen, ein Wissenschaftsideal aufzustellen, das den Namen *verstehende Psychologie* für sich in Anspruch nehmen könnte. Das „Beobachtungen voraussagen" ist ja doch eine beliebte Formel positivistischer Wissenschaftstheoretiker. Also mache man es der Psychologie zur Aufgabe, das hier geübte Erkenntnisverfahren zur Höhe und zum System einer Wissenschaft zu

führen. Vielleicht hat gerade diese Denkweise vielen Psychiatern von heute, die das möglichst weitgehende Einfühlen in die abnormen Seelenzustände ihrer Kranken erstreben, die Parole einer verstehenden Psychologie besonders empfohlen; vielleicht wertet mancher die Technik des Miterlebens auch deshalb so hoch, weil er darin eine ähnliche Erkenntnishilfe wie in dem Nachzeichnen eines körperlichen Objektes auf dem Papier oder dem Nachkonstruieren einer Maschine im Modell erblickt. Ich glaube, dies letztere kann man nur von einer interpretierenden und darstellenden Wiedergabe, wie sie z. B. der schaffende Schauspieler erstrebt, nicht aber von dem viel einfacheren, resonanzartigen Miterleben erwarten. Aber wie dem auch sei, ich glaube, man kann beweisen, daß dies Wissenschaftsideal bei konsequenter Verfolgung ganz von selbst sich aufspalten und in die Bahnen teils der Erlebnispsychologie, teils des Behaviorismus einmünden müßte. Geübte Techniker des Verfahrens mögen in komplexen Fällen, z. B. einem psychisch Erkrankten gegenüber, wechselnde Einfühlungen ausprobieren, ungefähr so, wie ein Klavierspieler zu einem gesungenen Lied die Tonart und passende Begleitung durch probierende Griffe auf seinem Instrument aufsucht, bis der Einklang erzielt ist. Was ist damit erreicht? Für die Kunst der raschen Diagnose vielleicht recht viel, wenn anders der Diagnostiker nach erzieltem Einklang aus dem Fonds seiner Kenntnisse den vorliegenden Fall in die theoretisch bereits geklärten Formen einordnen kann. Für die psychologische Theorie dagegen noch sehr wenig. Der Forscher mag einen nacherlebten Verlauf für sich nun als fixiert und wiederholbar betrachten. Das ist eine Angelegenheit des ersten Aufnahmeverfahrens, oder, wenn man so will, eines Transformierungsverfahrens, da das Fremde nun in das Eigentum des Beobachters übergegangen ist. Die naturwissenschaftliche Experimentiertechnik kennt ungezählte Analoga dazu, wenn sie z. B. akustische Phänomene ins Optische übersetzt, um sie bequem fixieren zu können. Der einfühlende Beobachter schaltet sozusagen sich selbst als Aufnahmeapparat ein. Die entscheidenden Feststellungen bleiben ihm danach ebensowenig erspart wie dem Physiker die Analyse der optisch aufgenommenen Schallwellen. Die Aufgabe, ein fremdes Erleben oder ein fremdes Benehmen zu begreifen, wird durch die Einfühlung zum Teil in eine Aufgabe der Selbsterkenntnis transformiert, zum anderen Teil bleibt sie im Benehmensaspekt bestehen. Das Transformieren kann methodisch vom höchsten Werte sein, allein es steht am Anfang, nicht am Ende der psychologischen Forschung. In all dem stimme ich, wie gesagt, mit Spranger überein. Die Forschung des Psychologen erhebt sich nach ihm vom einfühlenden Verstehen zu Struktureinsichten; nur daß sie darin ihre Erfüllung findet, kann ich nicht zugeben.

Wo es gelingt, solche Strukturen, sei es an der Erlebens- oder der Benehmenskomponente des seelischen Kontaktes, zu erfassen, werden Modelle gewonnen, und wo es gelingt, Modelle am hic et nunc eintretenden Kontakt zu prüfen, wird der psychologischen Induktion ein Dienst geleistet. Es gilt, wie überall, diese beiden Schritte der Wirklichkeitsforschung theoretisch zu unterscheiden und praktisch zu vereinigen. Niemand vermag heute vorauszusagen, ob und wie es einmal gelingen könnte, die im seelischen Kontakt angelegten Erkenntnismöglichkeiten in der einen oder anderen Richtung in exakten Methoden auszuschöpfen. Was bis heute vorliegt, hat eine umsichtige und gründliche Würdigung und Kritik durch Roffenstein erfahren und soll hier nicht noch einmal durchgesprochen werden.

§ 10. Über Struktureinsichten und den Physikalismus in der Psychologie.

Dilthey schrieb in seiner Abhandlung von 1894: „Alles psychologische Denken behält diesen Grundzug, daß das Auffassen des Ganzen die Interpretation des Einzelnen ermöglicht und bestimmt." „An der lebendigen Totalität des Bewußtseins, an dem Zusammenhange seiner Funktionen, an der durch Abstraktion gefundenen **Einsicht von den allgemein gültigen Formen und Verbindungen** [von mir gesperrt] dieses Zusammenhanges besitzt die Analysis den Hintergrund aller ihrer Operationen." Wer diese Idee und Position als den historischen Quellpunkt des Strukturgedankens in der modernen Psychologie betrachtet, sollte darüber nicht vergessen, daß die philosophia perennis einen historischen „Hintergrund" von zwei Tausend Jahren bildet, vor dem sich bis heute alle säkularen Wendungen bei der Konstitution der Einzelwissenschaften abgespielt haben. War etwas falsch, schief oder unzulänglich in den Grundlagen der Psychologie und Dilthey berufen, es zurechtzurücken, dann ist von vornherein wahrscheinlich, daß das Neue, was er bringen konnte, dem Gehalte nach mit einer alten philosophischen Idee verwandt war. Und so ist es auch. Bleibt nur zu entscheiden, ob man sich bei der Interpretation und dem Ausbau seiner noch schillernden Konzeption mehr an Platon oder an Aristoteles erinnern will. „Einsicht in eine Welt allgemein gültiger Formen" das klingt nach platonischer Ideenschau, während im ersten Satz das Ganze seine Glieder trägt und bestimmt im Sinne des Aristoteles.

Nichts liegt dieser Anmerkung ferner als die sterile Einfächerungssucht eines Antiquitätenkrämers. Sie ist vielmehr getragen von Hochachtung vor dem Seherblick Diltheys und prospektiv gerichtet. Wenn uns Jahrhunderte vorgedacht haben, was im Zuge des platonischen und im Zuge des aristotelischen Ansatzes an Entwicklungsmöglichkeiten beschlossen ist, dann wäre es töricht, diese Vorarbeit bei der erneuten philosophischen Besinnung auf die Grundlagen unserer Wissenschaft in den Wind zu schlagen. Mehr als formale Richtlinien und Hilfen der Begriffsklärung dürfen wir freilich nicht erwarten. Die sachliche Rechtfertigung und fruchtbare Einführung des Strukturgedankens in eine moderne Wissenschaft ist unsere eigene Angelegenheit. Die Dinge liegen heute so, daß die Ganzheitsidee in der Biologie ihre natürliche Wahlverwandtschaft mit der Formel des Aristoteles bewährt. In der geisteswissenschaftlichen Psychologie dagegen ist der Strukturgedanke meistens platonisch gedacht. Im Bereich des Erlebnisaspektes stehen beide Auffassungen noch ungeklärt nebeneinander. Ich beginne mit dem Einschlag des platonischen Denkens.

1. Stumpf hat ein besonderes Gebiet wissenschaftlicher Untersuchungen als „Eidologie" abgegrenzt. „Der Name mag und soll an die platonische Ideenlehre erinnern. Die Untersuchungen decken sich in der Tat mit denen, die Platon im Sinne hatte und in Angriff nahm, wenngleich nicht mit seinen metaphysischen Folgerungen"[1]). Ein Beispiel: „Der innere Nexus eines logischen Schlusses ist lediglich bedingt durch den Inhalt der Prämissen und des Schlußsatzes. Die Schlußregeln sind nicht Kausalgesetze der Entstehung und Aufeinanderfolge von Urteilsakten, sondern *Strukturgesetze von Sachverhalten*" (das letzte von mir hervorgehoben). In der Tat, die ganze Logik die ganze Mathematik zielen auf derartige Struktureinsichten ab. Ein Strukturgesetz des ebenen, geradlinigen Dreiecks ist z. B. der Satz, daß die Summe seiner Innenwinkel 180^0 beträgt. Er bestimmt das Verhältnis eines (ideellen) Ganzen zu seinen kon-

---
[1]) C. Stumpf, Zur Einteilung der Wissenschaften. Abh. der Berl. Akad. d. Wiss., 1906, S. 33.

stitutiven Momenten und ist, wie alle echten Strukturgesetze, einsichtig zu machen. Daraus allein, wie aus jedem anderen Beispiel, wäre alles, was über die Eidologie zu sagen ist, abstraktiv zu entnehmen. Wo immer es eine derartige innere Bündigkeit an Ganzheiten gibt, werden Struktureinsichten möglich sein, z. B. auch im Bereich der ästhetischen Gebilde: bündige Kunstwerke unterstehen Strukturgesetzen. Es dürfte, um mit Brentano zu sprechen, auch auf dem Gebiete des Wollens und Wertens ein Analogon zur logischen Evidenz, also Strukturgesetze an Willens- und Wertgegenständen geben. Die allgemeinsten Formulierungen, zu denen sich die Sondergebiete einer Eidologie wie die Anwendungen in der Mathematik zu den Axiomen verhalten sollen, hat E. Husserl in seiner „Theorie der reinen Formen von Ganzen und Teilen" angestrebt und zum Teil wohl auch erreicht[1]).

Das platonische Moment in Diltheys Konzeption liegt in der Erkenntnis beschlossen, daß keine Wissenschaft ohne die Annahme einer spezifischen inneren Bündigkeit ihres Gegenstandes möglich ist. Soll die Psychologie eine eigene Wissenschaft, soll sie mehr und anderes sein wie z. B. ein Teil der Physiologie oder gar der Physik, dann muß ihr Gegenstand eigenen Strukturgesetzen unterstehen. Was Dilthey an der Psychologie seiner Zeit zurechtzurücken berufen war, ist letzten Endes nichts anderes gewesen als der da und dort offen erkannte und erstrebte, viel häufiger aber nur verkappt herrschende Physikalismus älteren Gepräges. Man hielt sich z. B. an das Vorbild der Physik in den Formeln der klassischen Assoziationstheorie. Ihr gegenüber war es durchaus am Platze, die spezifische Bündigkeit der Erlebnisse zunächst einmal ganz im allgemeinen als den Lebensnerv, den Berechtigungsnachweis der Psychologie hervorzuheben. Heute aber sind wir um einige Schritte weiter und haben erkannt, daß zwischen Physik und Erlebnisstrukturen das weite Gebiet der biologischen Ganzheiten gelegen ist, das mit bedeutsamen Belangen in die Psychologie hineinreicht. Der Benehmensaspekt des Psychologen und mit ihm der Hauptteil der Tierpsychologie ist nicht auf das Diltheysche Axiom von der „lebendigen Totalität des Bewußtseins" gegründet. Im Bereich des Erlebens hat Dilthey selbst den Schritt zu der aristotelischen Ganzheitsformel vollzogen. Setzt er doch die Erlebnisganzheiten

---

1) Logische Untersuchungen, 2. Bd., 1901, S. 254 ff.

als wirksame Momente, als Realfaktoren an. Das ist durchaus aristotelisch und, wie ich glaube, auch richtig gedacht. Wenn die moderne Gestaltpsychologie nichts anderes gewährleistet hätte als den exakten Nachweis, daß auch im Erleben das Ganze seine Glieder realiter zu bestimmen vermag, so hätte sie sich schon dadurch ein historisches Verdienst erworben[1]).

2. Sehen wir nun die Begriffsbildung bei Spranger an:

„Das eigentümliche, geisteswissenschaftliche *Erkenntnis*verfahren, das wir Verstehen nennen, und das nicht etwa mit Sympathisieren oder seelischem Gleichklang verwechselt werden darf, ist nicht auf die Auffassung von Personaleinheiten beschränkt. Es ist auch, wie wir sofort sehen werden, nicht einfach mit ‚Nacherleben' gleichzusetzen. Verstehen in allgemeinster Bedeutung heißt: *geistige* Zusammenhänge in der Form objektiv gültiger Erkenntnis *als sinnvoll auffassen*. Wir verstehen nur sinnvolle Gebilde. Durch das Merkmal des sinnvollen Zusammenhangs unterscheidet sich die Erkenntnisleistung des Verstehens vom Begreifen und Erklären, z. B. von der Kausalerklärung aus Gesetzen nur äußeren Aufeinanderfolgens. Das Verstehen scheint in den inneren *Zusammenhang* einzudringen. Es erfaßt immer einen Sinn, indem es etwas Geistiges gleichsam mit seinem Leben durchdringt und ausfüllt und erst auf diesen Totalakten die Erkenntnis des Aktsinnes aufbaut." (Psychol. d. Jugendalters, 1924, S. 3.)

Es empfiehlt sich, den Unterschied von Struktureinsicht und Kausalerklärung, von innerer Bündigkeit und äußerer Aufeinanderfolge, ordentlich durchzudenken. Durch die hinzugefügte Anmerkung wird jeder in der Philosophiegeschichte Bewanderte eindeutig belehrt, wovon die Rede sein soll. „Sobald wir zu den ‚echten' Kausalgesetzen des *Aus*einanderfolgens übergehen, ist schon eine leise Annäherung an das Verstehen erreicht, insofern dann die Wirkung als wesensgesetzlich in der Ursache vorgebildet gedacht wird." Es handelt sich also um jene Uneinsichtigkeit, jenen synthetischen Charakter des Kausalprinzips, der die Denker nach Descartes in beiden Lagern des Rationalismus und des Empirismus bis zu Kant hin so lebhaft beschäftigt hat, und darum, daß nun mit dem Erkenntnisverfahren des Verstehens einsichtige Sätze gewonnen werden sollen. Ich glaube nicht, daß Hume oder Kant ein rechtes Vertrauen in die Aussicht auf solch „echte" Kausalgesetze auf irgendeinem Gebiete gesetzt hätten. Nun, es steht nicht geschrieben, daß sie für alle Zeiten Recht behalten müssen; vielleicht gelingt es der Strukturbetrach--

---

[1]) Schon 1914 hat mein Schüler G. Frings den exakten Beweis dafür erbracht in seiner Arbeit „Über den Einfluß der Komplexbildung auf die effektuelle und generative Hemmung". Arch. f. Psychol. 30.

tung wirklich einmal, für dies oder jenes Gebiet das wesensgesetzliche Auseinander von Tatsachen, von Daseinsbeständen einsichtig zu machen. Dazu wird aber weit mehr gehören, als was bis heute z. B. irgendwo in der Psychologie geleistet ist. Wenn wir, woran ich nicht zweifle, das Auseinander von Erlebnisschritten in vielen Formen faktisch erleben, z. B. das Hervorgehen des Willensentschlusses aus den Motiven, der Handlung aus dem Entschluß, der Urteilsentscheidung aus den Gründen oder primitiver noch der Tätigkeit aus dem ungehemmten Triebbegehren, so ist mit diesem faktischen Erlebniszusammenhang noch keineswegs das Ideal einer Einsicht in die Strukturnotwendigkeit dieses Auseinanderfolgens erreicht. Was nötig wäre, um irgendein Kausalgesetz der herkömmlichen Form durch eine Erkenntnis der neuen, höheren Art überflüssig zu machen, wäre die Einsicht in die vollständige Daseinsbestimmtheit des Sukzedens durch das Antezedens. Daß dies im Bereich der Wirklichkeitserkenntnis überhaupt möglich ist, daran haben Hume und Kant gezweifelt. Und auf ihrer Seite stehen heute noch so gut wie alle Naturforscher. Wenn und wo es uns in der Psychologie gelingt, den aristotelischen Grundsatz „Das Ganze bestimmt seine Glieder" auf Erlebnisverläufe anwendbar zu machen, ist der erste Schritt, aber noch nicht der letzte zur Erreichung des neuen Ideals getan. Denn es müßte außerdem bewiesen sein, daß das Ganze, welches sich entfaltet, auch alle Widerstände, die seiner Realisierung, Aktualisierung im Wege stehen, zu überwinden vermag. Gar oft kommt es bei unserer schöpferischen Tätigkeit zu einem Steckenbleiben auf halbem Wege oder zu Entgleisungen. Das sind Möglichkeiten, die von der Theorie des Erlebnisablaufes mitbewältigt sein müßten, bevor man sagen könnte, eine Struktureinsicht vermöge den Ablauf hic et nunc bindend vorauszusagen.

Fruchtbarer aber wird die Diskussion, wenn wir das in den mathematischen Naturwissenschaften Erreichte mit dem für die Psychologie Erstrebten vergleichen. Es mangelt dem Physiker durchaus nicht an Struktureinsichten. Er hat sie in der Mathematik, die er anwendet, er hat sie an den Modellen, die der theoretische Physiker sich ausdenkt, um daran strenge Gesetzmäßigkeiten einsichtig zu entwickeln. Aber es ist und bleibt etwas anderes, ob ich ideelle Gebilde, z. B. das „mathematische Pendel" oder das reale Gebilde, das ich hic et nunc vor mir habe, untersuche. Dort sind Struktureinsichten ausreichend, hier muß ich prüfen, ob und inwieweit die ideellen Verhältnisse, die ich angenommen habe, die realen Verhältnisse adäquat abbilden. Nun wissen wir, wie fruchtbar die Anwendung mathematischer Erkenntnisse in den Naturwissenschaften geworden ist. Kepler z. B. hat durch seine denkwürdige Konzeption ubi materia, ibi geometria gewisse einsichtige Sätze der Geometrie auf die Planetenbewegung anzuwenden gelehrt. Die Problemlage in der Psychologie ist heute eine ähnliche, wie sie zu Keplers und Galileis Zeiten für die Physik bestand. Es gilt, Grundideen von ähnlicher Fruchtbarkeit für die Forschung, es gilt, allgemeinste Modelle, strukturgesetzlich einsichtige Modelle, zu konzipieren. Mit Mathematik allein vermag (vorerst zum mindesten) die Psychologie nicht allzuviel auszurichten, Spranger empfiehlt ihr die Sinnidee: **Das Gebiet des Geistigen und Seelischen ist sinndurchwaltet.** Dagegen ist nichts einzuwenden, auch sind die Modelle Sprangers, z. B. seine Lebensformen fast durchgehend glücklich gegriffen. Angenommen nun, die Struktur solcher Modelle ist einsichtig erkannt, so bleibt immer noch die Frage, ob wir nach solchem „Verstehen" der Induktion enthoben sind. Und diese Frage ist, wenn anderes zwischen Modell und Wirklichkeit im Bereich des Seelischen genau so unterschieden werden muß, wie im Bereich der Physik, zu verneinen. So unentbehrlich die geometrischen Konzeptionen Keplers gewesen sein mögen, der Beweis für die Gültigkeit der Bewegungsgesetze der Planeten mußte durch die astronomische Induktion erbracht werden, und auch die Leistung Newtons hat daran prinzipiell nichts geändert. Kein moderner Erkenntnistheoretiker verwechselt sie mit den induktiv bewiesenen Sätzen der Physik. Ich behaupte, für die Psychologie gilt dasselbe.

Ein wichtiger und vorerst unaufhebbarer Unterschied besteht zwischen der Physik und den gesamten biologischen Wissenschaften mit Einschluß der Psychologie. Spranger schreibt einige Zeilen weiter: „Sinnvoll ist ... eine Ordnung oder ein Zusammenhang von Gliedern, die ein Wertganzes bilden, auf ein Wertganzes bezogen sind oder ein Wertganzes bewirken helfen." Nun, Sinn- und Wertbündigkeit findet der Physiker nicht in seinem Gegenstand. Der Psychologe findet sie und der Biologe findet zum mindesten die Zweckmäßigkeit an den Organismen. Es mag als eine Endfrage von ihm behandelt und auf die lange Bank von ihm geschoben werden, ob sich eine Zweckhaltigkeit realiter hinter der Zweckmäßigkeit verbirgt oder nicht. Um ein

„als ob" kommt er jedenfalls nicht herum. Und damit ist der Sinnbegriff in seine Wissenschaft eingeführt. Es ist, als ob das organische Geschehen eine Sinnbündigkeit besäße. Davon später, wir wollen die Angelegenheit des Strukturgedankens in der Psychologie zu Ende führen. Merkwürdig genug, daß im Namen desselben Strukturprinzips, unter dem S p r a n g e r die Psychologie zu einer Geisteswissenschaft purgieren will, ein neuer Physikalismus aufgekommen ist. Genauer besehen liegt das nur daran, daß S p r a n g e r den Strukturgedanken auf Sinn- und Wertstrukturen einengt, während der neue Physikalismus das Zweckproblem der Biologie und mit ihm die Sinn- und Wertbegriffe der Psychologie mit Hilfe eines physikalisch definierten Strukturbegriffes zu bewältigen hofft.

3. *Struktur, Sinn* und *Wert,* die Namen bezeichnen drei Problemgebiete der theoretischen Psychologie, die innerlich zusammenhängen und doch unterschieden werden müssen. Wenn wir den aristotelischen Satz »Das Ganze ist vor den Teilen« als prägnante Formel für das, worum es in dem Gestaltproblem der Psychologen geht, aufnehmen, so brauchen wir uns damit noch nicht vorbehaltlos der ganzen aristotelischen Metaphysik zu verschreiben. Es ist z. B. fraglich, ob der Satz auch für die Physik gilt; was man als physische Gestalten beschrieben hat, sind nichts als Gleichgewichtszustände. Nehmen wir an, die Steuerungen im Organismus erfolgen weitgehend unter Ausnutzung von Gleichgewichtslagen, dann wird die A u s f ü h r b a r k e i t der Regulierungen im weiten Bereich physikalisch einfach v e r s t ä n d l i c h, nicht mehr, aber auch nicht weniger. Wir begreifen damit, daß am Benehmen so gut wie an Erlebnissen und an physischen Werken der Tiere und des Menschen Ganzheitscharaktere zum Vorschein kommen, resp. ihnen aufgeprägt werden können. Und soweit dies gilt, soweit wir mit dieser physikalisch orientierten Forschung vorzudringen vermögen, soweit wird der Problemkomplex der Gestalten ohne Rezeption des Zweckbegriffes eine Aufhellung erfahren können.

Um es noch einmal anders zu sagen, die Ausführung von Steuerungen und Prägungen wird vereinfacht, wo sie G l e i c h g e w i c h t s g e s e t z e a u s n u t z e n kann. Ein angestoßenes Pendel wird, gleichviel wie stark und in welcher Richtung es angestoßen wurde, in einer bestimmten Lage wieder zur Ruhe kommen. Der Konstrukteur einer Maschine stattet sie an allen Ecken und Enden mit „Toleranzen", zu deutsch mit Freiheitsgraden aus, damit in deren Bereich sich die vorauszusehenden Störungseinflüsse ohne Schaden für das Ganze ausschwingen können; es gibt faktisch keine Maschine ohne solche Freiheitsgrade. Weiter, wenn der Uhrmacher ein Pendel als Teil in sein Werk einsetzt, nutzt er eine andere Konstanzeigenschaft dieses Teilsystems zur Steuerung des Ganzen aus. Es gibt an einfachen und verwickelten physischen Systemen mancherlei Konstanzmomente; wer außer den grobsinnlich faßbaren die übersinnlich kleinen und großen, die schnellen und die langsamen Ausgleiche mit in Rechnung stellt, wird die Überzeugung gewinnen, daß nicht nur Maschinen, sondern auch die Tätigkeit unserer Hände sie in der mannigfachsten Weise ausnutzt, um in einfacher Art Steuerungen des physischen Geschehens zu erzielen und vorbestimmte Gebilde zu schaffen. Und was wir derart im Bereich der Technik finden, dürfen wir wohl auch im Bereiche der organischen Steuerungen als verwirklicht und ausgenutzt annehmen. Köhler und Wertheimer haben im Zuge der psychologischen Gestaltforschung einiges von den unabsehbaren Steuerungsmöglichkeiten, die in lebenden Systemen beschlossen liegen, in das rechte Licht gerückt. Das ist das Verdienst ihrer Ganzheitsbetrachtungen.

Es gibt physikalische Systeme, für deren Gang jene Grundeigenschaft „phänomenaler" Gestalten, die schon E. Mach und dann v. Ehrenfels zuerst an optischen Formen und an der Melodie hervorgehoben haben, nämlich die *Transponierbarkeit*, charakteristisch ist. Überall, wo gewisse Proportionen bei Veränderung der absoluten Bestimmtheiten, zwischen denen sie bestehen, konstant bleiben, liegt eine proportionsgerechte Transposition vor. Schon den ersten an der Psychophysik geschulten Erforschern der phänomenalen Gestalten lag nun der Gedanke nahe, eine einfache psychophysische Parallele zu ziehen. Ich will ein paar Sätze zitieren, die ich selbst im Jahre 1913 veröffentlicht habe: „Die Leistungen des anschaulichen Proportionsvergleiches, die wir beschrieben und quantitativ bestimmt haben, physiologisch verständlich zu machen, ist die Aufgabe einer Theorie der Proportionswahrnehmung. Welche Bedingungen muß ein Apparat erfüllen, der imstande sein soll, ähnliche Leistungen zu vollbringen? Es gibt viele physikalische Modelle, an denen dies demonstriert werden kann. Die Wheatstonesche Brücke z. B. ist ein Proportionsinstrument, denn sie gestattet, zwei elektrische Widerstände daraufhin zu vergleichen, ob sie der gerade eingestellten Proportion entsprechen oder nicht ... Die einfachsten Modelle sind Hebelapparate; man denke an Vergrößerungseinrichtungen zur mechanischen Reproduktion von Zeichnungen in beliebigem Maßstab oder an das Nächstliegende — die Wage. Sind die Wagebalken gleich lang, dann werden aufgelegte Körper auf die Gleichheit ihres Gewichtes geprüft. Sind sie nicht gleich lang, auf die bestimmte, gerade eingestellte Proportion ... Wir nennen **denjenigen physiologischen Prozeß, der dem Einstellen der Wagebalken auf ein ge-**

wisses Längenverhältnis äquivalent ist, die Proportions-einstellung usw.[1]). Diese Sätze sind sieben Jahre vor Köhlers Buch „Die physischen Gestalten", und zwar als die entscheidenden Überlegungen zur Gewinnung einer „Theorie der Proportionswahrnehmung" veröffentlicht; ich habe sie zitiert, um einer beginnenden Legendenbildung über den Ursprung der psychophysischen Parallelitätsannahme zur „Erklärung" der phänomenalen Gestalten aus einer einzigen Quelle (Frankfurt, Berlin) entgegenzutreten. Im übrigen ist diese Parallelitätsannahme, die Wertheimer ganz allgemein in dem Satze „denn was innen, das ist außen" formuliert hat, keineswegs zwingend, und alle Bemühungen, die seither unternommen worden sind, für diese oder jene Eigenschaften der Wahrnehmungsgestalten bestimmte Eigenschaften des nervösen Geschehens verantwortlich zu machen, sind über erste Vermutungen nicht hinausgekommen[2]).

Wir wollen nun zu begreifen versuchen, daß und wie man zu der Auffassung gelangen konnte, das Modell vom Gleichgewichtszustand sei berufen, das Problem der organischen Zweckmäßigkeit im Prinzip restlos zu lösen. Betrachten wir den Gang einer Pendeluhr. Er ist gleichförmig kraft der bekannten Systembedingungen. Die Uhr wird also ihren Beruf, die Zeit richtig anzuzeigen, deshalb erfüllen, weil ihr Gang durch das Pendel gesteuert wird. Sie benimmt sich so zweckmäßig wie ein Organismus, der eine ähnliche Aufgabe zu erfüllen hätte und ist doch ganz und gar ein totes Werk, das restlos den Erkenntnismitteln des Physikers zugänglich ist. Wir haben mit dem Pendel einen Regulator, ein physisches Konstanzmoment eingeführt und dürfen nun erwarten, daß der Mechanismus getreu seinen eigenen Systembedingungen das ihm von uns gesteckte Ziel erreicht. Ist das nicht ein einfaches Vorbild für all das zielsichere Geschehen, das wir an Organismen verwirklicht finden? Es gibt noch andere Modelle. Beim Schießen mit einer Kugelflinte oder beim Werfen einer Kugel in ein Loch in der Erde, wie es die Kinder zu tun pflegen, gibt es außer Treffern auch Nieten, weil hier das Ziel nicht so einfach und so exakt in die Systembedingungen eingebaut ist. Doch kann der Schießende, wenn das Ziel stillhält, sein Glück öfters versuchen oder das Kind der Kugel nachlaufen und sie von der Stelle aus, wo sie liegen blieb, von neuem werfen, bis sie endlich doch ins Loch gelangt. Ein Ganzheitstheoretiker gerät bei Fällen, die dem zweiten oder dritten Beispiel ähnlich

---

1) K. Bühler, Die Gestaltwahrnehmungen, 1913, S. 286 ff.
2) Vgl. dazu besonders E. Becher, in Zeitschr. f. Psych. 87 (1921), S. 1 ff.

sind, nicht in Verlegenheit, sondern faßt einfach das mehrmalige Schießen oder das wiederholte Werfen als eine Ganzheit von Geschehnissen auf, wonach es evident wird, daß auch hier der Effekt durch die Systembedingungen garantiert ist, und erklärt uns triumphierend: „Nun gibt es in der Biologie und Psychologie kein Zweckproblem mehr. Mechanismus und Vitalismus sind abgeschafft. Das lebende System erreicht seine Effekte genau so wie das tote, nämlich kraft seiner physischen oder, von der anderen Seite gesehen, psychischen Systembedingungen." Leibniz hat sich, abgesehen vom Parallelismus, ähnlich ausgedrückt, aber für nötig befunden, das Prinzip der prästabilierten Harmonie und einen allmächtigen, zwecksetzenden Schöpfungsakt als Quellpunkt der Zweckordnung in der Welt anzusetzen. Ein moderner Ganzheitstheoretiker ist vielleicht mit einer Amöbe am Ausgang zufrieden oder glaubt, selbst der Schritt vom toten zum lebenden System sei nun begreifbar geworden.

Mich dünkt, es gehöre mit zur philosophischen Besinnung bei der Neuorientierung der Psychologie, den Blick aufs Ganze zu schärfen, auf daß nicht ein integrierender Teil ihres Gegenstandes übersehen bleibt, und wir die einseitige Formel der Assoziationstheorie durch die kaum minder einseitige von dem systembedingten Geschehen und den systembedingten Gebilden eintauschen. Die Befreiung, das Aufatmen in der neuen Luft des Ganzheitsgedankens wirkt erfrischend; er wird seine historische Mission um so vollkommener erfüllen, je reiner wir ihn denken und je weniger wir ihn mit unerfüllbaren Leistungshoffnungen belasten. Zu seiner Reinheit gehört die logisch fundierte Einsicht, daß Ganzheiten ohne Teile in jenes Gebiet der Gegenstandstheorie gehören, wo vom hölzernen Eisen die Rede ist, und daß, soweit unsere Blicke reichen, Form ohne Stoff keine Realität konstituiert. Wer z. B. im Namen einer ganzheitstheoretischen Wahrnehmungslehre, den Empfindungsbegriff streichen will, muß angeben können, welch anderen Stoff er an Stelle des gestrichenen einzuführen gedenkt, um seine Ganzheiten existenzfähig zu machen, oder er weiß nicht, was er sagt. Wenn die Psychologie in der üblichen Art eine Lehre von den Tönen und Geräuschen entwickelt, dabei auf die Attribute, oder wie man auch sagt, die Dimensionen der Tonhöhe, Tonstärke usw. achtet, das System der Töne nach diesen Dimensionen entwickelt, die bekannten Entstehungsfragen erledigt usw., dann geht sie sinnvoll und korrekt vor; sie baut systematisch an der Erkenntnis des Stoffes im Sektor des Hörbaren. Der Wert ihrer Ergebnisse ist unabhängig von der Frage, ob solch ungeformter Stoff vorkommt oder nicht. Er kommt nicht vor; der bestisolierte Ton im Bewußtsein eines Menschen wird sich immer irgendwie aus der Stille abheben und etwas von den anderen Komplexfähigkeiten, Gestaltsfähigkeiten, die in reicheren Ganzheiten zu voller Entfaltung gelangen, an sich tragen sowohl als statisches Phänomenon wie als Konstituens eines Erlebnisverlaufes. Wozu dieser Satz aus dem Abc der Wahrnehmungslehre, nachdem wir begriffen haben, daß einige ihn vergessen hatten, seit Jahren in ungezählten Varianten wiederholt wird, ist mir nie ganz verständlich geworden. Das Feld der Tonkomplexe und Tongestalten harrt der Erforschung. Daß man darauf auch als altmodischer Theoretiker etwas Erkleckliches leisten kann, hat soeben Stumpf durch sein gehaltreiches Buch über „Die Sprachlaute" (Springer 1926) bewiesen. Man vollende die Gestaltuntersuchungen, dann wird am Schlusse jedermann selbst beurteilen können, wieviel am Begriffssystem und an den Sätzen der alten Tonpsychologie wirklich zu ändern war. Daß das Ganze, die Wahrnehmungstheorie des Akustischen, nicht ohne einen Stoffteil, nicht ohne den Begriff der Tonempfindungen vollendet werden kann, ist eine axiomatische Erkenntnis, die 2000 Jahre nach Aristoteles im Kreise von Philosophen keiner näheren Erläuterung bedarf[1]).

Die Fruchtbarkeit des Strukturgedankens in der Psychologie weit hinaus über den Bereich der phänomenalen optischen Gestalten, an denen er den Experimentatoren zum „Erlebnis" geworden ist, vermag heute noch niemand in vollem Maße abzuschätzen. Es sei mir gestattet, mit seiner Hilfe an einer eigenen Jugendleistung Wahres und Falsches zu scheiden, und damit einen Stein, an dem sich auch wohlwollende Kritiker der Denkpsychologie gestoßen haben, aus dem Wege zu räumen. Die Rücksicht auf Prägnanz und das Selbstgefühl des Autors verlangen gleichmäßig einen Ausgang vom Richtigen und Entwicklungsfähigen. Vor 20 Jahren konzipierte ich den Begriff der „Psychischen Gegenstandsordnung" und wollte damit zweierlei treffen, nämlich erstens den phänomenologischen Tatbestand, daß Gegenstände im aktuellen Denken sehr häufig nur indirekt, d. h. durch den Platz, den sie in irgendeiner bewußten Ordnung einnehmen, präsent und bestimmt sind. Ein Darstellungsschema, so drücke ich das jetzt genauer aus, ein Schema räumlicher, zeitlicher, sprachsyntaktischer oder sonstiger Natur und Provenienz und in ihm ein markierter Platz, an den das Gedachte hingehört, ist im Bewußtsein gegeben und präsentiert das Gedachte. Wir operieren im raschen und flüchtigen Denken, besonders wo es sich um abstrakte Gegenstände handelt, sehr sicher, erfolgreich und ökonomisch mit derartigen symbolischen oder erscheinungstreuen, aber detailarmen Präsentationen, wir können an ihnen die Relationen zu anderen Gegenständen derselben Ordnung nicht nur unmittelbar ablesen, sondern auch über den Bereich des Ablesbaren hinaus noch richtig entnehmen. Das ist der Tatbestand,

---

[1]) Zur Entschuldigung für diese Sätze möchte ich den philosophischen Leser bitten, meinen Artikel „Die ‚neue Psychologie' Koffkas", Zeitschr. f. Psych., Bd. 99 (1926), S. 145 ff. nachzulesen.

den ich damals mit den Worten „Psychische Gegenstandsordnung", „Platzbestimmtheit" u. dgl. mehr begrifflich erfassen wollte. Er gehört, wie der philosophisch Orientierte leicht selbst ergänzen wird, zu den grundlegenden Voraussetzungen für die Möglichkeit des abstrakt sprachlichen und jedes anderen, sagen wir einmal kurz ‚symbolischen' Denkens. Wäre statt der kurzsichtigen Kritik der sensualistischen Psychologie von damals das fruchtbare Moment dieses Ansatzes aufgegriffen worden, so wären wir rascher über die unrichtige Annahme ‚rein unanschaulicher Gedanken' hinweg und geradeswegs zu einer Strukturtheorie des Denkens geführt worden. Denn jenes Übergreifen des Denkens über die anschaulichen Präsente hinaus kraft der Platzbestimmtheiten in einer Ordnung ist ja nichts anderes als ein besonderer Fall von Strukturbestimmtheit im Bereich des Phänomenalen. Man muß freilich ein ganzes Knäuel von Problemen erst auflösen, vor allem den Symbolbegriff exakt definieren, um diese Dinge vollständig ins Reine zu bringen und den aristotelischen Satz οὐκ ἔστι νόησις ἄνευ φαντάσματος richtig zu interpretieren. Davon mehr in einer ausgeführten Theorie der Sprache.

Die Rede von der psychischen Gegenstandsordnung sollte aber **zweitens** auch den Hauptcharakterzug des Erlebnisverlaufes im sachgemäßen Denken treffen, und diese Angelegenheit ist seitdem durch O. Selz zu einer geschlossenen Theorie, einer Komplextheorie des Denkverlaufes ausgestaltet worden. Es soll meiner Wertschätzung dieser Theorie keinen Eintrag tun, wenn ich sie im folgenden zunächst einmal der Einfachheit halber zu denen rechne, die den Sinnbegriff durch den Strukturbegriff restlos ersetzen wollen, wovor Selz durch seine Anerkennung einer größeren Mannigfaltigkeit psychischer Grundoperationen eigentlich hätte bewahrt bleiben müssen.

4. Der Begriff der *Steuerung* ist mir selbst aus der Sprachtheorie erwachsen; ich will versuchen, mit seiner Hilfe logisch klarzulegen, daß und warum der Sinnbegriff sein eigenes Bürgerrecht in der Psychologie besitzt, daß und warum *die Zweckprobleme durch Strukturannahmen allein nicht zu lösen* sind. Diese Überlegungen richten sich gegen den Physikalismus jüngsten Gepräges in der Psychologie. Tatsachenmaterial zu unserem Beweisverfahren könnte aus allen Distrikten der Psychologie erbracht werden. Wer z. B. über den von Jennings bündig gemachten Nachweis, daß das einfache physikalische Modell der

Tropismentheorie nicht einmal das Verhalten der Amöben, geschweige denn das der höheren Tiere zu erklären vermag, nachdenkt, wird schon von hier aus auf die entscheidenden Punkte hingelenkt. Wenn ein mit menschlichen Ruderern besetztes Boot einem Ziel entgegenfährt, geschieht das entweder ohne oder mit einem eigenen Steuermann, ohne oder mit einer reinlichen Zerlegung der Gesamttätigkeit in die zwei Komponenten eines Gesteuerten und eines steuernden Geschehens, das von einer Zentralstelle ausgeht. Aber vorhanden und wirksam ist unter allen Umständen die Führung, das zentrale Steuerungsmoment. Auch das Benehmen der Tiere erweist sich fast durchgehend als *zentral gesteuert* und zeigt so viele Freiheitsgrade, daß zwischen Zielsetzung (Zielaufnahme) und Ausführung von vornherein theoretisch unterschieden werden muß. Doch ist es methodisch richtiger, in dieser Angelegenheit vom Menschen auszugehen, sei es vom Einzelnen und seinen Zielen, sei es von Gemeinschaftszielen und wie sie gesetzt werden.

Auf einem Ozeandampfer wird das Steuerrad von untergeordneten Funktionären bedient; es ist nichts gegen eine Strukturbetrachtung einzuwenden, welche die Tätigkeit des Steuermatrosen nach einem rein physikalischen Modell begreift, sie etwa der regulierenden Funktion eines Uhrenpendels gleichstellt. Die moderne Technik wird, wenn es lohnt, den lebenden Menschen am Steuerrad durch einen toten Maschinenteil vollkommen ersetzen; daß das Geschehen vorher durch menschliche Sinnesorgane und eine gewisse erlernte Kunstfertigkeit, jetzt durch einen reinen Automaten hindurchläuft, ist für den praktischen Endeffekt und die Theorie, die ihn zu begreifen hat, irrelevant. Die Rechnung von allen entbehrlichen Posten zu entlasten, dahin zielt ja die fortschreitende technische Praxis im Gleichschritt mit der fortschreitenden wissenschaftlichen Theorie. Also setzen wir in unsere Bilanz die Tätigkeit des Matrosen als ein systembedingtes Geschehen ein, weil es uns nur als solches interessiert. Nun, der Appetit kommt mit dem Essen. Wie wäre es, läßt sich der Kapitän des Schiffes nach demselben Rezept verspeisen? Ist sein für die Theorie relevantes Tun und Unterlassen auch ein systembedingtes Geschehen? Die energische Theorie kennt keine Grenzen mehr, sie bezwingt auch den Reeder samt der ganzen Schiffahrtsgesellschaft und die Wirtschaftsbedingungen zwischen zwei Kontinenten. Ist es nicht buchstäblich wahr: auf der einen Seite des Wassers der Waren- und Menschenüberfluß, auf der anderen der entsprechende Hunger und ein Überfluß an Rohstoffen, daß es ein systembedingtes Geschehen ist, wenn unternehmende Kaufleute einen Transportdienst eröffnen, und ergibt sich nicht eins aus dem anderen bis hinunter zum letzten Matrosen, genau so sytembedingt wie einst das Sonnensystem und alles auf Erden entstanden ist?

Auch Spinoza hat einst die Menschen samt ihrem Willen und dem wirren Getriebe ihrer Leidenschaften in seine Rechnung eingestellt, ac si quaestio de lineis, planis, aut de corporibus esset. Nun, die Verwandtschaft der modernen Strukturtheorie mit dem alten Spinozismus ist in vielen Einzelzügen so groß, daß die entscheidende philosophische Auseinandersetzung mit ihr kaum ein neues Blatt in der Ideengeschichte erfordern wird. Man denke in diesem Zusammenhang noch einmal an den ebenfalls spinozistischen Satz „denn was innen, das ist außen" (Wertheimer). Der erkenntnistheoretisch gerichtete Psychologe von heute wird kaum anerkennen, daß durch dies Diktum alle wohlerwogenen Bedenken, die seit Stumpfs berühmter Rede (1896) gegen die naivste Form der Zweiseitenlehre vorgebracht wurden, entkräftet sind. Ich unterstreiche den Ausdruck „naivste Form", weil die Tendenz zu einem ganz naiven, aristotelischen und voraristotelischen Realismus, in der Wahrnehmungslehre, für die das Wertheimersche Diktum gesprochen worden ist, seither bei Koffka in einem ernst gemeinten Anlauf gegen das Johannes Müllersche Prinzip von den spezifischen Sinnesenergien deutlich zum Vorschein kam. Die Sinnesdaten sollen nicht mehr als Zeichen, sondern über die αἰσθητὰ κοινά (Gestalten) hinaus bis in die (in der endgültigen Theorie den Gestalten gleichzusetzenden) Sinnesqualitäten hinein, als Realbestimmungen der Dinge angesehen werden. So ungefähr, wenn überhaupt eine erkenntnistheoretische Besinnung dahintersteckt, läuft hier der Hase[1]). Dazu methodisch die Verehrung der reinen Empirie bis zum anstandslosen Nebeneinanderstellen verschiedener Logiken und einem Spielen mit dem Gedanken, daß die Wahrnehmungen, so wie sie eigenen Strukturgesetzen unterliegen, auch eigene Erkenntnisse bieten, die nicht den Prinzipien der hergebrachten Logik unterstehen. In diesen zwei Tendenzen zum naiven Realismus und dem grundsätzlichen erkenntnistheoretischen Relativismus, der aus einem unbedingten Glauben an die alleinseligmachende Erfahrung entspringt, unterscheidet sich der neue Versuch vom historischen Spinozismus. Ist nur die Frage, ob zum Vorteil oder Nachteil der psicologia nuova. Wer die außerordentliche Einfachheit des Rationalismus mit seiner Entwertung der Sinneserkenntnis preisgibt, verpflichtet seine Theorie zum Aufschluß über manches, was jener als Scheinprobleme beiseite schiebt; das

---

[1]) Vielleicht kommt ein Zug aus dem Machschen Denken darin zum Vorschein; doch wie verträgt er sich mit dem Parallelismus? Wenn die Sinnesdaten selbst die Elemente der Wirklichkeit sind, braucht man kein physisches Gegenbild für sie. Das wäre eine Verballhornung des Machschen Gedankens ähnlich derjenigen, wie sie den Leibnizschen Seelenmonaden widerfahren ist, als man ihnen physische Monaden als Pendant beigegeben hat.

darf als ein Vorzug gewertet werden. Er verliert aber häufig zu seinem Nachteil nicht nur den (vielleicht trügerischen) rationalen Halt in allen Sinnfragen, sondern geradezu das Organ für sie.

Wie Spinoza über Zweckbetrachtungen der Tierpsychologie gedacht hat, weiß ich nicht, die *Zielsetzungen* des Menschen jedenfalls hat er als eigenes Problem nicht vergessen und beiseite geschoben. Und wenn er auch über dem Prinzip der Selbsterhaltung (in suo esse perseverare) die höheren Zielsetzungen der Menschen äußerst einfach aus der adäquaten Erkenntnis eines einzigen Endzieles und Endwertes, worauf unser Dasein eingestellt und abgestimmt ist, und worin das Streben zur Ruhe kommt, determiniert, so hat er doch jedenfalls gerade durch diese Gegenüberstellung von zwei Determinationsstufen etwas von dem wahren Sachverhalt getroffen. Die Ziele und ihre Motivationen steigen nicht nur aus zwei, sondern aus vielen eigengesetzlich verschiedenen Schichten des menschlichen Wesens auf; zwischen der Affektlage des Augenblicks und der reinen Ewigkeitsorientierung Spinozas liegt noch mancherlei an Systembildungen. Die erste Frage ist, welche von ihnen im gegebenen Fall aktuell wird und das Geschehen bestimmt. Es gibt nicht nur eine Kollision von Pflichten, sondern eine fast unübersehbare Mannigfaltigkeit von Unterstützungen und Interferenzen, wo mehr als eine Schicht aktuell wird. Vielleicht ist der Psychologe überhaupt nicht oder wenigstens nicht allein berufen, zwischen Determinismus und Indeterminismus in der Willenslehre eine Entscheidung zu treffen, jedenfalls aber darf er nicht blind an dem Tatbestand vorbeigehen, daß es sein besonderes Bewenden hat mit dem Auftreten und dem Sichzueigenmachen von Zielen, von Zwecken. Wer ein Fragezeichen hinter dem Satz, daß auch dieser Matrose durch einen toten Automaten prinzipiell ersetzbar wäre, anbringt, braucht sich durch kein physikalistisches Diktum das Vertrauen auf das eigene Denkvermögen erschüttern zu lassen.

Angenommen nun, ein Zweck ist gesetzt, steht dann von vornherein fest, daß die Steuerung des Geschehens in seinem Sinne die Angelegenheit bereits fix und fertig realisierter Systembedingungen ist? Gleichviel, wovon man bei der Betrachtung ausgeht, ob von einem faktisch gesteuerten Geschehen, um zuzusehen, ob darin noch systemfremde Zusatzeinflüsse vorkommen, oder von den faktisch am Anfang gegebenen Systembedingungen, um zuzusehen, ob sie allein die Erreichung des

Zieles garantieren, so wird man bei allen komplexeren, schwierigeren Leistungen des Menschen die erste Frage zu bejahen und die zweite zu verneinen haben. Wenn für jeden Zweck sofort auch ein System von Bedingungen aktualisiert werden könnte, das die Ausführung auch nur einigermaßen garantiert, dann gäbe es wohl nicht so viele Entgleisungen aus innerer Unzulänglichkeit und so viele Menschen, welche die bekannte Straße zur Hölle wandern, die mit guten Vorsätzen gepflastert ist. Aber vielleicht sind viele Entgleisungen so zu erklären, daß der Ausführende in den Bannkreis eines zielfremden Systems hineingezogen wird wie ein Komet aus einem in ein anderes Sonnensystem. Gewiß, gerade das ist unsere Auffassung. Es gibt so viele einander fremde und vielfach widersprechende Einzelsysteme im Menschen, daß es zum Hauptproblem der Strukturbetrachtung wird, wie ein Nachen auf ferne und fernste Ziele durch sie hindurchgesteuert werden kann. Die Antwort in der Sprache des Physikers lautet: es muß außer dem freien auch ein gezwungenes Geschehen, außer den systembedingten auch systemfremde Steuerungen geben, wo immer etwas Derartiges zustandekommen soll. Wer den Gang einer Uhr von Zeit zu Zeit durch Einstellung der Zeiger mit der Hand reguliert, führt eine systemfremde Steuerung durch. Wer sich in eine Kuranstalt begibt, sich dies oder das durch äußere oder innere Zwangsbedingungen ablistet, sich durch erfolgreiche Abwendung von dem und jenem in seinem Wesen befreit, begeht ähnlich gewaltsame Eingriffe. Minder drastische kommen in allen komplexeren Willenstätigkeiten vor. Wenn der Mensch nicht die Fähigkeit zu wirksamer Abwendung (Abstraktion) und zu Sperrungen (Hemmungen) aller Art, wie sie in den experimentellen Untersuchungen deutlich genug hervorgetreten und jedem aus Erfahrung an sich selbst und an anderen bekannt sind, besäße, wie sollte ihm das Kunststück gelingen, anders wie ein Komet in der Welt zu leben?

Außerdem gibt es noch so etwas wie „Einstellungen", ein Begriff, mit dem auch die Strukturmonisten ausgiebig zu operieren gezwungen sind. Einstellung ist soviel wie das Aktualisieren, die Bereitstellung eines Bedingungssystems für diesen oder jenen Zweck. Der Begriff wäre überflüssig, wenn er nicht eine der Möglichkeiten systemfremder Steuerungen bezeichnen sollte. Es gibt in allem Erleben, Benehmen und Schaffen Verschiedenes; es gibt Phasen, die den Charakter der freien Erfüllung, des Ausklingens im festen Rahmen gegebener Systembedingungen tragen, es gibt andere, die den Charakter einer systemfremden Steuerung des Geschehens tragen, mag nun die Führung letzten Endes doch in uns selbst oder mag sie außerhalb liegen, und es gibt noch einmal andere Phasen und Wendepunkte, die den Charakter von Zweck*setzungen* haben. Was soll angesichts dieses Reichtums die einseitige Formel des Strukturmonismus? Sie erweist sich, wenn man ihren universellen Geltungsanspruch mit den paar Anläufen, die bestehenden Strukturen am Menschen und den Tieren faktisch aufzuweisen und exakt zu bestimmen, vergleicht, nicht als ein wohlfundierter Glaubenssatz.

Eine beliebte Antithese der Strukturmonisten ist folgende: Die Assoziationspsychologie und die Maschinentheorie der Biologen konnten sich bestimmte Erfolge eines Geschehens nur auf Grundlage starrer Bindungen vorstellen. Wie die Glieder einer Kette, wie die Zahnräder einer Maschine immer nur eins ans andere gebunden sind, so sollte es im Erlebnisverlauf mit den Assoziationen, im organischen Geschehen mit den Einzelprozessen sein. Der Strukturgedanke dagegen zeigt auch physische Modelle, in denen ein Geschehen ebenso sicher ohne solch starre Einzelbindungen zu bestimmten Erfolgen führt. Das war ein befreiender Gedanke, ich will es noch einmal anerkennen. Aber jene Antithese ist nicht scharf, denn es gibt e r s t e n s keine materiellen Maschinen mit nichts als starren Bindungen, d. h. ohne Freiheitsgrade, und es gibt z w e i t e n s keine materiellen oder psychischen Strukturen ohne irgendwelchen Halt an festen Bindungen. Das Pendel mit seinem Strukturmoment der Gleichförmigkeit ist in die festen Fügungen der Zahnräder der Uhr eingebaut und zwingt ihnen den eigenen gleichförmigen Gang auf. Wo irgendein Techniker eine Maschine konstruiert, muß er beide Momente in einem Gebilde vereinigen. Und im lebenden Organismus mit seinen zentralen Steuerungen muß außerdem noch eine Instanz vorhanden sein, deren Funktionen den Konstrukteur der Maschine oder den Maschinisten mehr oder minder weitgehend ersetzen. Ohne das Indienststellen bald dieser, bald jener Systembedingungen und ohne das systemfremde Steuern wäre der Organismus trotz seiner Strukturen letzten Endes doch nicht' mehr als eine tote Maschine. Anders gesagt, er wäre nicht das Ganze aus Maschine und Maschinisten. Und die Psychologie als solche wäre keine selbständige, abschließbare Wissenschaft ohne die Funktion des Maschinisten im Organismus.

Genug vom Physikalismus. Es hängt mit der Stellung der

Psychologie im System der Wissenschaften zusammen, daß ihr von Physikern vor einem halben Jahrhundert die ersten experimentellen Methoden bereitgestellt werden konnten, und daß sie nun selbst in einer neuen Rezeption das wichtige Denkschema der Struktur an Modellen der Physik zur letzten Klarheit zu bringen vermochte, während sie auf der anderen Seite mit demselben Recht von den Geisteswissenschaften beansprucht und „zurückgefordert" wird. Der Strukturbegriff ist wichtig, aber nicht imstande, den Bedarf der Psychologie an Kategorien allein zu decken. Schon die biologischen Wissenschaften brauchen mehr, schon sie müssen sich irgendwie mit dem Tatbestand der organischen Zweckmäßigkeit auseinandersetzen. Es empfiehlt sich, dabei das Merkmal der Zweckhaftigkeit (Zweckhaltigkeit) von dem der Zweckmäßigkeit (Zweckgerechtigkeit) zu unterscheiden. Wenn ein Hund eine Lokomotive anbellt, so dürfte dies eine zweckhafte aber keine zweckmäßige Tätigkeit sein; wenn es im Bereiche der organischen Angepaßtheiten solche geben sollte, die der (utrierten) Darwinschen Idee entsprechen, so wären sie als zweckgerecht aber nicht als zweckhaltig zu bezeichnen. In den biologischen Wissenschaften kann man in weitem Ausmaß der Entscheidung, ob Zweckmäßiges auch zweckhaltig sei, durch eine reservatio mentalis, durch das eingefügte „es ist als ob" aus dem Wege gehen. In der Psychologie wird der von den Biologen ausgestellte Wechsel fällig; das „als ob" organischer Zweckbetrachtungen muß einmal irgendwo in barer Münze zur Endverrechnung gelangen und zum mindesten am Menschen wird offenbar, daß es Zweckmäßiges gibt, was den Endgehalt des Zweckhaften, Zweckgeborenen wirklich enthält.

§ 11. Der Sinnbegriff in der Psychologie.

Im Sinnbegriff schneiden sich zwei oder drei Gegenstandsgebiete. Es sind nur zwei, wenn der dritte Sprachgebrauch von Sinn = Wert oder Wertbezogenheit irgendwie auf den ersten von Sinn = Zweck oder Zweckbezogenheit reduzierbar ist. Ich nehme es als bewiesen oder beweisbar an, daß der Wertbegriff nicht anders als im Hinblick auf ein Telos konstituiert werden kann. Wenn sich auch der zweite Sprachgebrauch von Sinn = Bedeutung eine ähnliche Zurückführung gefallen läßt, stehen einer einheitlichen und exakten Definition des schwer faßbaren Begriffes keine prinzipiellen Schwierigkeiten mehr im Wege.

1. Wir sehen uns wieder einmal auf Betrachtungen aus dem Gebiete der Semasiologie verwiesen und halten uns zuerst an die Sprache. Es wird kaum einem Widerspruch begegnen, wenn wir hier Sinn und Verstehen gleichzeitig engagieren. Den Sinn, um der Zeichenfunktion als solcher, und das Verstehen, um dem Innewerden des Sinnes als Namen zu dienen; der Verstehende wird des Sinnes an dem Zeichen, aus dem Zeichen inne. Es macht im Bereich der Sprache einen Unterschied aus, ob das Zeichen in der Darstellungsfunktion als *Ordnungszeichen* oder in der schlichten, unreflektierten Kundgabe und Kundnahme als *Anzeichen* fungiert. Der Name ist dem Genannten, ein Aussagesatz dem dargestellten Sachverhalt mehr oder minder eindeutig (oder sogar ein-eindeutig, wie die Mathematiker zu sagen pflegen) zugeordnet. Das ist eine Angelegenheit des großen Ordnungs- und Darstellungsgeschäftes, dem die Sprache dient. Verstehen heißt da, die Anweisungen, die diese Ordnungszeichen im Ganzen dazu bieten, richtig vollziehen und so das Dargestellte als solches erfassen. Es gibt phonetische Gebilde, die ganz wie unsere Wörter gebaut und keine Wörter sind, weil ihnen das Spezifische, eine Bedeutung fehlt. Das sind sinnlose Lautgebilde, mindestens soweit die Namenfunktion in Frage steht. Es gibt Worthaufen, die keinen Satzsinn konstituieren, weil ihre Wortbedeutungen nicht in der erforderlichen Weise zu einem Satzsinn bündig werden. Das sind, mit Husserl zu sprechen, entweder unsinnige oder widersinnige Worthaufen und Bedeutungskomplexionen. Streng genommen wieder nur soweit schlechthin sinnlos, als die usuelle Darstellungsfunktion in Frage steht. Denn, wenn sie in lebendiger Sprechsituation auftreten, kann der gewandte Versteher unter Umständen noch erraten, was der Sprecher „eigentlich" darstellen wollte, also den Sinn, dem er einen sprachlichen Ausdruck zu verleihen die Absicht hatte. Und was ihre Funktion als Kundgabemittel angeht, so kann unter Umständen gerade dies Anzeichen, daß der Sprecher nur noch Unbündiges zu stammeln vermag, sehr charakteristisch für seine seelische Verfassung sein. Wir verstehen das Gestammelte in der Kundgabedimension.

Die nächsten Versuche, diesem verwickelten Tatbestand, den wir praktisch ja oft bis in die feinsten Nuancen hinein als Verstehende spielend beherrschen, auch mit dem nachhinkenden psychologischen Begriffsapparat gerecht zu werden, unterscheiden das *usuelle* vom *occasionellen* Moment im Sprachsinn. Sie heben ferner das, was die lebendige Sprechsituation mit ihrer dem

Sprecher und Hörer gemeinsam bekannten Vorgeschichte und was in der Situation sachliche Hilfen und außersprachliche (genauer gesagt, die nicht-lautsprachlichen) Ausdrucksmittel an Kontakthilfen und Verständigungsbeiträgen zuschießen, ab vom „reinen" Sprachsinn. Beide Scheidungen sind notwendig und fruchtbar. Nur darf man keine unerfüllbaren Erwartungen auf sie setzen. Der reine usuelle Sprachsinn, auf den man abzielt, ist nicht wie das Destillat oder die Quintessenz etwas besonders Hehres oder Gehaltvolles, sondern oft etwas hilflos Unbestimmtes, der Prägung, der Präzision Entbehrendes. Und doch gäbe es keine Wörterbücher in der Sprachwissenschaft, wenn dies näherer Bestimmung Bedürftige und mehrfacher Prägung Fähige der usuellen Wortbedeutung nicht irgendwie gefaßt werden könnte und müßte. Es gäbe auch keine Grammatik weder zum praktischen Gebrauch noch als Teil der Sprachwissenschaft. An der Grammatik wird am klarsten, was man schließlich in der Hand behält. Man lasse sich nicht enttäuschen durch die Tatsache, daß manche der praktischen Regeln in Schulgrammatiken aussehen wie die bäuerlichen Wetterregeln, daß sie mit Ausnahmen so reich versehen sind wie ein Sieb mit Löchern. Schließlich muß es doch so etwas wie Strukturgesetze einer Sprache auch im Bereich des Usuellen geben. Denn ohne diese Annahme wäre die Idee einer wissenschaftlichen Grammatik und mit ihr die hergebrachte Sprachwissenschaft überhaupt ein hoffnungsloses, ein rein aufs Ungefähr gestelltes Unternehmen. Und das ist sie nicht.

Die Lage gewinnt dann schon ein wesentlich verändertes Gesicht, wenn man, immer noch im Bereich des Usuellen, die Erkenntnis von den drei Dimensionen des Sprachsinns richtig anzuwenden und auszuwerten versteht. Auch die Kundgabefunktion, das lyrische Moment der Sprache, wenn man einmal kurz so sagen will, hat seine usuellen Ausdrucksmittel. Und nicht weniger die Auslösungsfunktion, das rhetorische Moment der Sprache. Wer sagt denn, daß die Struktur der Sprache nur in der einen Dimension der Darstellung, das heißt im Heimatsbereich der (aristotelischen) Logik gefaßt werden kann? Jene Löcher im Sieb sind größtenteils nichts anderes als Gucklöcher in die zwei anderen, vernachlässigten Dimensionen, sind jene Unbestimmtheiten, Variationsbereiche, die notwendig bestehen bleiben müssen, wenn man ein dreidimensionales Gebilde auf eine einzige Dimension projiziert. Doch davon an anderer Stelle mehr.

Hierher gehört die Einsicht, daß die letzte von der Sprache

überhaupt erreichte Präzisierung des Sinnes doch nur in der Sprechsituation hic et nunc zu finden ist. Die Freiheit des schöpferischen Aktes und der Duft des einmaligen Gebildes, das ihm entspringt, müssen auch von der Theorie als Faktum anerkannt und respektiert werden. Und der Versuch einer Definition des sprachlichen Sinnbegriffes muß nach meiner Überzeugung gerade hier ansetzen. Die Sprache ist wie andere Geräte des Lebens ein menschliches Zweckgebilde. Gewiß ist der Sprecher hic et nunc nicht in vollem Ausmaß und in jeder Hinsicht der Sinnverleiher des gerade so und nicht anders von ihm produzierten Sprachzeichens. Dies Zeichen lag (im Ganzen oder nach seinen Bestandsmomenten und mit den Strukturgesetzen ihrer Fügung zum Ganzen) in seinem Dispositionsbesitze sinnbehaftet bereit; ähnlich anderen „Geräten des Lebens" (F r e y e r), die durch Generationen Bestand haben und im Besitze der Lebenden sind. Aber das eine, daß es bis jetzt zur Aktualisierung gelangte und damit in höherem oder geringerem Grade eine individuelle Sinnuance erhielt, dafür ist der Wille oder der Organismus des Sprechers das Zweck s u b j e k t. Wir schreiten über diese 'Subjektivität in der engsten Bedeutung des Wortes hinaus, wo und wie immer wir das usuelle Moment des Sprachsinnes betrachten und bestimmen. Nie aber wird, soweit das auch gehen mag, das „Telos" und die Subjektsbezogenheit aus dem Begriff „Sprachsinn" schlechthin herausfallen dürfen. Der „Sinn an sich", abgesehen von einer Sprachgemeinschaft, für die er gültig ist, das wäre ein nicht minder unvollziehbarer Begriff wie etwa das „Geld an sich", abgesehen von einem Wirtschaftsbereich, in der es Kurs hat.

Also ein Subjektivismus und Relativismus in Sachen des Sprachsinnes? Gewiß; ungefähr so, wie man etwa die R i c k e r t sche Erkenntnistheorie mit ihren verschiedenen Stufen der Subjektivität mit diesen Namen belegen könnte. Zwei extreme Fälle in Parallele durchdacht: Der Mathematiklehrer zeichnet ein Dreieck an die Tafel und schreibt die Buchstaben A, B, C an seine Ecken. Das war reine Willkür, daß er sie in dieser, nicht in einer anderen Reihenfolge den Ecken als Bezeichnungen zuordnete. Daneben: ich bilde das Kompositum aus dem Stamme irgendeines aktiven deutschen Verbums mit der synsemantischen Endsilbe *-bar*, z. B. *streckbar*. Den Sinn eines solchen Wortes auch wenn es nie zuvor von einem anderen gebraucht worden wäre, kann der Erstbenützer nicht frei bestimmen. Der Sinn ist vorbestimmt nach einem Strukturgesetz der deutschen Sprache.

Ist das nicht ein Tatbestand von jener Art, die uns auf anderen Gebieten das „an sich" in den Mund legt? Der Sinn besteht und gilt, gleichviel, ob das Wort je von einem Sprecher gesprochen und einem Hörer verstanden wurde oder nicht. Dagegen ist, wie ich glaube, nicht das mindeste einzuwenden. Nur muß man einige Vorsicht üben bei der Verwendung derart feierlicher Ausdrücke und sich vor falschen Analogien hüten. Bedenklich wäre z. B. die Behauptung, ein Tausendmarkschein habe seinen Kaufwert bereits besessen, bevor er von der Reichsbank „ausgegeben" worden ist. Und so wird es auch in der Geschichte oder Vorgeschichte der deutschen Sprache einige für den Sinngehalt der Komposita mit -bar entscheidende Ereignisse, Emissionsakte sozusagen, gegeben haben.

Was ich behaupte, ist nicht, daß jeder sie kennen muß, der heute am Einzelfall über einen bestehenden Sprachsinn ins Reine kommen will, sondern daß niemand den Begriff des Sprachsinnes schlechthin zu definieren vermag, ohne das für Zuordnungszeichen konstitutive Zuordnungsmoment von Zeichen und Bedeutung, weiter das ganze Darstellungsgeschäft der Sprache und endlich dieses als eine Angelegenheit des zweckgeregelten menschlichen Lebens im Portefeuille der bereits geklärten, der logisch früheren Begriffe zu haben. So ist es gemeint, wenn ich die Gleichung Sprachsinn = Sprachzweck aufstelle.

2. Zu anderen Überlegungen führt die Tatsache, daß die Sprachzeichen nicht nur als Ordnungszeichen, sondern auch als Anzeichen einen „Sinn" haben. Wie steht es mit dem Sinn in der Kundgabe und dem Verstehen, das wir als Kundnahme bezeichnet haben? Es könnte zweckmäßig erscheinen, darüber die ersten Informationen an einfachen außersprachlichen Fällen zu gewinnen. Wer aus rasch sinkender Barometersäule auf nahenden Sturm schließt, deutet den ersten Tatbestand als Anzeichen des zweiten. Wo immer ein Zusammenhang zwischen zwei Bestimmtheiten A und B besteht, ist Derartiges vorwärts und rückwärts im Kausalnexus und im Bereiche sonstiger Zusammenhänge möglich. Haben wir in diesem Vorgehen, das jedem Forscher so vertraut ist wie das tägliche Brot, nicht das Prototyp geradezu eines Sinnes und Sinnverstehens an zweckfreien Gebilden vor uns? Daß das Barometer wie andere Instrumente, an denen wir Anzeichen für dies und das ablesen, ein eigens zu diesem Beruf bestimmtes Zweckgebilde ist, fällt nicht ins Gewicht neben all dem, was wir sonst dem unbeeinflußten Naturlauf an Anzeichen abgewinnen.

Freilich, etwas zum Range eines Anzeichens zu erheben, ist Sache unseres zweckgeregelten Denkens. Die Beobachtung am Barometer ist, logisch betrachtet, eine Prämisse des Wahrscheinlichkeitsschlusses und psychologisch gesehen ein Motiv meiner Überzeugung, daß es Sturm geben wird. Beides ist etwas anderes als der meteorologische Kausalnexus. Man könnte höchstens mit Spinoza sagen, die Gedankenfolge bringe (wenn alles in Ordnung ist) den Wetterumschlag in einer Art, wie Gedanken das vermögen, zur vorwegnehmenden Abbildung. Allein diese Formel würde mehr an Erläuterungen fordern, als wir zu bieten vermögen, und unsere Angelegenheit doch nicht recht vom Fleck bringen. So sei es denn vom anderen Ende, vom scheinbar komplexeren, von den Sprachzeichen aus versucht.

Wir haben ein einziges Mal im Laufe unserer Untersuchung die Kabinettsfrage nach dem Zweck des Ganzen gestellt, und das war in dem Augenblick, wo es galt, eine Hypothese über den Ursprung der Semantik im Tierreich zu gewinnen. Das Parallelenaxiom Wundts erschien uns aus der Luft gegriffen und unfähig, eine Entwicklungstheorie der Sprache zu tragen. Sei es nun, daß die Ausdrucksbewegungen der Tiere und des Menschen aus ursprünglich primären Zwecktätigkeiten, wie Darwin meinte, hervorgegangen oder daß manche von ihnen autochthon aus den fortschreitenden Kontaktbedürfnissen der Gemeinschaft entsprungen sind, wir machten die Annahme, das weitere Schicksal der Ausdrucksbewegungen sei von ihrer gemeinschafttragenden Leistung bestimmt. Sie seien also ausgesprochene Zweckgebilde. Nun, dann verlangt die einfache Konsequenz des Denkens, daß man schon den Begriff der semantischen Erscheinungen und danach auch ihren Sinngehalt auf diese Kommunikationsleistung hin bestimmt. Mag uns menschlichen Beobachtern z. B. der S. 44 besprochene höhere Flugton bei den Bienen ein noch so vielsagendes und klar sprechendes Anzeichen sein, wenn es nicht die Artgenossen anzusprechen vermag, gehört es nie und nimmer zur Semantik des Bienenvolkes. Kann sein, daß man bei gewissen Erscheinungen auch mit diesem Begriffsmerkmal in Schwierigkeiten gerät. Wenn ein begattungsreifes Schmetterlingsweibchen z. B. einen Duft verbreitet, der die Männchen von allen Seiten aus Kilometerentfernungen herbeiführt, sind wir gewiß geneigt, darin eine zweckmäßige = sinnvolle, paarungssichernde Einrichtung zu erblicken. Die Geruchsspur dagegen, die den flüchtigen Hasen zur Beute feinnasiger Raubtiere werden läßt, wird wohl niemand gern zum Rang einer (selbstdienlich) zweckmäßigen Einrichtung des Hasenlebens erheben wollen. Wo läuft die Grenze zwischen hier und dort? Nun, es kann nicht unsere Aufgabe sein, sie allgemein verbindlich zu ziehen. Der Fuchs und der Hund auf der Hasenfährte erinnern schon einigermaßen an den nachspürenden Menschen, der in den Kreis aller noch so abgeschlossener Bezirke von Kommunikationsmitteln anderer Lebewesen einbricht (wie Wasmann z. B., der die Ameisensprache versteht) und sogar Nichtsemantisches als Spuren benutzt im Dienste seiner Jagd- oder Forscherinteressen. Sehr selbstzweckdienlich (wie der Fuchs die Hasenspur) benutzt er sie und weiß Anzeichen, Symptome in reichster Fülle sogar dem vermutlich zweckfreien Verlauf der anorganischen Natur abzugewinnen. Sollen wir damit rasch die Diskussion über die Sinnd. h. Zweckfunktion von Anzeichen zum Abschluß bringen?

Das wäre hier noch ein Kurzschluß. Wer die angesponnenen Fäden aber noch einmal sorgfältig sondert und weiter verfolgt, wird zu einem besseren Ende gelangen. Unsere Hypothese über den Ursprung der Semantik bringt erstens eine Begriffsverengerung. Jene notwendige Verengerung, die es verhindert, daß man ungefähr so wie die Astrologie schließlich vor Zeichen nicht mehr ein noch aus weiß. Wenn alles zusammenhängt in der Welt, was kann da für was nicht alles als Anzeichen fungieren? Das Steigen der Getreidepreise z. B. für ein künftiges Anschwellen der Selbstmordziffer. Gut, im Bereich des menschlichen Nachspürens ist dem auch so, wir werden nicht das Mindeste gegen die Statistik mit ihrem Korrelationskoeffizienten und ihren unbegrenzten Möglichkeiten einwenden. Aber der Horizont der tierischen Semantik ist viel enger. Nur was als Zeichen das tierische Verhalten nachweisbar beeinflußt, gehört dazu. Zweitens: in der Bestimmung „als Zeichen beeinflußt" liegt die Anweisung zu einer ebenso notwendigen Erweiterung des Sinnbegriffs beschlossen. Der Aspekt des Benehmens tritt in seine Rechte und bewahrt uns vor übereilter Vermenschlichung des tierischen Verhaltens. Sinnvoll benehmen sich im semantischen Kontakt mit ihresgleichen die Ameisen und Bienen; das sehen wir und hüten uns, vorschnell ungewisse Aussagen über ihr Erleben zu machen. Ich glaube, wir müssen auch den Begriff des Verstehens dem Alleinbesitz des Erlebnisaspektes entwinden. Es gibt im semantischen Kontakt der Tiere sichbare Steuerungen des Benehmens. Folgt das Verhalten eines Tieres dem wahrgenommenen Zeichen, wie das Schiff einer Steuermarke, die der Steuermann in der Ferne erblickt, so werden wir sagen, das Tier habe das Zeichen **verstanden**, auch wenn über das Erleben dabei noch nicht das mindeste ermittelt ist. Die unbefangene Besinnung darauf, wie unser eigenes Benehmen im seelischen Kontakte mit anderen gesteuert wird, sollte die Theorie des Verstehens zum mindesten vor dem Festfahren in eine undurchführbare, rein intellektualistische Auffassung der Dinge bewahren. Wenn das wahrgenommene Zeichen eine jener Auslösungen vollzieht, die wir in der üblichen Terminologie als **Einstellungen** oder **Umstellungen** zu bestimmen pflegen, hat es vielfach seinen Beruf erfüllt und wir dürfen sagen, es sei vom Zeichenempfänger richtig verwertet oder verstanden worden. Doch es kommt mehr auf den Sachverhalt als auf die Terminologie an. Wer in den Strukturbegriff verliebt ist und ihn vom Verstehen nicht trennen möchte, dem würde ich zunächst vorhalten, daß es nicht nur **Struktureinsichten**, sondern auch **Strukturwirksamkeiten** kurz, aber mißverständlich gesagt, oder ein systembedingtes Geschehen gibt. Und er müßte dann jene noch einsichtsfreie Verwertung der Zeichen, die wir im Auge haben, zum mindesten als eine mögliche Vorstufe des Verstehens gelten lassen. Es wäre dann auch seine Sache, uns einen geeigneten Namen für diese Vorstufe zu empfehlen.

Erst die **dritte** und letzte Konsequenz unserer Hypothese trifft den Sinnbegriff selbst. Zur rechten Zeit bietet sich die unvergleichlich weitsichtige Fragestellung der alten Griechen, ob die Sprachzeichen ihre Bedeutung φύσει oder θέσει besitzen, an, um diese Konsequenz zu formulieren. Zu der rein historischen Frage, was und woran die Griechen selbst dabei gedacht haben, will ich mich nicht äußern, sondern das Begriffspaar neu definieren und eine Antwort im Sinne des θέσει bieten, welche die ganze Semantik einzuschließen imstande ist. Das φύσει an menschlichen und tierischen Ausdrucksphänomenen ist jene conditio sine qua non eines Zusammenhanges zwischen A und B, von der wir unseren Ausgang nahmen. **Wer** ihn gestiftet hat und worin er bestehen mag, ist irrelevant. Wir werden in einer ausgeführten Lehre vom menschlichen und tierischen Ausdruck um ein Minimum angeborenen Zusammenhanges und eine sehr breite erfahrungsbedingte und erfahrungsgeleitete Ausgestaltung dieses' Minimums nicht herum kommen. Aber das alles gehört zum Moment des φύσει in unserer Denkweise. Das θέσει dagegen setzt ein in dem Augenblick, wo wir teleologisch zu denken beginnen. Wenn es z. B. wahr ist, was auf S. 34 und 42 steht, daß die Gebärden als rein rudimentäre Organe im Sinne Darwins unbegreiflich wären, weil ein „eminent progressiver Entwicklungswert" in ihnen aufzuweisen ist, dann ist damit die Frage nach dem Wozu prinzipiell gerechtfertigt. Weil dies Wozu, das heißt ihre lebenswichtige Leistung, irgendwie an ihrem Gewordensein mitverantwortlich ist. Die Existenzbedingungen waren derart, daß diese Leistung für die Erhaltung und Ausgestaltung der Gebärden maß- und richtunggebend war. Ob man dies nun darwinistisch oder lamarckistisch ausdenkt, ist gleichgültig. Wichtig ist nur die Erkenntnis, daß damit das ϑέσει in die Theorie eingeführt und aus dem Sinnbegriff nicht mehr zu entfernen ist. Dieser Sinn ist keine Seinseigenschaft der sinntragenden Gebilde, sondern ein Leistungs- oder Geltungsmoment ähnlich dem Wert des Papiergeldes. Darum wird ihr Dasein auch nicht unmittelbar durch das Verschwinden des Sinnes vernichtet, wie es vernichtet würde, wenn ihnen eine seinsnotwendige Eigenschaft abginge. Sie können sinnlos geworden aus dem Verkehr verschwinden wie die entwerteten Geldnoten oder noch lange bestehen bleiben, weil irgend eine andere Kraft sie am Dasein erhält.

Warum wollte es nicht gelingen, von dem anscheinend so einfachen und durchsichtigen Barometerbeispiel aus die Angelegenheit der Kundgabefunktion begrifflich zu bereinigen? Nun, mit dem Podagra als Sturmsignal wären wir vielleicht nicht so schnell auf eine Sandbank geraten, weil hier greifbarer die Kehrseite der Sache, nämlich der die Bedeutung setzende Volksglaube, hervortritt. Ein Volksglaube setzt hier, ein Glaube setzt überall die Funktion des Anzeichens, und wäre es letzten Endes der Glaube an die Unverbrüchlichkeit der Naturgesetze oder an die Zuverlässigkeit des Induktionsverfahrens oder des Analogieprinzips im Erschließen eines (augenblicklich) unbeobachtbaren B vom beobachteten A aus. Schon Husserl hat gesehen, daß irgendein Grund oder Grad von Undurchsichtigkeit des Zusammenhanges zwischen A und B zum Begriff der echten Anzeigefunktion gehört. Vor der vollen Struktureinsicht löst sich in der Tat der Führerberuf des Anzeichens als überflüssig auf. Nun, dieser Endeffekt einer Struktureinsicht mag das Ideal des wissenschaftlichen Anzeichengebrauches sein. Der Natur aber war es bei der Einrichtung der Semantik um anderes zu tun. Und sie schuf als Korrelat zur Kundgabe die suggestive Kontaktwirkung im Zeichenempfänger. Von ihr sind wir ausgegangen, um zu begreifen, was eigentlich der Sinn der Sprachzeichen außerhalb der Darstellungsfunktion sei. Dieser Sinn ist **erstens** das, was auszulösen ihr Beruf ist im semantischen Kontakt. An Lautzeichen, die an der Schwelle der menschlichen Sprache stehen, aber im lebendigen Sprechverkehr durchaus nicht selten sind, an einem **he!** oder **pst!** z. B. wird dies ganz deutlich. Ihr Beruf, das heißt, ihr Sinn ist es, einen noch fehlenden Kontakt mit dem Adressaten herzustellen, seine Aufmerksamkeit auf den Sprecher zu lenken. Das ist ihr Endzweck. Daneben kann sie der Hörer **zweitens** auch in der Kundgabedimension verstehen; sie sind, wie alles andere, was zu den Gebärden gehört, auch fähig, etwas, was im Sprecher vorgeht, nämlich den Kontaktwunsch, das Kontaktstreben zu verraten. Wie labil dies subtile Zwecksystem ist und wie leicht die Situation zur Ergänzung eines so einfachen Grundsinnes ausgenutzt werden kann, mag man sich an dem zuletzt angeführten **pst!** vergegenwärtigen. Im Konzertsaal, etwa an einen Ruhestörer gerichtet, nimmt es ohne weiteres die Bedeutung der nächstgelegenen situationsbestimmten Aufforderung an.

Noch einmal: Ein Zusammenhang zwischen A und B *begründet,* der Glaube aber *setzt* den Sinn von Anzeichen. Jenes ist das φύσει und dieses ist das θέσει Bestehende am Sinn der Anzeichen. Der Glaube mag usuell oder okkasionell bestimmt sein, wie alles, was zur Bedeutung der Sprachzeichen gehört. Damit ist, glaube ich, endgültig auch dieser Sinn in die Sphäre des Geltenden geschoben und die Dinge liegen im Ganzen wieder so, wie wir dies ausführlich am Darstellungssinn erläutert haben, daß ohne Telos, ohne Subjektsbezogenheit der Sinnbegriff nicht konstituiert werden kann. Die Dinge und Ereignisse der Welt sind für den Erlebenden mit so viel Sinn geladen als er mit Recht oder Unrecht ihnen abzulauschen oder ihnen anzudichten, immer aber zu *setzen* vermag.

Wer so weit vorgedrungen ist, hat Gelegenheit, die Übereinstimmung seiner eigenen Fixierung des Sinnbegriffes mit dem Etymon des deutschen Wortes festzustellen. Das althochdeutsche Wort „sinan" bedeutet „wohin gehen, auf etwas abzielen" (vgl. germ. sinþa „Reise", woher auch „Gesinde" gleich Reisegefolgschaft, Kriegsgefolgschaft kommt). Wenn wir sagen „im Sinne des Uhrzeigers" oder an Linien Sinn und Gegensinn, nach denen man sie ablaufen kann, unterscheiden, so treffen wir damit das

Etymon des Wortes noch sehr genau. Aber auch dann noch, wenn wir weiter ab vom räumlichen Urbilde das abstrakte Zielmoment im Sinnbegriffe festhalten, bleiben wir, wie ich meine, dem Etymon treu. Merkwürdig ist, daß selbst Sinn = sensus (Sinnesorgan) und die Verba für die wichtigsten Sinnestätigkeiten noch an diesem teleologischen Begriffsaufbau teilnehmen. Man denke an „Spur" und „spüren" oder an „sehen", das mit lat. sequi = folgen verwandt und ursprünglich „mit den Augen folgen" bedeuten soll. An der Sinnestätigkeit ist offenbar das Moment des Abziehens zuerst hervorgehoben und als Benennungsmerkmal verwertet worden.

Wichtiger aber wäre es, den also erläuterten Begriff durch das ganze Gebiet der Psychologie hindurch zu verfolgen und andere Definitionsversuche damit zu vergleichen. Interessant wird die Sinnfrage vor allem in den beiden Grenzgebieten zur Biologie und zu den Geisteswissenschaften hin. Dort sind es die Instinkte, hier außer der Sprache die anderen Gebilde des objektiven Geistes, aus denen neue Probleme aufsteigen. Beide Gebiete sind in eigenen Abschnitten von uns behandelt oder wenigstens gestreift worden. Hier noch eine kurze Betrachtung des Sinnbegriffes bei Spranger.

3. Spranger definiert: „Sinn hat, was in ein Wertganzes als konstituierendes Glied eingeordnet ist" und bringt sofort eine Reihe von Beispielen, aus denen man durch eine einfache philologische Interpretation entnehmen kann, daß er in Wirklichkeit nicht das Moment der Wertbestimmtheit, der Werthaltigkeit im Auge hat, wo er von Sinn spricht. Sinn und Wert müssen begrifflich geschieden bleiben, so nahe auch dem unbefangenen Sprachgebrauch die Ineinssetzung liegen mag. Wir wollen zwei der Sprangerschen Beispiele betrachten.

„In einem sprachlichen Satz hat jedes Wort einen bestimmten Sinn, und der ganze Satz wieder seinen bestimmten Sinn in dem Zusammenhang einer Erkenntnis oder Kundgabe, also unter dem Gesichtspunkt eines theoretischen Wertes" (S. 4). Mich dünkt, einen Satz unter theoretischem Wertgesichtspunkt beurteilen, heißt ihn als wahr oder falsch beurteilen, und das ist mehr als seinen Sinn erfassen, ist mehr, als ihn verstehen. Ganz schlicht und naiv ausgedrückt heißt einen Satz verstehen soviel wie wissen oder erfassen, was damit „gemeint ist, heißt den Sprachzweck, nicht aber seinen Wahrheitswert erkennen. Spranger führt zwei Dimensionen des Sprachsinns, nämlich Kundgabe und „Erkenntnis" an; das letztere nenne ich die Darstellungsfunktion, und dann gibt es noch eine dritte Dimension, die ebenso verstanden werden will, nämlich die Auslösungsfunktion. Damit ist der Bereich des Sprachsinnes vollständig abgesteckt, Sprachsinn gleich Sprachzweck. Die Unterscheidung von zweck h a f t und zweck g e r e c h t, die wir S. 123 einführen, gestattet uns an jeder konkreten Sprachäußerung, und zwar für jede der drei Sinndimensionen die faktische Intention des Sprechers als den „subjektiven" Sprachsinn von dem „objektiven" Sprachsinn, d. h. dem, was der gewählte Ausdruck nach den Regeln des Sprachgebrauchs bedeutet, zu sondern. Auch die Tatsache, daß das Verständnis beim nächstliegenden, dem unmittelbar oder wörtlich Ausgedrückten stehenbleiben oder in die Tiefe dringen kann, soweit es gelingen mag, und zwar im Erfassen des subjektiven oder des objektiven Sprachsinnes, wird ohne weiteres begreiflich, wenn das Verstehen auf den Sprachzweck abzielt; denn die Unterordnung näherer unter fernere Ziele gehört ja zu den allgemeinen Eigenschaften komplexer Zweckmittelverhältnisse. Und dies alles können wir theoretisch ins Reine bringen ohne jeden Appell an die „Wertgesichtspunkte" von wahr und falsch.

Eines bleibt richtig, nämlich daß der Begriff und die Kriterien der Wahrheit wesensgesetzlich aus der Darstellungsfunktion entspringen. Und wenn S p r a n g e r nur behaupten wollte, daß jeder Darstellungssatz (Aussagesatz) unter dem theoretischen Wertgesichtspunkt betrachtet werden kann, oder wenn er behaupten wollte, daß sprachlich darstellende Menschen sich in der Regel vom Kompaß der Wahrheit leiten lassen, so wäre dagegen nichts einzuwenden. Aber weder das eine noch das andere gehört zu dem Vorgang des schlichten Sinnerfassens.

Ein zweites Musterbeispiel: „In einer Maschine haben die Teile einen Sinn, der durch die Gesamtleistung der Maschine bedingt ist." So ist es in der Tat kraft der Zweckbedingungen, denen der Bau der Maschine genügt. Und der Teilzweck einer Komponente dieses Zweckgebildes wird „verstanden" aus dem Gesamtzweck und den technischen Bedingungen seiner Verwirklichung. Mit Wert oder Unwert hat dieses Zweckverstehen nichts zu tun, „Leistung" ist zunächst ein völlig wertfreier Zweckbegriff. Ob eine Maschine Mehl erzeugt oder Straßenstaub aufwirbelt, ob etwas Wertvolles, Wertloses oder Wertwidriges durch sie verwirklicht wird und werden soll, ist für die Art und den Grad ihrer Zweckhaftigkeit und der Zweckmäßigkeit ihrer Struktur vollkommen irrelevant. Unbestritten bleibt auch hier der Satz, daß man Werkzeuge und Maschinen unter einem spezifischen Wertgesichtspunkt, nämlich dem der Ökonomie ihrer Leistung, betrachten kann. Wenn es darauf ankäme, ließe sich sogar der Begriff und die Kriterien der Ökonomie an ihnen ablesen. Unbestritten bleibt auch der Erfahrungssatz, daß Maschinen in der Regel der Verwirklichung ökonomischer Werte dienen und dazu konstruiert worden sind. Aber zum schlichten Sinnverständnis einer Maschine bedarf es solcher Wertbetrachtungen durchaus nicht.

Im Anschluß daran noch eine andere Überlegung. Wer an den also durchdachten Beispielen die Behauptung nachprüft, das Verstehen dringe in den „inneren Zusammenhang" ein und sei darum eine vollkommenere Erkenntnisart als die Kausalerklärung „aus Gesetzen nur äußeren Aufeinanderfolgens", dem erwachen auch dazu allerhand Bedenken. Worin unterscheidet sich vom Laienverständnis einer Maschine das Verständnis des Fachmannes und zuhöchst das Verständnis des Konstrukteurs? Der Konstrukteur hat sie, wenn er ganz gründlich vorging, durchgerechnet, bevor sie gebaut wurde, und dabei gewiß nicht gespart mit der Verwertung von Kausalerkenntnis. Sollte nicht gerade dadurch sein Verständnis vertieft worden sein? Uns Laien geht, wenn er, der Konstrukteur, allgemein verständlich zu erzählen anfängt von den Schwierigkeiten, und wie er sie überwunden hat, da und dort ein Licht auf, dem Fachmann die höchst erreichbare theoretische Einsicht, wenn er die Berechnungen und Motivationen nachprüft. Dem Praktiker vertieft sich das Verständnis, wenn er beim Gebrauch der Maschine Gelegenheit hat, die starken und schwachen Seiten ihrer Konstruktion kennenzulernen. Mich dünkt, was man so gemeinhin mit einem Wort das „Verständnis" einer Maschine nennt, sei demnach eine vielseitige und unter Umständen sehr verwickelte Angelegenheit, die auf keinen Fall ohne Physik und mit reiner Sinneinsicht befriedigend erledigt werden kann[1]). Mit dem Sprachverständnis ist es nicht anders. Wer sich als Anfänger um das Sinnerfassen eines fremdsprachlichen Satzes mit dem Wörterbuch in der Hand bemüht hat, weiß davon zu berichten, daß es Stufen des Verstehens gibt und welches gewichtige Wort dabei die Übung mitspricht. Was an echter Struktur-

---

1) Vgl. dazu O. Selz, „Über die Persönlichkeitstypen und die Methoden ihrer Bestimmung" (Buchausgabe), Anm. 25.

einsicht beim Verstehen eines Satzes aufblitzt, verteilt sich bei genauerem Zusehen auf das sachlich-logische und das grammatische Gebiet. Ich habe das charakteristische Aufblitzen als Aha-Erlebnis bezeichnet; die Denkpsychologie hat auch sonst über den komplexen Vorgang noch mancherlei eruiert[1]). Man darf dabei nie aus dem Auge verlieren, daß solche flüchtigen Struktureinsichten in der Regel unablösbar verwoben sind in die durchaus uneinsichtigen Assoziations- und Suggestivwirkungen, wie sie im lebendigen Sprachverkehr im Vordergrund stehen, und vor allem das Kundgabeverständnis bestreiten. Die reibungslose Geläufigkeit ihres Eintretens kann leicht vom Erlebenden selbst und noch mehr von einem einfühlenden Fremdbeobachter mit Struktureinsicht verwechselt werden; ich habe ausdrücklich vor solcher Konfundierung mit der Deutung bestimmter Affenversuche gewarnt und glaube diese Warnung ist hier noch einmal angebracht[2]).

Echte *Wertstrukturen,* wie sie S p r a n g e r letzten Endes vorschweben, gibt es gewiß. Die Logik belehrt uns z. B., daß in einem korrekten Syllogismus die Wahrheit der Konklusio einsichtig aus der Wahrheit der Prämissen hervorgeht; größere Wahrheitsgefüge von Sätzen zu bieten, erstrebt ja jede Theorie, jede Wissenschaft, die sich dem Ideal eines geschlossenen Systems annähert. Wer die Wahrheit als Wert betrachtet wie R i c k e r t und hier noch S p r a n g e r (neuestens scheint er davon abgekommen zu sein), darf solche Strukturen als Wertstrukturen ansehen. Ästhetische Qualitäten tragen, erhöhen sich gegenseitig und interferieren auf noch andere Art am Kunstwerk, das Gebiet der Sachgüter wird eigene Ganzheitskonstitutionen, und wieder andere das Reich des Sittlichen aufweisen. Daran zweifle ich nicht, und einiges davon in Projektion auf die wertbehaftete Persönlichkeit offenbaren uns die Lebensformen S p r a n g e r s. Nur wird man streng darauf sehen müssen, daß der Aufbau der Begriffe in einer allgemeinen Lehre von den Strukturen, diesem interessanten, im Grunde schon von H u s s e r l und S t u m p f vorgeahnten, in der Gestaltpsychologie oder Komplextheorie der Psychologen und in anderen Wissenschaften ungefähr gleichzeitig lebendig ge-

---

1) K. B ü h l e r, Über das Sprachverständnis vom Standpunkt der Normalpsychologie. Ber. über den III. Kongr. f. Psych. 1909, S. 94—130. Dort die ältere Literatur. Die vollständigste neue Übersicht bei A. W i l l w o l l, Begriffsbidung. Psych. Monogr. 1 (Hirzel in Leipzig) 1926.

2). Vgl. Die geistige Entwicklung des Kindes, 4. Auf., S. 20 f.

wordenen Unternehmen, mit peinlicher Sauberkeit erfolgt. Es geht nicht an, die Begriffe Struktur, Sinn und Wert in eins zusammenzuwerfen. Der Begriff der Ganzheit mit ihren konstitutiven Momenten ist der weiteste und ihm ist das einsichtige Erkennen zugeordnet. Zweckganzheiten = Sinngebilde, die einem Sinnverstehen zugänglich sind, können nach dem logischen Gesetze von der Umfangsverengerung eines Begriffes bei Bereicherung seines Inhaltes nur ein Teilgebiet der Strukturen sein. Und noch einmal enger wird der Bezirk, wenn man aus dem Bereich der Sinngebilde nur die werthaften und wertgerechten heraushaolt, z. B. aus dem Bereich der sinnvollen Sätze, die wahren und wissenschaftlich wertvollen. Zweck und Wert gehören irgendwie zusammen, aber gewiß nicht so, daß alles Zweckvolle auch als wertvoll betrachtet werden darf.

§ 12. Die Idee einer Kulturpsychologie.

Die Zeit ist, wie es scheint, wieder einmal reif geworden für Theorien großen Stils auf dem Gebiet der Geisteswissenschaften. Und das Werdende hebt sich in einem wichtigen Punkte von früheren Versuchen, z. B. von Hegel, ab. Denken wir zunächst wieder an die Sprache und wie es war, von welchem Punkte aus der Einblick in ihr Wesen von uns versucht worden ist. Die Relation Zeichen ⇌ Bedeutung war vom ersten bis zum letzten Satz das Thema. Denkt man sich analoge Untersuchungen an den Gebilden der Kunst und allem anderen, woran geistiges Leben haftet, woran es aufspringt, verweilt und seine Erfüllung findet, durchgeführt, dann ersteht ein Ganzes, das den alten Hegelschen Namen, welcher eine Bedeutungskomplexion von Objekt und Geist verlangt, mit einem neuen Inhalt zu füllen berechtigt ist. Eine *Theorie des objektiven Geistes* erscheint uns, die von der Idee einer allgemeinen Semasiologie erfüllt sind, ohne dies Kernstück unvollendbar. Quales sint, varium est, esse nemo negat, sagt Cicero, wenn ich mich recht erinnere, von den Göttern. Ähnlich ist es mit der heute weithin herrschenden Konvergenz der Bemühungen auf das eine Ziel einer Struktureinsicht in die Gegenstände der Geisteswissenschaften, von der Relation aus gewonnen und entfaltet, die zwischen den sinnlich wahrnehmbaren Sinnträgern und ihrem Sinne besteht. Ist das Unternehmen an der Sprache gelungen, so wird es leichter zum Teil und schwerer zum anderen auch für die nächsten Nachbarn der Sprache, für Gemälde und Musik z. B., und darüber hinaus durchzuführen sein. E. Cassirers „Philosophie der symbolischen Formen" geht mit uns diesen Weg, und noch ein anderes Werk, an das ich hier anknüpfen möchte. Es ist der kurze, gedankenreiche Essay von H. Freyer „Theorie des objektiven Geistes" (1923).

Freyers Essay ist vorzüglich geeignet zu zeigen, daß man als durchaus moderner Denker und von den Geisteswissenschaften her zu einem Ansatz der Kulturpsychologie gelangen kann, der sich unserer Auffassung von den drei Aspekten der Psychologie einfügt und die Einheit ihres Endgegenstandes nicht in Frage stellt. In zwei Kapiteln wird dort der „seelische Kreislauf des Verstehens" (S. 60—69) und „Der Prozeß des Schaffens" (S. 69—87) phänomenologisch gezeichnet. Wenn wir statt lebender Mitwesen ihre Werke vor uns haben, so gehört zum Verstehen dieser „Geräte des Lebens" zunächst einmal das Anmerken, daß sie von einem anderen geschaffen sind, und dann durch alle Stufen des eindringenden Verstehens so etwas wie ein Nachschaffen. „Es kann nun gefragt werden, was denn psychologisch vor sich gehe, wenn geistgeladene Materie und verstehende Seele mit positiver Wirkung zusammentreffen, und wie zumal in den Fällen vollkommenen Verstehens der subjektive Geist den Anschluß an den objektiven bewirke. Diese Fragen könnten nur in tiefgründigen und sehr umfangreichen psychologischen Untersuchungen gelöst werden. Denn es handelt sich in ihnen ... um eine Psychologie aller derjenigen Verhaltungsweisen, in denen wir auf Dinge der Kultur, tätig oder leidend, bewußt oder unbewußt bezogen sind, in denen wir unsere Geräte benutzen, unsere Zeichen verwenden, von unseren Gebilden umgeben sind, unsere Organisationsformen erfüllen, im Stile unserer Bildung leben." Und das Pendant dazu wäre eine Psychologie des Schaffens an den Werken der Kultur. Freyer sieht sehr wohl, „daß der Sinngehalt des objektiven Gebildes das gerade Gegenstück zum Kraftgehalt des produzierenden Lebens sein **kann**", aber nicht sein **muß**, „daß nicht nur aus der Fülle, sondern auch aus Mangel, nicht nur aus Überfluß, sondern auch aus Sehnsucht, nicht nur aus geradem Willen, sondern auch aus allerhand Umdeutungen und Fragwürdigkeiten heraus Werke geboren werden können". Trotzdem gelten zwei kategorische Sätze von jedem Schaffen, als **erster** der Satz von der „**Bündigkeit**" (mit Simmel). „Das Objektive selbst, ehe es eigentlich da ist, wirkt im Schaffensprozeß mit, es schafft sich selbst ebensosehr, wie es geschaffen wird", sobald es nämlich anfängt, und in dem Maße, wie es eine Struktur erhält. Dann ist es so wie bei jeder Struktur, daß das Ganze seine Teile fordert und sich selbst in ihnen ausgliedert. Der zweite ist der Satz von dem „Opfercharakter" des Schaffensprozesses. Während sonst in Lebensvorgängen subjektive Kraft an Gegenstände gewendet wird, um sie selbst oder dies und das an ihnen zu genießen, von ihnen zurückzuerhalten, soll gerade dies zum Charakter des reinen Schaffens gehören, daß das Subjekt opferhaft sein Bestes an das Objekt gibt ohne Rücksicht und Aussicht auf eine entsprechende Rückwirkung von dorther.

Über das zweite ließe sich wohl mancherlei sagen, der Satz ist, wie er dasteht, nicht voll aufrechtzuerhalten. Und seine durchaus treffende Ergänzung aus der Sphäre des Gemeinschaftslebens allein genügt noch nicht. Freyer schreibt: „Der schaffende Geist scheint allerdings die eigentliche Richtung des Lebens zu verraten: er scheint ins Objektive hinein zu handeln, ohne einen Nutzen zurückzuholen. Es wird aber zurückgeholt, nur nicht von ihm, sondern von andern. Das Werk bedeutet die große Erfindung des Lebens, daß das Subjekt (lies: Objekt) Akkumulator und Reservoir von Geist sein kann: unter der Bedingung, daß durch es hindurch gezielt wird auf Subjekte, daß es (in einem höchsten und reinsten Sinn) auf Wirkung geschaffen ist. Kultur (als Inbegriff aller menschlichen Werke) ist der Versuch der Menschheit, auf dem Umweg übers Objekt einen übervitalen Sinn ihres Lebens zu finden." Dazu hätte ich als Psychologe noch zweierlei hinzuzufügen, erstens, daß der unmittelbare Lohn, mit dem das Werk den Schaffenden beglückt, jene höchste Art der Freude ist, die ich als Schaffensfreude charakterisiert, von der Freude des Genießens und von der Funktionslust abgegrenzt habe. Sie folgt freilich nicht dem vollendeten Werke nach, sondern muß ihrer ganzen biologischen Funktion nach vor seiner Vollendung liegen, nämlich in der Konzeption und im Hochgefühl des Könnens. Wenn wir das mit der „List der Natur" in diesem Sachverhalt zu Ende denken, dann müssen wir auch den subjektiven Motor aufdecken, den sie eingesetzt hat, um die opfervolle Hingabe an das Werk nicht nur in denen, die uns als die erfolgreichen Neuleister vor Augen stehen, sondern schon in dem zartesten Kindesalter und in den primitivsten unserer Mitmenschen, die wir kennen, zu begreifen[1]). Das zweite ist die Tatsache, daß die Persönlichkeit des Schaffenden rückwirkend vom Werke geprägt werden kann, wenn auch nicht muß; darin brauchen wir kein subjektives Schaffensmotiv, aber wir müssen doch objektiv einen Lohn, der reichlich lohnt, anerkennen.

Doch das nur zur Ergänzung. Im übrigen halte ich das Schema für richtig und fruchtbar. Eine ausgeführte Psychologie des Schaffens wird in der Tat die zwei Aufgaben haben, „erstens jene seelischen Ausgangslagen schöpferischer Prozesse zu untersuchen, die durch ein vorläufig ungerichtetes, bereitliegendes, chaotisches Plus an Kraft charakterisiert sind" und zweitens zu ergründen, wie „aus jenem Fonds einer gesteigerten Vitalität nicht Akte des Lebens, nicht Handlungen, nicht Leidenschaften, sondern solche Prozesse gespeist werden, die von der Wurzel an eine andere Richtung haben, die opferhaften, nämlich formschaffenden Charakters sind". Die radikale Lebensfremdheit besteht für den, der die Schaffensfreude als Faktor einsetzen darf, nicht mehr, und das „von der Wurzel an verschieden" auch nicht, wenn anders in jedem vollmenschlichen Tun das Schaffensmoment enthalten ist; aber wie dieses Moment zur Reinheit eines beherrschenden Prinzips über alle Lebensopfer, die es fordert, aufblühen kann, ist in der Tat ein allgemeines Problem der Psychologie des Schaffens. Auch das Schema des Wechselspiels bei der Ausführung des Werkes, des Wechselspiels zwischen Setzen und Rückempfangen neuer Forderungen und Anregungen vom halbfertigen Gebilde her, wobei der anfangs große Spielraum von Möglichkeiten Schritt für Schritt verengert wird, und die Parallelen zwischen Schaffen und Verstehen sind vorzüglich und präzis gesehen. Es wird die von Freyer selbst geforderte psychologische Einzelarbeit an all dem unmittelbar ansetzen können und die geeigneten ersten Leitlinien haben. Die Prinzipien, welche Selz erarbeitet hat, ergänzen sich mit denen von Freyer aufs beste. Die philosophische Besinnung auf Ziel, Methode und Kategorien der Psychologie ist hier so weit fortgeschritten, daß ein sicherer und ergiebiger Fortschritt der Einzeluntersuchungen auf der erreichten Grundlage garantiert erscheint.

---

[1]) Näheres darüber bringt „Die geistige Entwicklung des Kindes" in dem Abschnitt „Genießen, Spielen, Schaffen", 4. Aufl., S. 449—462.

§ 13. Die Sinnbändertheorie Sprangers.

"Psychologia psychologice" heißt es bei Spranger. Wer wollte dem nicht restlos beistimmen? Nur sind wir Sterblichen eben alle an den Leib und die Materie gebunden, es ist der species homo sapiens ein unentrinnbares Gesetz: primum vivere, dann soll sich aus den Lebensnotwendigkeiten und über sie hinaus das Reich der *Werte* verwirklichen und erfüllen.

Es gehört zu den Selbstverständlichkeiten meines Denkens, daß man dies Reich der Werte wie jedes andere Gegenstandsgebiet für sich abstecken und nach den Wesens- oder Strukturgesetzen, die in ihm enthalten sind, erforschen muß. Eine Logik oder Ethik aus der Psychologie ableiten, erscheint mir als ein ebenso sinnwidriges Unternehmen, wie wenn man dies mit der Mathematik versuchen wollte. Nie aber habe ich verstehen können, wie eine Psychologie zustande kommen soll, der es verboten ist, psychophysische Korrelationen in den Endbestand ihrer Sätze einzubauen. "Wie ich ... aus der Tätigkeit der Geschlechtsdrüsen das tiefe Einsamkeitsgefühl des Jugendlichen oder seinen Radikalismus oder seine Tendenz zum Idealisieren ursächlich erklären soll, ist mir ganz schleierhaft"[1]). Mir offen gestanden auch, und wenn nur die Unzulänglichkeit voreiliger Zuordnungen in Frage steht, wie sie aus dem geschickt gewählten Beispiel Sprangers jedem Laien in die Augen springt, dann wäre darüber jedes weitere Wort verschwendet. Aber wie steht es, wenn ich z. B. das Sehen eines farbenblinden Daltonisten exakt bestimmt habe, so daß ich weiß, es ist um eine ganze, genau angebbare Dimension ärmer an Farbennuancen als das Sehen des normalsichtigen Menschen; muß ich dann abbrechen mit meiner Forschung, weil der nächste Schritt weiter mich ins Physiologische führen würde? Hering oder Helmholtz geben mir Aufschluß darüber, was dem Farbenblinden fehlt, und sie tun es doch wohl nur im exakten Ausbau der Korrelationen, die im Groben auch der Laie schon trifft, wenn er mir erklärt, ein vollständig Blinder sehe überhaupt nichts mehr, weil seine Augen operativ entfernt worden sind. Die Schwermut eines Psychopathen verschwindet in vielen Fällen restlos in wenigen Tagen auf ein Jodmedikament, das ihm der Arzt verabreicht, mein eigener Hunger und meine Sättigung steigen gesetzmäßig aus dem Chemismus des Körpers auf,

---

1) Spranger, Psychologie des Jugendalters, S. 24.

Kretschmer bringt bestimmte Temperaments- und Charakterzüge psychopathischer und gesunder Menschen in Korrelation zu ihrer Körperkonstitution. Spranger kann nicht im Ernste fordern, daß die psychologische Forschung mit verbundenen Augen an all dem vorübergehen soll. Wenn er sich ein anderes Thema gestellt hat, warum muß denn der Nachbar als wissenschaftlich minderwertig charakterisiert werden? Raum für alle hat das große Haus der Psychologie; mag der eine in den Mansarden sein Fernrohr auf den Sternenhimmel der Werte richten, die Kellerräume der Psychophysik können zum mindesten das eine für sich in Anspruch nehmen, daß ihre Mauern in der kausalen Ordnung der Dinge das Ganze zu tragen berufen sind. Der Vergleich trifft nicht alle, aber doch eine sehr wichtige Gruppe von Entstehungsbedingungen der Erlebnisse. Die Sache ist nicht damit erledigt, daß man eine eigentliche und eine uneigentliche Psychologie unterscheidet. „Wohl verstanden: wir halten jene physiologischen Feststellungen nicht für gleichgültig oder wertlos. Sie sind von der größten Wichtigkeit für die Physiologie und interessant auch für die physiologische Psychologie. Aber in der eigentlichen Psychologie helfen sie uns keinen Schritt weiter". Nein, etwas, was nur interessant ist, aber keinen Schritt weiterhilft in einer Wissenschaft, muß über Bord geworfen werden. Oder — es stimmt etwas nicht in den Grundbegriffen oder in den Ansprüchen dieser ‚eigentlichen' Psychologie.

1. Alle Hochachtung vor dem Geschick Sprangers bei der Konstruktion von Modellen zur Charakterlehre und in der Jugendpsychologie. Aber seine philosophischen Beiträge zur Methodologie und zum Kategoriensystem der Psychologie fordern die Kritik heraus. Fassen wir gleich am entscheidenden Punkte an: Die Konzeption eines überindividuellen, objektiven Geistes als einer in die Individuen eingreifenden und doch wieder nur von ihnen getragenen Realität ist so, wie sie dasteht, und mit den Denkmitteln Sprangers, schlechterdings unausdenkbar. Ich lasse mir einen persönlichen Gott, ohne dessen Willen kein Sperling vom Dache fällt, ich lasse mir den Spinozistischen Pantheismus oder auch einen anderen gefallen, wenn er einigermaßen widerspruchsfrei gedacht ist. Aber Sprangers objektiver Geist dürfte wohl in Ewigkeit nicht fertig werden mit den Widersprüchen, die ihm sein Entdecker einstweilen noch mitgegeben' hat. Merkwürdig, die Bemühungen aller anderen modernen Psychologen gehen dahin, die Begriffe „Volksseele", „Volksgeist"

und dergleichen mehr unvollziehbare Erbstücke aus den Zeiten
Herders und der Romantik zu eliminieren, nur Spranger
fährt mit vollen Segeln noch in diesem Winde. Mag sein, daß
ihm die Rickertsche Begriffsbildung mit ihren erkenntnistheoretischen und anderen überindividuellen Subjekten dabei zum
Vorbild dient. Allein es ist doch ein großer Unterschied, ob man
solche Subjekte als ideele Koordinatesausgangspunkte oder ob
man sie als Realitäten setzt. Spranger setzt sie ungehemmt als
Realitäten.

Für den Fortgang der psychologischen Einzelforschung ist
dies deshalb nicht belanglos, weil weniger Kritische verhängnisvolle methodische Konsequenzen daraus ziehen. Wer einmal dem lieben Gott in die Karten zu schauen oder im Generalquartier die Pläne einzusehen in der Lage war, wird leicht mit
souveräner Verachtung auf die mühsame Arbeit derer herabblicken, die ohne solche Einsichten den Gang der Dinge Schritt
für Schritt von außen her begreifen wollen. Man verstehe mich
recht, wir werden im Bereich eines zweckbestimmten Geschehens
immer wieder versuchen müssen, „das ganze Objekt mit einem
Griff zu packen, aus der Überzeugung heraus, daß in der Psychologie eben auf den Sinn fürs Ganze alles ankommt" (Vorwort,
S. XII). Gewiß, und doch wieder nein, nicht alles; denn auf
die Ganzheitsschau muß die induktive Prüfung folgen. Sollte es
denn so schwer sein, den Verstrickungen in die gröbsten methodischen Mißgriffe auf unserem Gebiete und der Gefahr von
Zweckspekulationen subalterner Geister zu entgehen? Das 18.
Jahrhundert müßte jedem Schüler, der sich daran wagt, in krassen
Farben vor Augen gestellt werden. Spranger hat heute schon
einen Schweif von Nachtretern, deren Produktionen er energisch
ablehnen sollte. Das wirksamste Mittel wäre eine klare Erkenntnis
von der Rolle der Induktion in der Psychologie.

Aber nicht dies, sondern Sprangers eigene Konzeption des objektiven Geistes steht hier zur Diskussion. Es
ist, um noch einmal an das instruktive Beispiel eines Diltheyschen Interpretationsverfahrens (S. 23 ff.) zu erinnern, jene Brücke
zu bestimmen und auf ihre Tragfähigkeit zu prüfen, die es gestattet, aus Struktureinsichten an objektiven Gebilden zu Sätzen
der Psychologie zu gelangen. Es wird auch Erlebnisstrukturen
und Benehmensstrukturen geben; das einfachste wäre, wenn sich
Parallelen zwischen den dreien finden ließen, Parallelen also
$G \parallel E, B \parallel E, G \parallel B$. Die Psychologie hat zwar mit ihrem be-

rühmtesten Parallelenschema auf dem Gebiet der psychophysischen Korrelationen nicht gerade die besten Erfahrungen gemacht, aber sie wäre trotzdem bereit, die neuen Hypothesen aufzunehmen, wenn sie ihr plausibel begründet und an guten Beispielen erläutert würden. Der unmittelbare Ertrag für sie wäre der, daß gewisse Sätze z. B. aus der Logik oder Ästhetik oder der Wirtschaftslehre oder sonst aus Wissenschaften, die sich mit objektiven Gebilden beschäftigen, nach einer einfachen **Übersetzung** in ihren Bestand von Erkenntnissen aufgenommen werden könnten. Dem logischen Satz vom Widerspruch z. B., je nachdem man ihn in der Begriffslehre (Gegenstandslehre) oder in der Urteilslehre formuliert, entsprächen zwei psychologische Sätze von der Unmöglichkeit, widersprechende Merkmale in einem Denkakt zur Einheit eines Gegenstandes zusammenzudenken, und der andere Satz von der Unmöglichkeit, das Ja und Nein, die Zustimmung und Ablehnung, in einem Akt ein und derselben Annahme zu gewähren. Nun, kein Besonnener wird zweifeln, daß derartige Übersetzungen nicht nur aus der Logik in die Psychologie des Denkens, sondern auch aus der allgemeinen Wertlehre in die Willenspsychologie usw. unter gehörigen Kautelen prinzipiell möglich sein müssen. Wäre dem anders, so trüge der Mensch nicht das Zeug, ein Bürger in den Wertreichen zu sein, in seinem Wesen. Allein, so wichtig die derart durch einfache Übersetzung gewonnenen Sätze der Psychologie auch sein mögen, ihre Leistung erschöpft sich darin, das interessante *teilweise* Zusammenfallen der **Grenzen des Sinnvollen und des Erlebbaren** abzustecken. Darum ist man mit ihnen noch nicht zufrieden, sondern sucht, weitergehende konkrete Entsprechungen, vor allem der Gebiete $G \parallel E$ $(E \parallel G)$ auf allgemeine Formeln zu bringen, und **Spranger** scheut sich nicht, auch sie ‚mit einem Griff zu packen'. Er spricht von objektiven und subjektiven Strukturen und supponiert wohl da und dort eine Parallele $G \parallel E$. Der Hauptzug seines Denkens aber folgt einer *Wechselwirkungshypothese* $G \rightleftarrows E$. So, glaube ich, muß man seine Auffassung, im ersten Ansatz zum mindesten, symbolisieren, wenn man aus dem theoretischen Abschnitt der „Psychologie des Jugendalters" folgende Sätze zusammenstellt (S. 8—16):

„Es gibt übergreifende Sinnzusammenhänge, die das subjektive Leben bedingen, ohne in die subjektive Sinnerfahrung selbst hineinzufallen."
„Wir sind in hohem Maße bedingt und geformt durch einen Bestand überindividueller geistiger Gebilde . . ., die uns gefangennehmen, leiten und be-

herrschen." „Der objektive Geist ist eine überindividuelle Struktur, ein überindividueller Sinn- und Wirkungszusammenhang. Er existiert nur, insofern er von lebendigen Individuen erlebt und getragen wird. Aber er ist *vor* jedem einzelnen Individuum und bedeutet für jedes einzelne einen vorgefundenen Komplex von Lebensbedingungen und richtunggebenden Faktoren." „Gehen wir ... vom Einzelsubjekt aus, so äußert sich in ihm der objektive Geist als *Erlebnis* und darauf aufgebaute Sinndeutung; umgekehrt nennen wir die sinngebenden und sinnschaffenden Akte des Subjekts *Leistung*. Gehen wir von dem (als identisch vorausgesetzten) objektiven Geist aus, so nennen wir seinen an sich geltenden Sinn den *Gehalt*, seinen Reflex in der erlebenden Seele seine *Wirkung*. Ein Subjekt, in dem der objektive Geist mit dem Gehalt, den wir in ihm voraussetzen, noch nicht bewußt geworden ist, hat Erlebnisse, die den Gehalt noch nicht ausschöpfen, es erfährt Wirkungen, deren vollen Sinn es noch nicht versteht. Es leistet vielleicht schon etwas für den objektiven Geist, aber nur triebhaft; es hat also nur eine inadäquate geistige Produktivität und sinnschaffende Kraft." „Der objektive Geist ist ... mit dem subjektiven durch eine Fülle von Lebensbändern verbunden." „Im Erleben des Einzelnen selbst ist dieses Ganze niemals adäquat gegenwärtig, sondern immer nur abgeschattet in einzelne Verbundenheits- oder Kampfbeziehungen. Ferner: in diesen *Formen* gesellschaftlichen Verbundenseins fließt ein sachlicher Sinngehalt hin und her. Aber auch dieser wird niemals voll erlebt, sondern er verschiebt sich in der Wirkung auf den Einzelnen zu eigenartigen Erlebnisweisen, ja, das ursprünglich sinnvolle Objektive kann in diesem Zusammentreffen mit neuen, subjektiven Konstellationen geradezu sinnwidrig werden:

,Vernunft wird Unsinn, Wohltat Plage,
Weh dir, daß du ein Enkel bist'.

Es gibt freilich auch Stellen, aus denen man eine **Identitätsauffassung** herausinterpretieren könnte, und wieder andere, in denen der beliebte **Strukturbegriff** auf das Verhältnis $G:E$ angewandt wird.

„Die Einzelseele ist von vornherein verschlungen in den objektiven Geist." „Wichtig ist, daß die individuelle Seelenstruktur selbst eingelagert ist in größere Sinnstrukturen, die vom Naturzusammenhang bis in den objektiv geistigen Zusammenhang der geschichtlich-gesellschaftlichen Welt hinaufreichen." „Schon die Biologie kommt mit der Annahme einer bloß immanenten Teleologie des Einzelorganismus nicht aus; sie muß eine übergreifende Teleologie (übergreifende Sinn- und Zweckzusammenhänge) anerkennen."

Fast beängstigend vollends werden die Verwicklungen durch eine Mitberücksichtigung von **Niveauunterschieden** im Bereich des objektiven Geistes.

„Die Stufen des objektiven Geistes erstrecken sich von dem Naturhaften im gebräuchlichen Sinn empor bis in das gesellschaftlich-geschichtliche Menschenleben und wahrscheinlich auch über diese *unsere* obere Sinngrenze noch hinaus." „Genau genommen müßten wir hier noch unterscheiden den objektiven Geist als historisch-gesellschaftliche Wirklichkeit und den normativen Geist als darauf aufgebaute *ideale Forderung*. Beides ist in der Struktur des überindividuellen Geistes zu einer Lebenseinheit verschmolzen."

Was ist denn das nun wieder ‚zu einer Lebenseinheit verschmolzen'? Ich weiß nicht, ob es nur mir so geht, mir fällt als Beispiel einer Lebenseinheit von zwei Partnern zuerst die Ehe ein; und nun werde ich wohl vergebens fragen, ob aus dieser Ehe einer bestimmten Wirklichkeit mit einer idealen Forderung auch lebensfähige Kinder hervorgehen. Spranger selbst fühlt es: „Dies Verstehen kompliziertester Geistigkeit (würde) nicht gelingen, wenn nicht bei aller fortschreitenden Verwirklichung ewige Grundlinien erhalten blieben, die immer wieder als Koordinaten des Verstehens angelegt werden." Dies ist in der Tat unser dringendstes Verlangen δός μοι ποῦ στῶ und zu dem festen Ort auch feste Koordinaten. Und hier bewährt sich nun der verehrte Autor als gewiegter Seelenarzt, indem er uns einen Halt im Absoluten empfiehlt.

„Es muß ganz allgemeine und ewige Sinnrichtungen geben, wenn besondere, zeitliche Ausprägungen der Sinnzusammenhänge verstanden werden sollen. Diese ideenhaften Richtpunkte sind die beiden — sich gegenseitig fordernden: 1. der totalen Lebenseinheit, 2. der inneren Differenzierung dieser Einheit nach bestimmten Sinnrichtungen, die *immer* erfüllt werden müssen, wenn überhaupt geistiges Leben sein soll." Einheit alles Lebendigen und des Toten hinzu, das nur als erstarrtes Sinnvolles wirklich „verstanden" werden kann; zuhöchst der „normative Geist, der — bildlich gesprochen — über dem jeweils verwirklichten objektiv-historischen Geist als richtunggebend schwebt. Er ist jedoch, sofern er auf das Verstehen der *menschlichen Welt* angewandt wird, nicht zu denken nur als ein starrer Fixsternhimmel von Ideen, sondern als ein Organismus von Idealformen oder von ihrerseits individualisierten Entelechien."

2. Die nüchterne Kritik sollte eines beherzigen, nämlich, daß man die Verdienste Sprangers um die Psychologie am wenigsten verfehlt, wenn man seine Bemühungen etwa mit denen vergleicht, die einst Kepler nach vielen Fehlgriffen zur Konzeption der Ellipsenform der Marsbahn geführt haben. Die ganze Astrologie im Kopfe dieses Mannes ist vergessen, sein Modell ist geblieben. Es ist nun einmal so, daß auch zur induktiven Forschung außer Experimenten Ideen gehören, man denke aus jüngster Zeit an die Massenproduktion von Atommodellen, bis dasjenige gefunden war, das, wie es scheint, vorerst alle Ansprüche der Experimentatoren befriedigt. Ideenreiche Modell-

erfinder sind voller Bilder; man betrachte die Ausführungen
Sprangers als eine Art Entdeckerpsychologie, als einen discours
de la méthode oder als regulae ad directionem ingenii. Wir
können des Ingeniums im gegenwärtigen Stadium der Psychologie
nicht zu viel haben; aber außerdem verlangt der objektive Geist
einer Realwissenschaft die induktive Verifizierung der Ideen. Das
gilt genau so gut für die Psychologie wie für die Physik. Und bis
zum Ansatz geeigneter Prüfungsverfahren sind noch einige
Schritte im rein theoretischen Gebiet zurückzulegen. So sei denn
zuerst die Frage gestellt, ob aus dem ganzen Bündel von Bildern
und Annahmen über das Verhältnis G:E alle gleichberechtigt
nebeneinander bestehen können. Dies ist eine Frage der Logik.

Manches wird abgestreift werden müssen. Wie soll man sich
z. B. einen Organismus von Idealformen ausdenken? Überhaupt
Kausalrelationen zwischen idealen Gegenständen unter
sich oder zwischen einem ausdrücklich als ideal und einem ausdrücklich als real charakterisierten Gegenstande? Das Wort von
der Ehe einer Realität mit einer idealen Norm war mehr als ein
Witz. Man mag über die Lösung des Universalienproblems —
und soweit müssen wir zurückgreifen, um die Dinge philosophisch
ins Reine zu bringen — denken, wie man will, auf keinen Fall ist
die begrifflich fixierte Antithesis real-ideal, wie sie in unserem
tradierten Sprachgebrauch lebt, aufrechtzuerhalten, wenn man den
idealen Gegenständen als solchen Wirkungsmöglichkeiten zuschreibt. Dies hieße nicht, irgendeine Lösung des Universalienproblems annehmen und andere verwerfen, sondern es hieße, den
Sinn dieses Problems radikal aufheben. Der Bereich des Wirklichen=Wirkenden wäre ja jedes inneren Haltes und jeder Absteckbarkeit beraubt, wenn er überall und jederzeit Zuflüsse und
Direktiven aus dem Nichtwirklichen erhielte. Man mag platonisch
denken oder spinozistisch, dann muß eben die Welt des hic et
nunc, in der wir leben, eine erkenntnistheoretische Entwertung erfahren. Man mag aristotelisch denken, dann heißt es, sich ehrlich
und gründlich mit Form und Stoff und mit dem potentiell Seienden auseinanderzusetzen. Aber man darf auf keinen Fall Begriffe
und Redewendungen aus beiden Systemen promiscue verwenden
und es dem Leser überlassen, wie er mit ihrer Vereinigung fertig
wird. Mit derartigen philosophischen Kleinigkeiten könnte die
nüchterne Kritik an Sprangers bildhaften Ausdrücken noch
manche Seite füllen. Sie wäre natürlich gegenstandslos, wenn
irgendwo der poetische Charakter dieser Wendungen oder ihre

Geburt aus Ausdrucksnot oder aus dem Streben nach Kürze und rascher Verständlichkeit ausdrücklich anerkannt wäre.

3. Doch nehmen wir einen neuen Anlauf. Vielleicht entgeht uns eine verborgene Begriffsbestimmung real-ideal, die abseits von den großen historischen Versuchen die Formel G $\rightleftarrows$ E, auch wenn eines der Glieder ideal und das andere als real charakterisiert ist, ausdenkbar macht. Da entsteht dann ein neues Problem, weil Spranger oft in demselben Satz die Prädikate Struktur und Wechselwirkung oder einseitige Kausalität auf ein und dasselbe, eben auf die Relation G:E (E:G) anwendet. Es ist rein logisch, rein gegenstandstheoretisch zu fragen, ob eins im anderen möglich ist. Dabei muß der Begriff Struktur in dem weitesten Sinn genommen werden, weil ein allgemeiner Beweis intendiert ist. Was für *die* Struktur als solche unmöglich ist, ist es auch für Sinn- und Wertstrukturen. Es liegt zunächst nichts als die unbestimmte Anweisung vor, zwei in eins zu denken, zwei Kategorien auf dasselbe Verhältnis anzuwenden, ungefähr so, wie wenn die Sprache ein Kompositum „Strukturwechselwirkung" oder „Wechselwirkungsstruktur" bildet und es der Deutung des Verstehenden, der die Sachen kennt, überläßt, wie er die Bedeutungskomplexion vollziehen will.

Nun von der Sache her kommen nur zwei oder drei Bedeutungskomplexionen solcher Komposita ernstlich in Frage. Erstens zwischen zwei strukturierten Wirklichkeiten, einer objektiven G und einer subjektiven E besteht einseitig oder wechselseitig ein Kausalverhältnis, E ruft G oder G ruft E hervor oder sie bestimmen sich wechselseitig. Es ist zu fragen, ob diese Einwirkung selbst dann auch noch ein Strukturgeschehen sein kann. Zweitens G und E sind die konstitutiven Momente eines Ganzen, sie werden also von diesem Ganzen getragen und bestimmt: kann dann jedes von beiden außerdem noch seine Eigenstruktur besitzen und von ihr bestimmt werden? Diese Fragen sind eine Angelegenheit der Logik. An beliebigen illustrierenden Beispielen ist eine allgemeine, und zwar negierende Antwort auf sie zu finden. Um Beispiele auf dem rein physischen Gebiet zu wählen: unsere automatischen Abbildungseinrichtungen scheinen auf den ersten Blick darauf angelegt, die Bedingungen des ersten Falles zu erfüllen. Das Bild im Siegelwachs, auf der photographischen Platte, der Phonogrammwalze, im Radioempfänger; ruft hier nicht eine strukturierte Wirklichkeit die andere hervor?

Ja und nein, physikalisch nein. Aber wer nach Erhärtung des Wachses sagt, es trägt jetzt die Raumformen, die Züge des Siegelringes und hält sie fest, mag es (psysikalisch widerrechtlich) aber in einem funktionellen Sinn ein strukturiertes Gebilde nennen. Nur solch aufgezwungene Formen verraten an physischen Dingen das menschliche Schaffen, gleichviel ob es sich um Bearbeitungsspuren an Feuersteinen oder um eine griechische Statue handelt. Wichtiger aber noch ist, am physischen Modell einsichtig die Erkenntnis zu abstrahieren, daß die Übertragung solcher Formen von einem physischen Geber auf einen physischen Empfänger in irgendeiner Art oder Phase Nichtstrukturiertes voraussetzt. Entweder ist der Empfänger selbst, beziehungsweise das Eigengeschehen in ihm, beliebig bildsam wie das Wachs oder, wenn er latente Prägungen bereits in sich enthält, die nur der Entwicklung harren, wie die belichtete photographische Platte, dann muß der hervorlockende Prozeß, das Entwicklerbad, ein ungeformtes Geschehen auf ihn wirken lassen. Im Idealfall der Resonanz zweier genau gleichgestimmter Stimmgabeln, wo G und E strukturierte Vorgänge sind, spielt das schwingende Zwischenmedium (z. B. die Luft) die Rolle des ungeformten Momentes, und wenn ich sie starr verbinde, das als Ganzes mitgenommene Bindemittel.

Die Anwendung dieser Erkenntnis auf das Verhältnis G:E und E:G führt nur zu negativen, aber heilsamen Ergebnissen. Man wird erst das Nächstliegende einheimsen, um dann zu ganz exakten und allgemeinen Sätzen vorzudringen. Der Bildhauer kommt den Materialforderungen des Holzes oder Marmors in wechselndem Ausmaß entgegen, heißt, er respektiert oder unterdrückt die Materialstrukturen. Ein und dasselbe Milieu weckt selektiv beim einen Menschen diese, bei einem anderen vielleicht die entgegengesetzten Charakterzüge; Kinder im Schoß derselben Familie; manchmal hat man den Eindruck, als wirkten die Einflüsse von außen formlos wie ein Entwicklerbad oder wie das technische Verfahren beim Abziehen eines Bildes von der fertiggeritzten Kupferplatte, ein andermal wieder, als präge der Milieucharakter im ganzen oder einzelnen seiner Züge den heranwachsenden Menschen wie ein Siegelwachs. Die tiefer dringende Forschung korrigiert extrem einseitige Auffassungen, biegt sie zusammen und setzt als dritten Faktor die aktive Selbstgestaltung in wechselndem Ausmaß an. Aber wie dem auch sein mag, jedenfalls wird in all diesen und verwandten, zum Teil uralten Gleichnissen die logische Forderung eines unstrukturierten Momentes im Ganzen von G:E erfüllt.

Und darin liegt einfach ablesbar das erste allgemeine Ergebnis beschlossen: Wer von objektiven und subjektiven Strukturen spricht, setzt zunächst einmal zwei Systeme, um sie dann kausal zu verbinden. Niemand kann ihm diesen Ansatz verwehren, aber jeder muß verlangen, daß die Konsequenzen auch richtig gezogen werden. Soweit die Systeme einander transzendieren, d. h. unabhängig voneinander sind, folgt das Geschehen hier und das Geschehen dort den eigenen Systembedingungen. Wenn man sie in Kontakt bringt, ist Resonanz oder ein aufgezwungenes Systemgeschehen möglich. Der Rezipient kann, sofern er bildsam ist, die aufgezwungenen Systembedingungen sich aneignen und festhalten, dann wird er fernerhin zwanglos nach ihnen reagieren (oder wo es vorkommt auch agieren). Das alles gilt, wo immer die Grundannahme von zwei Systemen zutrifft, und wird durch den Übergang von toten zu lebenden Systemen nur weiter und weiter kompliziert, aber nicht aufgehoben. Man kann innerhalb der Strukturannahme auch sofort von einem statt von zwei Systemen ausgehen. G und E als die konstitutiven Momente eines einzigen Ganzen, innerhalb dessen das Geschehen systembedingt verläuft, das wäre im Prinzip wie mit den zwei Zinken einer einzigen Stimmgabel. Kann es innerhalb einer solchen Gesamtstruktur noch Teilstrukturen geben? Nun, bei der Stimmgabel nicht, keine der Zinken vermag ihre eigenen Wege zu gehen, und wenn ich die eine von ihnen mit einem Laufgewicht belaste, so belaste und verändere ich damit das ganze System. Aber man kann die Bindung der Komponenten anderer Systeme in verschiedener Weise und in verschiedenem Ausmaße lockern und erhält dann unter Umständen sehr verwickelte Verhältnisse. Gewiß kann man das, nur darf man darüber nicht vergessen, daß damit im Prinzip die Rückkehr zu der ersten Auffassung mit zwei Systemen und allen Arten der Koppelung zwischen ihnen vollzogen ist. Freiheit des einen bedeutet immer die entsprechende Unfreiheit, d. h. Strukturnachgiebigkeit resp. Bildsamkeit des anderen oder den Durchgang des Geschehens durch ein nichtstrukturiertes Medium. Also, wie man es auch anfassen mag, der Gegenstand des Bedeutungskompositums Strukturwechselwirkung oder Wechselwirkungsstruktur muß sich entscheiden, ob es in dieser oder jener Art aus der reinen Sphäre eines Zweiersystems mit zwei Teilstrukturen und einer Überstruktur, eines Systems, das rein aus dem Strukturbegriff verstanden werden könnte, an dem nichts Unstrukturiertes mehr wäre, heraustreten will, um dem Vorwurf des hölzernen Eisens zu entgehen.

Man denke nicht, das seien Kümmelspaltereien, denn es steht und fällt mit jener Konstruktion der methodische Anspruch einer reinen Strukturpsychologie mit Hilfe des Verstehens ganz allein, jenes Verstehens, das „anders wie die Kausalerkenntnis in den inneren Zusammenhang" der Dinge eindringt, die Wissenschaft der Psychologie zu vollenden. Mag der objektive Geist sein, was er will, sobald ich objektive und subjektive Strukturen und eine, wenn auch nur relative Unabhängigkeit der beiden voneinander ansetze, brauche ich ein „unstrukturiertes" Medium zwischen beiden, um sie kausal zusammenzubringen. Die vollständigste Erkenntnis der Strukturen der einen und der anderen Art gibt mir noch keine Erkenntnis dieses *Zusammen,* wenn ich das Medium vernachlässige. Der Psychologe braucht nicht lange zu suchen, um das Medium und mit ihm die Lücke anzugeben, die im Sprangerschen System klafft, es ist der Leib, an den wir armen Erdgeborenen gebunden sind und mit ihm die Totalität der psychophysischen Korrelationen. Es ist jene uneigentliche Psychologie, über die er sich stolzen Fluges hinwegsetzt. Jedes Verstehen eines Gebildes, das andere vor uns im Bereiche der menschlichen Kultur geschaffen haben, und jedes eigene Schaffen an physischen Objekten läuft den Weg zurück und hin durch unsere psychophysische Organisation mit Einschluß all der vorerst undurchsichtigen und „nur kausal erklärbaren" Synapsen zwischen Reiz und Empfindung, Entschluß und Ausführung, Idee und Verwirklichung und jenen intrapsychischen oder intranervösen Synapsen, die den Gesetzen des Gedächtnisses im weitesten Sinn des Wortes unterstehen. Das ist das Medium zwischen G und E, E und G. Ich betone noch einmal, daß ich nur den überspannten Anspruch der verstehenden Psychologie treffen will, nicht nur Modelle zu bauen, wie die theoretische Physik, Modelle, die der induktiven Prüfung unterliegen, sondern das Ganze der eigentlichen Psychologie mit Struktureinsichten allein aufzubauen.

Sehr beachtenswerte Überlegungen auf gleicher, dem Physiker vollkommen geläufiger Grundlage hat jüngst Fritz Heider auf die Phänomenologie und Psychophysik der Wahrnehmungen angewandt[1]). Er hat uns leider nicht explicite gesagt,

---

1) Fritz Heider, Ding und Medium. Symposion Bd. 1, S. 109—157.

wie die Auffassung der Strukturmonisten à la Koffka an ganz bestimmter Stelle in die Enge getrieben, vor ein Entweder—Oder gestellt wird durch seine Überlegungen, sondern nur stillschweigend in herkömmlicher Art die psychophysische Korrelation zwischen nervösem, terminalem Vorgang im Gehirn und den phänomenalen Wahrnehmungsstrukturen durch das Zwischenglied noch unstrukturierter Empfindungen, den reinen Empfindungen im Sinne von Helmholtz, J. von Kries, Stumpf und meiner eigenen Annahme in den Gestaltwahrnehmungen hergestellt. Wer den Satz „was innen, ist auch außen" vertritt, kann dem Medium der Empfindungen zwischen einem als strukturiert angenommenen nervösen Geschehen und den Wahrnehmungsgestalten nur durch eine Identitätsannahme entgehen und verstrickt sich damit in alle Paradoxien des Materialismus. Spranger ist davon weltenweit entfernt; doch wird auch er nicht umhin können, irgendwo einmal, wenn sich seine Psychologie zum geschlossenen System abrunden soll, etwas über das Medium zwischen „objektiven" und „subjektiven" Strukturen zu sagen. Das definitive Wegschieben wäre Vogelstraußpolitik, und den sehr zweifelhaften Ausweg durch die Telepathie oder dergleichen mehr haben wir kein Recht seinem für uns äußerst wertvollen konstruktiven Denken zu supponieren oder vorzuschlagen.

4. Dazu ein Letztes. Auf eine präzise Frage Sprangers wollen wir eine präzise Antwort nicht schuldig bleiben. „Wird mir die große seelische Veränderung, die beim Übergang aus dem Kindesalter in das Pubertätsalter vor sich geht, irgendwie psychologisch klarer dadurch, daß bestimmte Drüsen eine verstärkte Tätigkeit entfalten? Diese Erklärung leistet ebensoviel wie die Behauptung, Sokrates sitze deshalb im Gefängnis, weil er seine Beinmuskeln bewegt habe und auf diese Art hingekommen sei" (S. 3 f.). Alle Achtung vor der Parade! Daß man in beiden Vergleichsfällen auf dieselbe Art entgleisen kann, ist durchaus treffend gesagt. Aber wie wäre es mit dem ernstgemeinten Vorschlag, einmal bei frühzeitig kastrierten Männern oder bei solchen, die in der körperlich-sexuellen Entwicklung entscheidend zurückgeblieben sind, nach den seelischen Pubertätsphänomenen Umschau zu halten? Der greifbare Temperaments- und Charakterunterschied zwischen einem Stier und seinem Bruder, dem Ochsen wird wohl kaum größer sein als wir ihn unter analogen Verhält-

nissen beim Menschen zu erwarten haben. Als erste Antwort auf die Frage „woher denn zwischen Brüdern der gewaltige Unterschied?" dürfte der Hinweis auf die Tätigkeit bestimmter Drüsen doch wohl den Anspruch haben, etwas freundlicher behandelt zu werden als der Hinweis des aus der Rolle gefallenen Schülers auf die Beinmuskeln des Sokrates. „Warum"? Die Frage ist so vieldeutig wie das Leben selbst, auf das sie abzielt; es kommt darauf an, ob eine von beiden entbehrlich ist: die Frage, *warum* in einem System seelischer Veränderungen das eine hier und das andere dort auf seinem Platz steht, und die andere Frage, *warum* im heranwachsenden Menschen, sei es generell, sei es hic et nunc, gerade diese Systembedingungen eingetreten sind. Selbst wenn es so wäre, daß die Reifung der Keimdrüsen mit all ihren Folge- und Begleiterscheinungen, mit der gewaltigen Umprägung des ganzen Körpers und des ganzen physiologischen „Benehmens" sozusagen nur wie Gott im Bilde Michel Angelos mit der Fingerspitze die schlummernde Seele Adams zum Erwachen riefe, selbst dann wäre die zweite Warumfrage unerläßlich, weil Adam ohne Gott und der junge Mensch ohne Keimdrüsenentwicklung in alle Ewigkeit unaufgerüttelt blieben. Aber ist es denn so, ist abgesehen von dem Anstoß die Pubertätsentwicklung ein rein innerlich bedingtes und innerlich gesteuertes Geschehen, ungefähr so wie es sich in einer fensterlosen Leibnizschen Monade abspielen müßte? Ich habe eine größere Vorstellung von der Wechselwirkung zwischen Leib und Seele und glaube, durch das Erfahrungsmaterial jedes nachdenkenden Neurologen könnte eine solche Fingerspitzenannahme ad absurdum geführt werden. Doch es geht um ein sehr wichtiges Prinzip und wir müssen etwas weiter ausholen.

Wir bieten dem verehrten Gegner die denkbar größten Chancen, indem wir von den Instinkten und einem von ihm selbst gewählten Beispiel ausgehen. Spranger schreibt in der Psychologie des Jugendalters:

„Demgemäß ist die primitivste Form, in der der objektive Geist in den Zusammenhang der Individualstruktur hineinreicht, der Instinkt. Von ihm gilt, was wir über die inadäquaten subjektiven Sinnerlebnisse sagten. Denn die subjektive Erlebnisseite deckt sich nicht mit der objektiven Leistung und dem Sinn*gehalt*." „Im Sexualinstinkt liegt nichts von dem subjektiven *Willen* der Arterhaltung. Mit einem Wort: die subjektive Teleologie deckt sich nicht mit der objektiven Leistung und dem Sinn*gehalt*." Man könnte daher, wie Hegel von einer „List der Vernunft" gesprochen hat, schon von einer „List der Natur" reden. Sie gliedert die subjektive

Teleologie des Einzelwesens ihrer übergreifenden Teleologie ein. „Der Instinkt steht hier nur an Stelle eines Beispiels. Die seelische Ausstattung des Einzelwesens ist ganz allgemein von Anfang an so, daß über seine individuelle Struktur sich eine noch umfassendere überindividuelle Struktur hinüberwölbt, deren Sinn nicht unmittelbar erlebt wird, sondern erst im Anschluß an das *Wissen* um überindividuelle Zusammenhänge, also gleichsam auf einer höheren Stufe, erlebt werden kann. Alle im engeren Sinne biologischen Bedingtheiten der Seele gehören hierher." (14)

Dazu das Beispiel: „Hätte die Psychologie *nur* die Aufgabe zu beschreiben, was im individuellen Bewußtsein selbst erlebt wird, so würde die Antwort auf die Frage ‚Weshalb spielt das Kind?' einfach lauten: ‚Weil es ihm Freude macht.' Denn darin erschöpft sich der rein subjektive (erlebte) Sinn des Spieles. Über die bewußte Form und Richtung des Spieltriebes gäbe es keine weitere ‚Theorie'. Sobald wir aber, etwa im Sinn der Theorie von Karl Groos, sagen: Das Kind spielt, um sich in dem Vollzug künftiger lebenswichtiger Tätigkeiten zu üben, gehen wir weit über das hinaus, was beim Spiel wirklich erlebt wird. Dieses ‚um—zu' fällt noch nicht in die Seele des Kindes hinein. Hier liegt ein ‚übergreifender Sinnzusammenhang' vor, übergreifend zunächst nur über den unmittelbar erlebten Sinn. Und diese Deutung ist aus dem Wissen um überindividuelle, um geistige Zusammenhänge hinzugefügt." (8)

Nun, wer die etwa zweitausendjährige Geschichte des Instinktproblems überschaut, wird in diesen Sätzen kaum etwas Revolutionäres finden und die Bemerkung Sprangers von „diesem bisher nicht beachteten Sachverhalt" unter die Regel subsumieren, daß immer wieder uraltes Gedankengut wie neu und morgenfrisch im subjektiven Geiste eines Forschers aufblühen kann; vielleicht liegt darin auch eine List der Weltvernunft beschlossen. Jedenfalls haben sich die Stoiker in Abwehr der überspannten pythagoreischen, epikureischen Vermenschlichung des tierischen Verhaltens (in der Art des Plutarch etwa) schon Moment für Moment genau so ausgedrückt wie Spranger[1]). Akkurat um dies Problem, ob die subjektive mit der objektiven Zweckmäßigkeit sich decke, geht dort die Diskussion, und die Stoiker halten es mit Spranger, sie denken sich das Tier gleichsam von der Natur, d. h. der Weltvernunft „verwaltet" und Triebe ins tierische Wesen gelegt, die es ohne Einsicht zum Nützlichen führen und vom Schädlichen fernhalten. Statt umständlich die Kirchenväter und Schopenhauer als weitere Zeugen für Spranger aufzurufen, ist es wohl richtiger, einfach zu sagen, jenes Problem, von dem er ausgeht, sei fast ein Ge-

---

1) Vgl. A. Dyroff, Die Tierpsychologie des Plutarchus von Chäronea. Progr. d. J. neuen Gymnasiums in Würzburg 1877. Ders., Zur stoischen Tierpsych., Blätter f. Gymnasialschulwesen 33 und 34, 1897.

meingut des biologischen Denkens. Nur daß die Modernen aller Richtungen von der gemeinsamen Frage aus jene Wege wandeln, die er vermeidet, nämlich die Hebel, die Ansatzstellen im Individuum zu suchen, die der objektive Geist braucht, um seine Ziele zu verwirklichen. Es ist wahr, man tut das in verschiedener Art, die Engländer Stout, Shand, Mc. Dougall als Erlebnispsychologen, Lloyd Morgan und die Behavioristen mehr im Gedankenzuge der Psychophysik, ich habe in einem Sammelreferat versucht, zu beweisen, daß sie gegenseitig aufeinander angewiesen sind, und wüßte auch für das, was Spranger vorschwebt, noch einen Platz im System anzugeben. Nur nicht gerade so, daß sein Unternehmen als der Königsweg erscheint; er müßte mehr und Köstlicheres in seiner Pfanne haben, um all das übrige als die uneigentliche Psychologie der Instinkte beiseite schieben zu dürfen.

Was bringt er denn faktisch und was wäre von dem dritten Aspekt, den er empfiehlt, im besten Fall zu erwarten? In dem von mir nachgedruckten Texte steht wieder einmal, über die individuelle sei eine umfassendere überindividuelle Struktur *hinübergewölbt*. Aus der Einsicht in das Objektive, das Gewölbe, soll nach seiner Auffassung more geometrico (oder ethico) unsere wissenschaftliche Erkenntnis der Instinkte fließen. Vermutungen, Fragestellungen, Modelle können in der Tat und müssen so gewonnen werden, daß wir uns fiktiv in den „Haushalt der Natur" versenken, daß wir mit einem „als ob" in unseren Hypothesen operieren. Aber solche Schemata bleiben, um mit Kant zu sprechen, vollkommen leer, solange nicht das *Daß* und das *Wie*, und zwar in ganz kommuner, kausaler Forschung erschlossen worden sind. Für Spranger scheint in diesen Dingen Kant umsonst gelebt zu haben. Wir brauchen aber nicht einmal Kant, sondern nur die Logik und jene einfache Erkenntnis, daß zwischen dem systembedingten subjektiven Geschehen und irgendeinem unabhängigen „darübergewölbten" strukturierten G, dem es zugeordnet sein mag, ein unstrukturiertes Moment oder Medium vorhanden sein muß. Das Gegenteil wäre ein Ungedanke, der vor dem Forum der Logik nicht bestehen kann.

Da ist z. B. das Spiel des Kindes. Was Spranger sagt, ist vollkommen die Meinung von K. Groos und all derer, die sich die Groossche Idee zu eigen gemacht haben. Der biologische Sinn des Spielens wird getroffen, wenn wir es als Vorübung künftiger lebenswichtiger Fähigkeiten (Fertigkeiten) betrachten.

Groos kam durch ausgedehnte Studien an Tieren auf diese Idee. Sie ist nun da als Hypothese, was weiter? Welch nächsten Schritt der verstehenden Psychologie kann uns Spranger vorschlagen, um aus der Idee eine vollendete „Theorie" zu machen? Die Wissenschaft brauchte zu ihrem Glück nicht darauf zu warten, sondern ließ sich das bekannte Wechselspiel von verifizierenden Beobachtungen und neuen Ideen, ließ sich eine waschechte Induktion gefallen und ist nicht schlecht damit gefahren. Es gehörte fürs erste eine große Materialkenntnis aus dem weiten Bereich des Benehmens junger Tiere und junger Menschen dazu, um grundsätzlich zu sondern, *was* und *wo* vorgeübt wird und was und wo nicht. Der objektive Geist scheint seine Launen zu haben, die jungen Ameisen und Bienen z. B. sehen einem äußerst komplizierten Leben entgegen, und doch fällt es ihnen gar nicht ein, sich brav wie junge Hunde und Katzen und das menschliche Kind in die Vorübungsschule des Spieles zu begeben. An jungen Hühnern wird noch niemand Vorübungen zum Eierlegen oder Brüten und Behüten der Küchlein gefunden haben, während das Pflegespiel an Puppen zu den konstantesten Erscheinungen in der menschlichen Kinderstube gehören. Warum das eine und das andere nicht? Ich fürchte, der objektive Geist wird schweigen wie eine Sphinx, wenn wir ihn mit dieser indiskreten Frage direkt angehen wollten; er hat aber bereitwillig geantwortet, als man ihm bescheiden auf ja und nein eine induktiv gewonnene Vermutung vorlegte.

Schon Groos hat sie formuliert, und sie ist seither wahrscheinlicher, zum mindesten aber nicht unwahrscheinlicher geworden, nämlich, daß den Instinkten ein relativ starres Moment im Bereiche der vererbten Anlagen entspricht, und daß das Spielen als Komplement zu weitgehend plastischen, d. h. mit einem Spielraum für individuell erworbene Variationen ausgestatteten Erbanlagen von der Natur eingerichtet worden ist. Das Fragen, d. h. Vermuten für neue Ansätze der Induktion ging weiter, ich will mich kurz fassen. Angenommen, der objektive Geist hat sich im Bereich des tierischen und menschlichen Gesamtverhaltens jene drei Sphären des Instinktes, der Dressur und des Intellektes geschaffen, die wir im ersten Abschnitt objektiv charakterisieren konnten, so vermögen wir ihm nachzurechnen, daß die Spielvorübungen wie das Übungsprinzip überhaupt zur Dressur gehören; die bekannten Tatsachen stimmen, soweit ich sehen kann, mit der Idee überein.

Und nun die Wendung ins Subjektive, die Spranger mit dem auffallend oberflächlichen Satze ‚das Kind spielt, weil es ihm Freude macht' beiseiteschiebt. Ich selbst bin verantwortlich für den Ansatz der Theorie im Subjektiven, und ich muß es Spranger sagen, daß mich dies „Schwamm drüber" von seiner Seite außerordentlich befremdet hat. Er selbst braucht doch eine subjektive Struktur für die Spieltätigkeit. Auf der einen Seite steht das „du sollst dich vorüben" des objektiven Geistes, von dem das Kind nichts weiß, auf der anderen Seite sehen wir es vom Morgen bis zum Abend den Befehl vollziehen, und dazwischen wird uns die Warumfrage verboten. Die Stoiker haben die Triebe im Tier angesetzt, und Kant hat, wo auf der einen Seite der kategorische Imperativ, auf der anderen seine Ausführung im konkreten Fall in Frage steht, die „Achtung vor dem Gesetz" in die Brust des Menschen gesenkt, und nur ausgerechnet das spielende Kind soll eines leistungsfähigen Motors für die Tätigkeiten, die sein Leben erfüllen, entbehren oder die Theorie soll an ihm als an etwas ‚Uneigentlichem' vorübergehen. Das verstehe, wer kann. Der nackte Begriff der Lust oder Freude allein böte freilich eine magere Erkenntnis. Aber wie wäre es mit einer spezifischen Lust, genauer gesagt, mit einem spezifischen Verhältnis der Lust zur Tätigkeit, wie wäre es, wenn die Natur an all den Stellen, wo sie einen Übungsfortschritt des Kindes im Dienste seiner Ausstattung mit später lebenswichtigen Fertigkeiten vorsah, die geeigneten Tätigkeiten mit *Funktionslust* ausgestattet und dadurch ihre oft endlosen Wiederholungen unter probierendem Variieren garantiert hätte? Dieser Begriff der Funktionslust samt seiner Abhebung von der Lust des Genießens auf der einen und von der Schaffensfreude auf der anderen Seite bildet das Kernstück meiner Theorie des Kinderspiels[1]). Wer nicht nur sie, sondern die ganze, auf das Subjektive abzielende Warumfrage beiseiteschiebt und doch noch von subjektiven Strukturen im Verhältnis zu objektiven spricht, muß erstens angeben, mit welchem Denkinhalt wir den Ausdruck subjektive Struktur der Spieltätigkeit füllen sollen, und zweitens mit irgendeinem Sterbenswörtchen verraten, wie es denn der objektive Geist anstellt, um das seiner selbst unbewußte Subjekt zur Ausführung der Befehle zu veranlassen. Sonst spüren wir bei dem Wort „List der Natur" zwar den Kitzel wie vor einem angestaunten Geheimnis,

---

[1]) K. Bühler, Die geistige Entwicklung des Kindes; besonders § 36.

aber nie die intellektuelle Hochachtung einer fortschreitenden Einsicht.

Ein weiteres Gebiet, auf dem exemplarisch die unaufhebbare Verflechtung der beiden Warumfragen leicht demonstriert werden kann, ist die Lehre von den Sinnesdaten, von den Empfindungen. Wer z. B. wie E. Hering die Phänomenologie der Farben mit peinlicher Sorgfalt von ihrer Psychophysik getrennt hat, ist prinzipiell über den Vorwurf einer methodischen Konfundierung erhaben und muß doch auf Schritt und Tritt von der gegenseitigen *sachlichen Aufhellung* der beiden Gebiete Gebrauch machen. Daß Rot und Grün, Gelb und Blau im Gegensatz stehen, ist zunächst einmal ein Satz der Phänomenologie; aber er stellt der Psychophysik Probleme und wird letzten Endes ohne ihre Hilfe nicht begreifbar usw.

Doch lassen wir das, um Spranger auf das Gebiet zu folgen, wo er am besten zu Hause ist. Wenn der Historiker Charakter, Leistung und Schicksal eines Helden zum Thema nimmt, folgt er der methodischen Anweisung Sprangers, daß in jeder Dimension nichts als systembedingte Verläufe zum Vorschein kommen, stets nur die erste, nie die zweite Warumfrage gestellt, nie die „Beinmuskeln des Sokrates" in Bewegung gesetzt werden dürfen? Noch einmal anders gewendet, damit wir nichts versäumen, was die Treffsicherheit des Vergleiches zu erhöhen vermag: Ist es möglich, die systembedingten Züge eines historischen Ganzen als solche herauszuholen, und aus ihnen allein die ‚eigentliche' Geschichtswissenschaft zu konstituieren? Versteht sich, in einem Nebensatz wird anerkannt und damit das Gewissen des Empirikers beruhigt: Gewiß, die nackten Fakta sind nicht gleichgültig oder wertlos: sie sind sogar von der größten Wichtigkeit für die ‚Physiologie der Geschichte'. Aber in der „eigentlichen" Geschichtswissenschaft „führen sie uns keinen Schritt weiter". Es sei nun unumwunden zugegeben, daß mehr und minder geistvolle Versuche in Hülle und Fülle aus Vergangenheit und Gegenwart auf diese Formel schwören könnten. Die Frage ist, ob und wie sie vor einer philosophischen Besinnung in der Geschichtswissenschaft zu bestehen vermögen.

Mir ist bei der monatelangen Beschäftigung mit dieser für die Psychologie und die gesamten Geisteswissenschaften so wichtigen Methodenfrage ein geradezu klassisches Erläuterungsbeispiel in dem überaus klaren Buche von Eduard Meyer „Cäsars Monarchie und das Prinzipat des Pompeius" aufgefallen.

E. Meyer stellt ein Modell auf, methodisch rein als Struktur gezeichnet:

„Der Krieg zwischen Cäsar und Pompejus war nicht etwa, wie er so oft, so auch von Mommsen, dargestellt ist, der Kampf zweier Prätendenten um das Königtum. Vielmehr sind es drei Gestaltungen des Staates, die hier miteinander ringen: die alte Republik in der Form der Senatsherrschaft ..., die Monarchie Cäsars und zwischen ihnen diejenige Gestaltung, die Pompejus erstrebte, die militärische und politische Leitung des Staates durch den amtlosen Vertrauensmann des Senats und der Aristokratie, den alle seine Rivalen an Einfluß weitaus überragenden ersten Bürger, den Princeps. Die Stellung, die Pompejus für sich begehrte, und die er zuletzt, seit dem Jahre 52 wenigstens, annähernd erreicht hat, ist in der Tat in den wesentlichsten Momenten bereits die, welche das augusteische Prinzipat dem Regenten zuweist; die Gestaltung, welche Augustus dauernd begründet hat, steht der von Pompejus erstrebten viel näher als der des Mannes, dessen Namen er trug. Eben darin beruht die eminente weltgeschichtliche Bedeutung des Pompejus, die die Cäsars fast noch übertrifft. Sie tritt dadurch nur noch deutlicher hervor, daß er an sich keineswegs eine hervorragende, seiner Stellung innerlich gewachsene Persönlichkeit gewesen ist; gerade darin zeigt sich, wie die Entwicklung mit innerer Notwendigkeit auf diese Gestaltung hindrängt, in der sich die alten Traditionen der Republik und der Senatsherrschaft mit dem Bedürfnis nach einer einheitlichen Leitung des Weltregiments durch den Reichsfeldherrn zu verbinden und ins Gleichgewicht zu setzen versuchen. Cäsar hat diese Lösung mit der Überlegenheit des Genius geringschätzig beiseite geschoben; aber eben darum hat seine Schöpfung keine Dauer gehabt, sondern die Geschichte ist in furchtbaren Kämpfen darüber hinweggeschritten (4/5).

Wie stark E. Meyer das Systembedingte, das Strukturmoment als solches empfindet, wird deutlich, wo er das Heute unter demselben Aspekte sieht und im Namen seiner Strukturerkenntnis eine Prophezeiung wagt: „Wenn nicht alles täuscht, wird im Laufe des nächsten Jahrhunderts die große Republik Nordamerikas ... einer ähnlichen Krise entgegengehen" (5). Doch sehen wir davon ab. Im eigenen Unternehmen Meyers werden nun in die große staatsgeschichtliche Struktur die Persönlichkeiten des Pompejus und des Cäsar eingebaut, um einige der wichtigsten Züge am Schicksal, besonders Cäsars, daraus zu verstehen. Man beachte darin die Auseinandersetzung mit Mommsen. Kritik und Gegenentwurf sind für den Methodiker in gleichem Maße lehrreich. Lehrreich z. B. rein methodisch, die „zwei fundamentalen Gebrechen", welche Meyer am Werke seines Vorgängers aufdeckt, zu betrachten. Das erste ist, daß Mommsen, „als er die römische Geschichte schrieb, das Prinzipat des Augustus noch nicht gekannt und gewürdigt — das Verständnis desselben, das er uns alsdann erschlossen hat, ist vielleicht die großartigste seiner Leistungen —, und daher erscheint ihm Cäsars Staatsbau als die Grundlage des Kaisertums, seine Herrschaft gegen alle Geschichte nicht als eine mit seiner Ermordung zusammenbrechende Episode in dem Ringen um die neue Staatsgestaltung, sondern als der Abschluß der bisherigen Entwicklung und das Ende der römischen Republik" (327). Das ist immanente Kritik im Namen der Strukturerkenntnis an jenem historischen Ganzen, das den Augustus nicht aus- sondern einschließt. Das Argument ist nur dann bündig, wenn faktisch kein Bruch zwischen Cäsar und Augustus durch die Staatsgeschichte Roms geht, sondern e i n e Struktur das Geschehen, nachdem die Gleichgewichtslage der alten Republik unmöglich geworden war, bis zur Aufrichtung der neuen Gleichgewichtslage des Kaisertums beherrscht. M e y e r s zweites Argument greift ins Psychologische, ist ein argumentum ex homine, wenn man kurz so sagen darf. Ich stelle die entscheidenden Sätze zusammen:

„Ein Mensch . . ., wie M o m m s e n s Cäsar hat überhaupt niemals existiert: darauf, und nicht, wie M o m m s e n glaubt, auf der idealen Vollendung seiner Erscheinung beruht es, daß im Gegensatz zu den lebensvollen Porträts, welche er sonst so vielfach gezeichnet hat, sein Cäsar ein Schemen ohne Fleisch und Blut geblieben ist" (328). Und worin liegt diese psychologische Unmöglichkeit? In der Annahme: „von Anfang an steht sein Ziel ihm klar vor Augen, und unentwegt hat er es 30 Jahre lang verfolgt." „Sein Hauptziel, die Gewinnung der unumschränkten Alleinherrschaft und den Neubau des Staates auf Grund der demokratischen Ideale hat er ... nie aus dem Auge verloren, und als die Zeit gekommen war, den Bürgerkrieg bewußt herbeigeführt; und völlig klar stehen ihm seit langem nicht nur die Grundzüge, sondern selbst die Einzelheiten dieses Neubaus vor Augen" (328). M e y e r erklärt, das sei, „als ob man dem Major und Brigadegeneral Bonaparte, dem Genossen Robespierres, bereits den Gedanken der Aufrichtung des Kaiserreichs als Verwirklichung der demokratischen Ideale der Revolution und womöglich gar der Verfassung von 1815, dem Abgeordneten Bismarck ein auch nur in den Grundlinien faßbares Bild der Wege, die zur Gründung des Deutschen Reiches geführt haben, ... zuschreiben wollte, obwohl natürlich die Gedanken, die dahin geführt haben, auch damals schon in ihrer Seele lagen und, wo der Anlaß sich bot, blitzartig aufleuchten konnten. — I n n o c h w e i t h ö h e r e m M a ß e a l s d i e s e i s t C ä s a r i n s e i n e r W i r k s a m k e i t v o n d e n g e g e b e n e n , f o r t w ä h r e n d w e c h s e l n d e n B e d i n g u n g e n d e s M o m e n t s bestimmt; diese richtig zu erfassen, von den Möglichkeiten, die sie umschließen, die höchst erreichbare mit sicherem Blick zu ergreifen und festzuhalten und dann, wenn er Herr der Situation geworden ist, die so g e g e b e n e F r e i h e i t z u s c h ö p f e r i s c h e m N e u b a u z u b e n u t z e n , dabei trotz aller tiefgreifenden Umgestaltung doch nie die Schranken überschreitend, welche auch dem stärksten Willen unüberwindbar gesetzt sind — *darin besteht die Tätigkeit des wahren Staatsmanns*" (328, die Sperrungen von mir).

Und nun fragen wir einfach, auf welcher Seite diese unübertreffliche Schilderung von der Tätigkeit des „wahren Staatsmannes" steht, ob auf S p r a n g e r s oder unserer Seite. E. M e y e r operiert fruchtbar und geschickt mit dem Strukturgedanken und verlangt doch bis ins einzelnste vom vollendeten Historiker das Eingehen auf eine ‚Psychophysik' der Ereignisse, wie man es nennen könnte. Systeme ohne Fakta sind leer, Fakta ohne Systemgedanken sind blind, so ungefähr würde sich K a n t in unserer Lage ausdrücken. Darum fürchte ich, die Beinmuskeln des Sokrates werden einmal aus Platons Schrift erweckt und als Zeugen aufgerufen lebendig bleiben in unserer Diskussion, aber nicht zur Rechtfertigung dessen, der sie gerufen hat. Ein Photograph, der seine Platte dem Entwicklerbad überantwortet, kann mit jenem empirischen Vertrauen, auf das unser Leben in tausend Dingen gestellt ist, den Effekt voraussagen, wenn er auch nicht das mindeste von Chemie versteht. Der Historiker darf die tausend empirisch bekannten Selbstverständlichkeiten des Menschenlebens und Weltlaufes in den meisten Fällen unerwähnt lassen, wenn er nur keine Verstöße gegen das in ihrem Bereiche Mögliche begeht. Aber daß eine vollendete Theorie des Photographierens das Eingehen auf die chemische Rolle des Mediums ebensogut wie der praktische Photograph oder Amateur entbehren könnte, daß ein Ganzes der Geschichte aus reinen Strukturerkenntnissen ohne die ebenso sorgfältige, wissenschaftliche Behandlung der Fakta begriffen werden könnte, daß eine Psychologie, die „eigentliche" Psychologie ohne Kausalforschung vollendbar wäre, das sind drei prinzipiell gleich unberechtigte Behauptungen.

IV. Zur Kritik der Psychoanalyse.

Dichter und Nervenärzte haben sich zu Freuds Lehre bekannt, zwei gewichtige Zeugen. Hans Prinzhorn[1]) führt als dritten »die Frau« ein, die vom Urgrund des schaffenden Lebens mehr weiß als der Mann, und betrachtet es als entschieden, daß unbefangene Mütter und Ammen die Theorie von den „Organisationsstufen der Libido" im heranwachsenden Kinde zu bestätigen vermochten. Es ist freilich, wenn man näher zusieht, eine etwas merkwürdige Apologie, die von vornherein das eine einräumt: „Von dem ganzen Lehrgebäude der Psychoanalyse, wie es etwa in den Schriften der getreuesten Anhänger dogmenselig verteidigt wird, braucht fast nichts bestehen zu bleiben" (45). Prinzhorn entwickelt theoretisch die Situation zwischen Nervenarzt und Patienten. Der „problematische Mensch dieser Zeit", der desillusionierte, entwurzelte oder verkrampfte, am Rande des Selbstmordes, entschließt sich zu einem letzten Versuch des wagenden Lebens und unterwirft sich einer Analyse. Restlos demaskiert, seelisch entkleidet und widerstandslos ergibt er sich dem Führer, erhebt ihn zum Idol, erwartet und verlangt das Unerfüllbare, die erotische Erlösung oder sonst eine Heilandsrolle, von seiner Person und muß in der letzten und schwierigsten Phase des Verfahrens wie das Kind von der Mutterbrust oder der Jugendliche in der Pubertät von der persönlichen Bindung wieder gelöst, abgesetzt den Weg zu einem neuen sinnerfüllten Leben finden. Dies ist das Schema. Ausgefüllt mit subtilen und treffenden Gedanken, die nur ein hochkultivierter und innerlich freier Mensch zu konzipieren vermag — man weiß nur nicht recht, warum das Ganze unter der Flagge »Psychoanalyse« segeln muß. Zumal „die erste Theorie der Psychoanalyse", wonach die neurotischen Kon-

---

1) Hans Prinzhorn, Gespräche über Psychoanalyse zwischen Frau, Dichter und Arzt. Neels Kampmann Verlag, 1926.

flikte schwinden, „wenn wirklich ein »Ausleben« jedermann möglich würde, wie man es von primitiven Völkern berichtet und jedenfalls von Urzuständen sich erträumt", als völlig naiv beiseite geschoben und der Wertakzent gelegt wird auf das, was C. G. Jung und andere im Gegenteil als Psychosynthese gefordert haben. Die Frau bei Prinzhorn formuliert die treffende Frage: „Aber warum dann der ganze Aufwand an Rechtfertigung, Verteidigung mit: zwar — aber — und trotz alledem — für etwas Unhaltbares? Warum sagst Du nicht geradeheraus: Die Psychoanalyse ist ein irrtümlicher Lösungsversuch aus einer richtig gesehenen Zwickmühle, in die viele Menschen heute geraten — und setzest etwas Besseres, Richtiges an die Stelle des Falschen?" Der Arzt erwidert prompt: „Weil ich es nicht kann".

Das ist ein wichtiger Punkt. Der Nervenarzt braucht einen Schematismus des praktischen Vorgehens, so gut wie Beichtväter und andere Seelenführer aller Zeiten, und findet ihn bei der Psychoanalyse. Gut, und wie er sich damit praktisch einrichten mag, ist seine Sache. Ich kann mir dieselbe Technik mit sehr verschiedenen Grundauffassungen des Seelischen verbunden denken. Und wenn die psychotherapeutische Technik im weitesten Sinne des Wortes es ist, um derentwillen sich heute viele Nervenärzte zur Psychoanalyse bekennen, so wäre dieser Tatbestand kein vollgültiges Zeugnis für die Theorie. Doch ich will mich nicht in die Neurosenlehre einmischen. Ähnlich ist das Bekenntnis des Dichters zu werten. Der Dichter im Buche Prinzhorns steht anfangs auf der Gegenseite mit seiner Überzeugung, „daß ein Bewußtmachen der zum Glück unbewußten dunklen Untergründe der Seele der verhängnisvollste Irrweg sei, den man einschlagen könne. So wenig ich von der Wirksamkeit staatlicher Schutzmaßnahmen halte — ich bin fast versucht, sie hier zu fordern, da die sonst oft heilsame Selbststeuerung des öffentlichen Bewußtseins versagt hat — ich meine der Fluch der Lächerlichkeit" (14). Es ist dann nicht schwer, ihm am Beispiele der Angst vor dem Unbekannten zu beweisen, wie heilsam unter Umständen die Aufklärung, das Bewußtmachen wirken kann. Vielleicht war es stofflich der problematische Mensch dieser Zeit, um den es in der Psychoanalyse geht, und formal das Ringen um die Grundtriebe der Seele, was eine Reihe von Dichtern angezogen hat. Wo sonst in der Seelenlehre hätten sie noch einmal eine so lebenswarme Problematik und ähnlich kühne Ideen über den Ursinn des scheinbar Sinnlosen im Menschenleben finden sollen? Wo dies zum wissenschaftlichen Prinzip erhoben wird, daß es im Erleben, Benehmen und Schaffen des Menschen nichts schlechthin Belangloses gibt, sondern auch das Flüchtigste und Oberflächlichste als Gleichnis und Symbol eines verborgenen Sinngehaltes zu deuten ist, da muß der Dichter eine Verwandtschaft mit seinem eigenen Handwerk verspüren, gleichviel *wie* das Verborgene gedacht werden mag. Exakt auf dies ‚Wie' aber, was ihm sekundär erscheinen darf, richtet sich das primäre Hauptinteresse der psychologischen Theorie. Wie es mit dem Symbolcharakter der seelischen Phänomene bestellt sein mag, ist eine Frage, die erst an zweiter Stelle aufzuwerfen ist. Von der im zweiten und dritten Kapitel dieses Buches entwickelten Semasiologie aus wird eine präzise Stellungnahme auch zu dem gummiartig dehnbaren und vielfach überdehnten Symbolprinzip der Psychoanalyse zu gewinnen sein. Davon in einer anderen Arbeit mehr.

Hier möchte ich den Leser einladen, die Axiomatik der Psychoanalyse vom werdenden Menschen her durchzudenken. Die „Organisationsstufen der Libido", über die der Prinzhornsche Arzt merkwürdig summarisch und wie in einem Zwischenakt referiert, werden, zum Problem erhoben, genau so kritisch zu betrachten sein, wie irgendein anderes Bestandstück im Dogmengebäude Freuds, das jener Arzt aus intimer Kenntnis der Neurosen selbst zu beurteilen vermag. In der Kinderstube ist Prinzhorns Arzt wohl nie als Forscher gewesen, sonst wäre ihm auch dieser „Dauerbesitz der Menschenkunde" in anderem Licht erschienen. Doch ich will nicht vorgreifen. Für unser Unternehmen sind die letzten Bücher Freuds vor allem von Wichtigkeit und in ihnen das gewaltige Ringen nach philosophischer Klarheit, um die ich ihn mehr bewundere als um manches Frühere.. Freud spricht gelegentlich geringschätzend von den Philosophen. „Ich bin überhaupt nicht für die Fabrikation von Weltanschauungen. Die überlasse man den Philosophen, die eingestandenermaßen die Lebensreise ohne einen solchen Baedeker, der über alles Auskunft gibt, nicht ausführbar finden. Nehmen wir demütig die Verachtung auf uns, mit der die Philosophen vom Standpunkt ihrer höheren Bedürftigkeit auf uns herabschauen." „Wir wissen genau, wie wenig Licht die Wissenschaft bisher über die Rätsel dieser Welt verbreiten konnte; alles Poltern der Philosophen kann daran nichts ändern, nur geduldige Fortsetzung der Arbeit, die alles der einen Forderung nach Gewißheit unterordnet, kann langsam Wandel schaffen. Wenn der

Wanderer in der Dunkelheit singt, verleugnet er seine Ängstlichkeit, aber er sieht darum um nichts besser."[1]) Trotzdem ist Freud von jeher an dem Aufbau einer Weltanschauung beteiligt gewesen, in seiner „Metapsychologie" mehr und mehr Axiomatiker und Philosoph geworden und hat mitunter recht kräftig in der Dunkelheit gesungen; ich erinnere etwa an „Totem und Tabu". Auch die denkenden unter seinen Schülern, soweit sie dem Meister darin zu folgen vermögen, werden an der Diskussion der Axiome nicht vorüberkommen; und gesungen haben sie von jeher. Ist nur die Frage, wer von ihnen mehr die Nachtigallen und wer die Unken dabei zum Vorbild hatte. Es gilt heute unter den Naturforschern nicht mehr als Schande, ein philosophischer Kopf zu sein, es wird nicht mehr lange dauern, daß da und dort eine Philosophie der Medizin geschrieben wird. Und wenn wir uns in der Psychologie wieder um die Reinheit der Axiomatik bemühen, so unternehmen wir dabei grundsätzlich nichts anderes, als was rund um uns herum, z. B. in der Mathematik, theoretischen Physik, in Biologie und den gesamten Geisteswissenschaften in vollem Zuge ist.

§ 14. Freud, der Stoffdenker.

Es sei mir gestattet, einen kurzen Namen einzuführen, indem ich sage: Freud ist durch und durch ein *Stoffdenker*. Nebenbei an einem kleinen Zuge sagt er es selbst einmal: „Ich habe oft bemerkt, daß mich der Inhalt eines Kunstwerkes stärker anzieht, als dessen formale und technische Eigenschaften, auf welche doch der Künstler in erster Linie Wert legt" (Werke X, 257; die Sperrungen von mir). Wer ihm dies Wort als Motto über das ganze Lebenswerk schriebe, täte ihm gewiß nicht unrecht. Denn bis in die letzten Gedanken hinein kann man nachweisen, daß er genau wie am Kunstwerk auch an den seelischen Gebilden und Verläufen nur das Stoffliche, nur die eine Seite kurz gesagt, zu sehen vermag. Es gibt einen Ausdruck im Sprachgebrauch der deutschen Psychologen von heute, an dem das, was wir im Auge haben, exemplarisch erläutert werden kann. Wenn drei dasselbe sagen, meinen sie in der Regel nicht genau dasselbe, oft aber Vergleichbares. So ist es mit dem Begriff des *Komplexes*. G. E. Müller verwendet ihn und ist reiner Assozia-

[1]) S. Freud, Hemmung, Symptome und Angst. 1926, S. 19/20. Ich zitiere die anderen Werke nach der (bis heute) zehnbändigen Ausgabe der „Gesammelten Schriften".

tionstheoretiker geblieben: komplexbildend sind besonders enge, besonders feste Verkittungen von Vorstellungen bei ihm. Schreiben wir uns symbolisch eine Reihe auf: a — b = c = d — e; die drei mittleren Glieder sind fester miteinander verbunden und bilden einen Komplex. Komplextheorie ist auch die letzte und ausgereifteste Formel der Denkpsychologen. Aber sie meinen etwas anderes damit, das wir symbolisch etwa so wiedergeben können:

a b͡ c d e. Der Bogen über b c d symbolisiert das aristotelische Ganze, welches seine Glieder trägt, bestimmt und fordert, so wie das Ganze eines Organismus die Glieder oder wie ein Kunstwerk seine Momente. Dies Ganze ist die Melodie, welche intakt bestehen bleiben kann, wenn alle Töne in passender Weise durch andere ersetzt werden, es ist mit einem Worte die Form oder Gestalt. Komplex ist auch das dritte Wort im Munde jedes Psychoanalytikers; entstanden bei den Schweizern, hat F r e u d es aufgenommen und in seiner Weise definiert. Zum Komplex wird eine einzige Vorstellung oder eine Mehrheit von Vorstellungen dadurch, daß sie von der Libido „besetzt" wird, besetzt werden. Grob gesagt ungefähr so wie ein Pferd von seinem Reiter oder eine Badezelle von ihrem Inhaber, denn die Libido ist der kostbare Gehalt, der Stoff, die Energie im seelischen Haushalt, oder, um das Bild vom Reiter noch einmal aufzunehmen: das steuernde Prinzip. Symbolisch wäre dies etwa so anzudeuten:

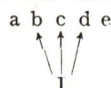

Die drei mittleren Glieder der Reihe bilden einen Komplex, denn ein Strahl der Libido fiel auf sie, der ihnen Bestand und Kohärenz verlieh. Statt Libido etwas allgemeiner „Interesse" oder „Affekt" eingesetzt, damit dürfte der Komplexbegriff der Psychoanalyse so exakt als möglich getroffen sein; es muß nicht Liebe, es kann auch Haß, es kann auch Angst, es muß aber etwas von jenem proteusartigen Seelenfluidum sein, von dem es Quanten und eine Ökonomie der Bindung, Lösung und Verausgabung gibt.

Wer wollte von vornherein behaupten, daß eine der drei Formeln falsch oder überflüssig wäre? Ich habe mich überzeugt, daß es auch eine Theorie der menschlichen Interessen, die aus dem Bereich der animalischen Bedürfnisse aufsteigen, geben muß. F r e u d hat eine solche Theorie entwickelt und darf erwarten, daß wir sie gewissenhaft prüfen. Ich beginne mit dem negativen Teil dieser Prüfung. Der Anspruch der Psychoanalyse, mit ihrer Formel allein das Ganze der menschlichen Seele zu begreifen, ist unberechtigt. So lautet die These.

1. Der Ausdruck Stoffdenker sei zunächst noch an anderen Bestandstücken der Freudschen Theorie, die ich willkürlich da und dort herausgreife, erläutert. Man steht vor einem embarras de richesse, könnte kleine Einzelzüge und die großen Gedankengänge so gut wie ausnahmslos zu Zeugen aufrufen. An bezeichnenden Kleinigkeiten seien nur zwei erwähnt. Ein Säugling auf dem bekannten Töpfchen sitzend, erinnert den mit der Kinderstube einigermaßen Vertrauten an die Tatsache, daß alle Elementarangelegenheiten der Hygiene und des gesitteten Benehmens durch Dressur zur rechten Zeit geregelt werden müssen; es dürften allerhand Analogien dazu bereits im Tierreich zu finden sein, von einigen nesthockenden Vögeln z. B. wird beschrieben, wie sie die Jungen frühzeitig zum Reinhalten des Nestes dressieren. Nun, in der Freudschen Theorie gehört das Topfsitzen zu jenen Urszenen des Kindes, die für seine Charakterbildung von höchster Bedeutung sind. Wo es aus inneren oder äußeren Gründen z. B. dazu kommt, daß ein Kind hartnäckig seinen Stuhl zurückhält, wird ihm eine bestimmte Charakterprognose gestellt. Dies Kind wird ein *Pedant* und *Geizhals* werden und als solcher später ebenso an seinen Schätzen hängen und schwer zum Schenken zu bewegen sein, wie es in jener Urszene mit dem ersten »Geschenk« zurückhielt. In der Symbolsprache der Träume und bei den Neurotikern vertreten sich darum auch wechselseitig Wörter und Bilder, die Kot und die Geld bedeuten. Ähnlich gehört der spätere *Ehrgeiz* zu bestimmten Besonderheiten des frühkindlichen Urinierens. Es wird also angenommen, daß derartige Urszenen maßgebend sind und nachklingen im Charakter durchs ganze Leben, die Szenen als solche, ihrem Erlebnisstoffe nach — Womöglich noch deutlicher, ja geradezu paradigmatisch rein kommt das Stoffdenken in einer Theorie der Angst zum Vorschein, die Rank, ein Schüler Freuds, erdacht und in einem eigenen Buche „Das Trauma der Geburt" (1923) niedergelegt hat. Urszene der Angst ist die Situation der Geburt; sie schafft ein Reservoir, aus dem alle späteren Angstszenen und Angstabfuhren gespeist werden. „Nun trifft das Trauma der Geburt die einzelnen Individuen in verschiedener Intensität, mit der Stärke des Traumas variiert die Heftigkeit der Angstreaktion, und es soll nach Rank von dieser Anfangsgröße der Angstentwicklung abhängen, ob

das Individuum jemals ihre Beherrschung erlernen kann, ob es neurotisch wird oder normal"[1]).

Soll erkenntniskritische Besinnung bis in solche Einzelheiten hinein ihre Berechtigung und ihren Wert beweisen, dann muß sie imstande sein, auch hier mit jener Objektivität Spinozas, als ob von Linien, Flächen und Körpern die Rede wäre, das Wort zu ergreifen und etwas Förderndes zu sagen. Zum Thema der Angst hat bereits Freud sich klärend geäußert. Ein geringes ist sein Hinweis auf die doch wohl unzulängliche Primitivität des Rankschen Ansatzes. „Nimmt man [ihn] wörtlich, so kommt man zu dem unhaltbaren Schluß, daß der Neurotiker sich um so mehr der Gesundung nähert, je häufiger und intensiver er den Angstaffekt reproduziert." Weiter, es sei in ihm kein Raum für das hereditäre Moment, und endlich sei kein Anhalt in den Tatsachen zu finden für die Annahme, daß schwere Geburt zur Neurose prädisponiere. Vom Gesichtspunkt des Methodikers gesehen ist es fast schade darum, daß durch dieses kluge, voraussehende Wort der Anreiz zu äußerst einfachen statistischen Erhebungen gestrichen ist; die Psychotherapeuten hätten ihr Augenmerk z. B. auf die relative Anzahl von Erstgeborenen unter ihren Patienten und auf solche von rhachitischen Müttern mit verengtem Becken gelenkt, und wir hätten in einem Kardinalpunkt nicht lange auf eine objektive Antwort zu warten brauchen. Doch genug davon. Im entscheidenden Punkte aber nimmt Freud den im Übereifer übers Ziel gerannten Schüler in Schutz, „denn [sein Versuch] bleibt auf dem Boden der Psychoanalyse, deren Gedankengänge er fortsetzt und ist als eine *legitime* Bemühung zur Lösung der analytischen Probleme anzuerkennen" (102; die Hervorhebung von mir).

Und doch, wie das so zu gehen pflegt, erhält die ganze Denkweise ihren ersten Riß durch das, was Freud an Stelle der Rankschen Konzeption zu setzen weiß, denn Freud lehrt, jede Entwicklungsphase habe ihre *spezifischen* Gefahrsituationen; es gäbe also eine Altersreihenfolge, in welcher die Hauptformen der kindlichen Angst hervortreten. „Das frühkindliche Wesen ist wirklich nicht dafür ausgerüstet, große Erregungssummen, die von außen oder innen anlangen, psychisch zu bewältigen. Zu einer gewissen Lebenszeit ist es wirklich das wichtigste Interesse, daß die Personen, von denen man abhängt, ihre zärtliche Sorge

---

[1] Freud in seinem bereits zitierten letzten, dogmengeschichtlich sehr interessanten Buch „Hemmung, Symptome und Angst" (1926), S. 103.

nicht zurückziehen. Wenn der Knabe den mächtigen Vater als Rivalen bei der Mutter empfindet . . . ., hat er ein Recht dazu, sich vor ihm zu fürchten, und die Angst vor seiner Strafe kann durch phylogenetische Verstärkung sich als Kastrationsangst äußern. Mit dem Eintritt in soziale Beziehungen wird die Angst vor dem Über-Ich, das Gewissen, zur Notwendigkeit, der Wegfall dieses Momentes die ‚Quelle von schweren Konflikten und Gefahren usw." (96 f.). Man braucht dies nur zu Ende zu denken, um zu erkennen, wie aussichtslos alle Bemühungen sein müssen, etwas stofflich, gegenständlich Identisches als das letzten Endes immer wieder Befürchtete aus all diesen Situationen herauszuerkennen. Freud legt sich für die bestbekannten frühkindlichen Arten der Angst auf eine äußerst einfache Formel, die Trennungsformel, fest. Wie ist es, wenn das Kind Angst vor dem Alleinsein, vor Dunkelheit und vor fremden Personen bekundet? „Diese drei Fälle reduzieren sich auf eine einzige Bedingung, das Vermissen der geliebten (ersehnten) Person. Von da an aber ist der Weg zum Verständnis der Angst und zur Vereinigung der Widersprüche, die sich an sie zu knüpfen scheinen, frei." „Die Angst erscheint so als Reaktion auf das Vermissen des Objektes und es drängen sich uns die Analogien auf, daß auch die Kastrationsangst die Trennung von einem hochgeschätzten Objekt zum Inhalt hat, und daß die ursprünglichste Angst (die „Urangst" der Geburt) bei der Trennung von der Mutter entstand" (81 f.).

Es widerstrebt mir und ist überflüssig zu diskutieren, ob das Kind seine Geburt schon als einen Objektverlust zu erleben oder ob jeder Knabe und jedes Mädchen in einer bestimmten Entwicklungsphase die Angst vor dem strafenden Vater in das Deutungsschema der Kastrationssituation zu bringen vermag. Das bekannte Ereignis des Über das Knie gelegt Werdens erinnert vielleicht den Bedrohten eher an „große Erregungssummen, die von außen anlangen" und für deren psychische Bewältigung er sich nicht genügend ausgerüstet fühlt. Nein, es genügt wirklich, dem Meister des Angstbuches weiter zu folgen und ihn bei anderen Überlegungen ernst zu nehmen. Er spricht zu Medizinern, wo er einmal erklärt, die ideale Lösung nach dem Ursprung der Neurosen und damit der pathologischen Angstzustände, die in ihrem Mittelpunkte stehen, müßte ungefähr so aussehen, wie wenn man einen Bazillus für eine bestimmte Krankheit entdeckt, isoliert und reingezüchtet hat, „dessen Impfung bei jedem Individuum die nämliche Affektion hervorruft. Oder etwas weniger phantastisch: die Darstellung von chemischen Stoffen, deren Verabreichung bestimmte Neurosen produziert und aufhebt. Aber die Wahrscheinlichkeit spricht nicht für solche Lösungen des Problems" (106). Ja und nein. Wenn man von Psychiatern hört, daß die Verabreichung von Jodmedikamenten in bestimmten Fällen die pathologische Schwermut und Angst zu beheben vermag, so ist man hier nicht allzu weit von einer solchen Lösung des Problems entfernt. Bleibt freilich immer noch die Frage, wieweit die Lösung trägt, und weiter, wo und wie im psychophysischen Apparat der Chemismus angreift, von wo aus das Erlebnis der Angst aufsteigt. Dazu aber hat Freud selbst einige sehr beachtenswerte Gedanken geäußert. Er betont die nahe Beziehung der Angst zum Atmungsapparat und zur Herztätigkeit, und ich möchte dies meinerseits unterstreichen; viele Angstträume dürften direkt aus den Sensationen einer irgendwie behinderten oder erschwerten Atmung einerseits oder aus den Sensationen bei beschleunigter oder sonstwie alterierter Herztätigkeit andererseits gespeist werden. Und wenn wir uns überlegen, unter welchen Umständen wir Normalen die größte Schwierigkeit haben, im Wachen über sozusagen körperliche Angstzustände durch Besinnung auf die tatsächliche Gefahrlosigkeit der Situation Herr zu werden, so dürften alle diejenigen voran stehen, in denen uns irgendwie Erstickung droht[1]). Nun schön, so gibt es einen guten Sinn, von hier aus an die Geburtssituation des Kindes zu denken. Sein erster Atemzug wird nicht ohne Grund als die entscheidende Wendung zum neuen Dasein betrachtet, und die Natur hat das größte Interesse daran, den ersten Atemzug so vorzubereiten, daß er rechtzeitig, nicht zu früh und nicht zu spät, einsetzt. Hat sie dabei und dazu die „Urangst" des Menschen entstehen lassen, so verlangt die Konsequenz des Denkens, daß die Natur sich in einem entscheidenden Punkte nicht von Rank und auch nicht von Freud beraten ließ. Denn ich fürchte, der erste Atemzug käme in der Regel zu früh, wenn der Höhepunkt der Angst mit dem Maximum der von außen anlangenden Erregungssumme zusammenfiele. Es muß geradezu so eingerichtet sein, daß es gar nicht auf die äußeren Reize, die Pressungen während der Geburt, sondern einzig auf die Beschaffenheit des Blutes im kindlichen Organismus dabei ankommt. Erst wenn die Mutter nicht

---

1). Vgl. dazu: B. Dattner in Z. f. Neurol. u. Psychiatrie 104 (1926) und Wiener klin. Wochenschr. 1926.

mehr für das Kind atmet, also die Nabelschnur zu pulsieren aufhört, darf die Angst in ihm aufsteigen und das Selbstatmen auslösen; und wenn das „Trauma der Geburt" irgendwie in die „Urangst" hineinverwebt wird, so müßte es dabei dem Neugeborenen ungefähr so zu Mute sein, wie dem Reiter über dem Bodensee. Wonach nur noch anzumerken bleibt, daß es psychologisch schwer auszudenken ist, wie er dazu imstande sein sollte.

Aber sehen wir einmal über alle Einzelheiten hinweg, so bleibt es ein dogmengeschichtlich interessantes Faktum, daß Freud zu guter Letzt wieder physiologische Faktoren in die Psychogenese aufnimmt. Als sich sein erster Mitarbeiter Breuer in der Hysterielehre von ihm trennte, und später immer wieder lautete die Parole, daß Psychisches aus Psychischem, und nur daraus erklärt werden dürfe. Jetzt auf einmal der Rekurs auf Stoffe, die im Blute kreisen oder zum mindesten doch auf Herz- und Atmungstätigkeit in Sachen der Angst, dem Angelpunkt der Neurosenlehre nach der Meinung Freuds. Ich begrüße diesen Durchbruch als Ausdruck einer unerbittlichen Konsequenz des Denkens und als Anzeichen für eine Revision der Hauptsätze im Lehrgebäude der Psychoanalyse. Wie doch mit einem Schlage Theorien ein anderes Gesicht bekommen können! Werden Reize und Organempfindungen unter die maßgebenden Entstehungsbedingungen der pathologischen Angst aufgenommen, dann steht Freud mit der hergebrachten physiologischen Psychologie auf gemeinsamer Plattform. Wie und warum das Ich auf solch spezifische nervöse Erregungen mit dem Erlebnis der Angst antwortet, ist dann die psychophysische Kernfrage, die vielleicht ebenso unerledigt zurückgestellt werden muß, wie manches andere in der Psychophysik, die aber das Tor zu anderen beantwortbaren Fragen erschließt. Mag es nun in pathologischen Fällen ein Stoff sein, der im Blute kreist oder dem Blute fehlt, oder mag es im Falle der psychisch entsprungenen Angst die ausmalende Vorwegnahme einer Situation drohender Hilflosigkeit sein, welche den Anstoß gibt, wir dürfen vermuten, daß ihr gemeinsamer seelischer Endeffekt aus dem Angriff auf denselben psychophysischen Apparat verständlich gemacht werden muß. Alle Zweckmäßigkeitsüberlegungen, die Freud anstellt, bleiben durchaus berechtigt. Die Alarmierung des Herz-Atmungsapparates war in der Situation nach der Geburt direkt zweckmäßig und kann es auch in späteren Erstickungssituationen noch sein; derselbe Alarm wird in anderen Fällen indirekt zweckmäßig, wenn die Angst als *Signal* auftritt und rechtzeitig zu geeigneten Abwehrmaßnahmen führt. Wir stehen also vor einem der ungezählten Fälle, wo der Organismus eine primär zweckmäßige Einrichtung in einer etwas verwickelteren Art sekundär zweckmäßig ausnützt. Die Funktion des Signales gehört in das Gebiet der Semantik; man denke an diese und an den Darwinschen Erklärungsansatz (S. 33 f. und öfter) zurück.

Darwin geriet von hier aufs Trockne, indem er all das, was eine primäre Zweckmäßigkeit eingebüßt hat, als **rudimentäre** Einrichtung betrachtete; es ist leicht zu übersehen, daß sinnlos gewordene Überbleibsel das pulsierende Leben tierischer und menschlicher Semantik nicht zu tragen vermöchten. In Wahrheit liegt nicht eine Verkümmerung, sondern ein **Funktionswechsel** vor. Freud kam in Sachen der Angst und der anderen Affekte zu einer Auffassung, die man als das ebenso einseitige Gegenbild des Darwinschen bezeichnen kann. Er läßt überall die „Urszenen" sinnvoll nachklingen: „Wir meinen, auch die anderen Affekte sind Reproduktionen alter, lebenswichtiger, eventuell vorindividueller Ereignisse ... Natürlich wäre es sehr wünschenswert, diese Auffassung für eine Reihe anderer Affekte beweisend durchführen zu können, wovon wir heute weit entfernt sind" (76, die Sperrung von mir). Die Reproduktion der Urszenen — ich glaube darin liegt Wahrheit und Irrtum ungefähr in demselben Ausmaß, wie wenn man im Bereich unserer heutigen Sprache behaupten wollte, in jedem Worte sei noch das Etymon, die Urbedeutung lebendig. Nur müßte man, um die Parallele richtig zu ziehen, in der Sprache vielfach bis auf vormenschliche Interjektionen, den Brunstschrei, Hungerschrei, Hilferuf usw. der Tiere zurückgehen. Der besonnene Sprachforscher wird demgegenüber mit einem einzigen Wort auf den Tatbestand des *Bedeutungswandels* in weitestem Ausmaß hinweisen, und der orientierte Psychologe von heute wird diese Überschätzung des Reproduktionsprinzips mit einem *aha!* des Wiedererkennens entgegennehmen. Ist es doch noch nicht lange her, daß die Reproduktion als das generelle Erklärungsprinzip in der Psychologie angesehen worden ist. Man entdeckte z. B. den wichtigen Tatbestand, daß die Farben der Sehdinge im Beleuchtungswechsel annähernd konstant bleiben, und Hering machte aus der Mentalität seines Zeitalters das Reproduktionsprinzip zur Erklärung dieses Tatbestandes mobil. Warum sieht reiner Schnee im Schatten oder an einem düsteren Wintertag nicht schwarzgrau aus wie eine Elefantenhaut, sondern immer noch weiß? Die Geschichte der Antworten auf diese Frage ist sehr instruktiv; wir wissen heute zum mindesten das eine mit Sicherheit, daß ein **stoffliches Nachklingen** früherer Wahrnehmungen in späteren, wie es sich Hering dachte und in dem Begriff der „Gedächtnisfarben" zum Ausdruck brachte, überhaupt nicht in greifbarem Ausmaß stattfindet und erst recht nicht den Tatbestand der Farbenkonstanz zu erklären vermag. Auch als die Gestalten entdeckt waren, dokterten die Theoretiker der alten Schule mit dem Reproduktionsprinzip an ihnen herum, und heute wissen wir, daß ihr Bestand so gut wie gar nichts damit zu tun hat. Im Prinzip genau so wird es mit den Affekten sein.

2. Doch ich ziehe es vor, die Diskussionsbasis zu verschieben. Was ist denn der Charakter, die Persönlichkeit im System der Psychoanalyse? Goethe sagt *geprägte Form, die lebend sich entwickelt,* und mit ihm vermögen alle Formdenker den Gesamthabitus eines Menschen sich nur vorzustellen als eine Prägung, als ein Formganzes, das sich Zug für Zug ungefähr so wie ein Kunstwerk oder wie ein wissenschaftliches System von Ideen konstituiert. Freud aber, dem auch am Kunstwerk die formalen Momente nicht liegen, denkt ganz anders. Mit angeboren oder erworben hat unsere Frage nichts zu tun, man kann auch die Erbanlagen formal oder stofflich zu bestimmen versuchen. Freud hat den Erbfaktor stets anerkannt und faßt ihn stofflich, als Nachwirkungen »vorindividueller Ereignisse«, wie es in unserem Zitate auf S. 172 heißt, genau so wie er die Kulturgeschichte der Menschheit stofflich durchklungen, getragen und bestimmt sieht von den Nachwirkungen bestimmter Uraffären, z. B. der Auflehnung der Söhne gegen den allmächtigen Vater in der Urhorde, seiner Ermordung und Verspeisung und der darauf folgenden sühnenden Verehrung. Aber lassen wir die Annahmen über den Erbfaktor im Wesen des Menschen auf sich beruhen. Wie steht es mit den Modelungen, die ihm der Lauf des individuellen Lebens verleiht? Auch dafür hat Freud nur dasselbe einzige Denkschema bereit. Das Leben ist eine Kette von Affären mit ihren Nachwirkungen; um Besetzungen und Lösungen der Libido von dem und jenem, um Verdichtungen, Verschiebungen, Verdrängungen, Sublimierungen der Triebe geht das Schicksalsdrama des einzelnen. Und die Konstanten, die daran im Wesen zurückbleiben? Ich glaube, wir könnten den Charakter im Sinne Freuds als ein verwickeltes Kanalsystem mit Dämmen und Schleusen-, Versenk- und Hebewerken des einen, was darin fließt,

der Libido, bezeichnen. Freilich muß sofort korrigierend der Tatsache gedacht werden, daß sich Freud stets gesträubt hat, zu einem einfachen Triebmonismus fortzuschreiten, wie ihn das Bild vom Kanalsystem der Libido nahelegt. Doch davon später.

Jeder nun, ob Stoffdenker oder Formdenker, der die Konstituierung des empirischen Charakters erforschen will, wird zwangsläufig auf die frühen Kinderjahre hingeführt. Freud hat dort die ersten Regungen der Sexualität aufgesucht und macht ihre Stoffgeschichte für die wichtigsten Züge des späteren Charakters verantwortlich. Das Kind auf dem Töpfchen mit den Dressurschwierigkeiten, die wir schon einmal erwähnt haben, der Tatbestand findet Unterkunft in der Idee einer frühkindlichen Analerotik. Das bekannte Betasten, Belecken, Besaugen der Spieldinge, das oft hartnäckig festgehaltene Lutschen am Bettzipfel und den eigenen Fingern wird als Mund- und Zungenerotik gedeutet. Diese und andere Befriedigungen der „Libido" am eigenen Körper und manches andere noch gewinnt dadurch eine weittragende Bedeutung, daß es in die Konzeption eines frühkindlichen Narzissmus eingebaut wird. Es ist kaum abzusehen, wo die spekulative Verfolgung der Geschichte narzistischer Spezialangelegenheiten in der Kinderpsychologie ihre Grenzen findet, wenn sie einreißen sollte. Ich will im Vorbeigehen eines neuen, originellen Beitrags zur Lösung der Menschheitsfrage nach dem Ursprung der Sprache gedenken. Zu den Mundteilen, die beim Lutschen eine unversiegliche Quelle der Tastlust bilden, gehören die noch zahnlosen Kiefer, die aufeinander oder auf dem Lutschobjekt gerieben werden. Wie aber, wenn nun die ersten Zähne durchgebrochen sind? Dann ist es damit vorbei, eine Situation der „Urenttäuschungen" ist diese Untreue des ehemaligen Libidoorganes für das Kind. Und wie später gegen die untreue Geliebte, so wendet sich auch hier die Liebe in Haß. Weiter wörtlich: „Es ist kein Zufall, daß der entscheidende Fortschritt der Sprachentwicklung des Kindes in die Zahnungsperiode fällt. Die Sprache hat sehr nahe Beziehung zum oralen Sadismus, sie ist ein Ausstoßungsvorgang — was in vielen Details erst ganz deutlich wird — sie ist schließlich zum größten Teil, soweit ihr Motorisches in Frage steht, nichts anderes als Organisierung all jener Bewegungen, die wir oben mit einer sadistischen Behandlung der ehemals erogenen Zone in Analogie setzten. Was wir Sprache heißen, ist eine Art Kauen, Spucken, Reiben und Knirschen der Zähne und Kiefer mit Zunge,

Zähnen und Kiefern, und zwar eine komplizierte und bestimmte Art dessen. So wie das Lachen und mancher mimische Ausdruck organisierter Ablauf der diffusen Schockreaktion, oder diffuser Abfuhrphänomene, ist sie organisiertes Kauen, Beißen, Kiefer-, Zahn-, Zungenbewegung"[1]). Nun, ich zweifle nicht daran, der überragende Denker Freud wird, wenn er sich einmal mit diesem originellen Sondertrieb am Baum der Analyse beschäftigt, ähnlich wie an der Rankschen Konzeption manches auszusetzen finden und vor allem darauf hinweisen, daß er einer sehr einfachen, schlicht-empirischen Widerlegbarkeit bedenklich nahe kommt. Daran müssen wir hier, wo Größeres auf dem Spiele steht, vorübergehen. Zu guter Letzt aber, und das ist hier das einzig Wichtige, müßte oder könnte Freud auch diesen Schüler in Schutz nehmen und seine Theorie der Sprache als „eine legitime Bemühung" um den Ausbau der Lehre vom Narzissmus anerkennen.

Fahren wir fort. Weit über alles andere hinaus greift die gigantische Idee von einer Schürzung des Ödipuskomplexes im Kinderleben jedes normalen Menschen. Im Alter von drei Jahren ungefähr gelangt nach Freud das Kind aus innerer Notwendigkeit in eine Situation, die in ihren inneren Wesenszügen mit der Lage des Königs Ödipus verglichen werden muß. Dem war es vom Schicksal bestimmt, daß er seinen Vater tötete und mit der Mutter im Ehebett Kinder erzeugte, ohne seine Eltern zu kennen. So weit kommt es nicht beim normalen Knaben, wohl aber zur libidinösen Bindung an die Mutter unter Abstoßung des Vaters (beim Mädchen umgekehrt), oder zu einem Ödipuskomplex mit negativem Vorzeichen, wo die gleichgeschlechtigen Partner unter Abstoßung der verschiedengeschlechtigen gebunden werden. Denn nach dem Grundsatz von der Ambivalenz der Affekte liegt in jeder Liebe auch etwas von Haß und in jedem Haß auch etwas von Liebe, der „vollständige" Ödipuskomplex ist also ein erschöpfendes Grundgebilde mit vielen, auch den homosexuellen Manifestierungsmöglichkeiten. Und wieder ist kaum auszudenken, wie fruchtbar im einzelnen das Denkschema des vollständigen Ödipuskomplexes das Tun und Treiben des Kindes in den Jahren etwa von drei bis sechs theoretisch aufzuklären vermag. Für den Charakter des erwachsenen Menschen ist die Stoffgeschichte seines kindlichen Ödipuskomplexes von

[1]) S. Bernfeld, Psychologie des Säuglings. 1925, S. 213. Die Sperrung von mir.

hervorragender Bedeutung. Normalerweise wird er aufgelöst; erfolgt die Auflösung aber nur unvollständig oder nicht in der rechten Weise, dann gibt der unerledigte Knoten im Wesen des Menschen eine Hauptgrundlage für spätere Neurosen ab.

Nach und nach ist die Idee des frühkindlichen Ödipuskomplexes mit allem, was drum und dran gebaut wurde, mit dem Kastrationskomplex der kleinen Knaben, welche die Entmannung als Strafe vonseiten ihres übermächtigen väterlichen Rivalen bei der Mutter fürchten, mit dem Penisneid der kleinen Mädchen usw. zu einem Kern- und Glanzstück, zu einem Grundpfeiler der Psychoanalyse geworden. Für die sachliche Beurteilung dieser Theorie kommt sehr viel darauf an, wie weit und wie tief man die Seele des Kindes von den verschiedenen Triebkomponenten des sogenannten Ödipuskomplexes erfüllt und aufgewühlt denkt. Genügt der Theorie jedwede Differenz in der kindlichen Zärtlichkeitsverteilung an die beiden Eltern, so daß in der Regel die Mutter vom Sohn, der Vater von der Tochter bevorzugt erscheint, dann darf die These als so gut wie bewiesen gelten. Es gibt zwar, soviel ich weiß, keine umfassende statistische Beobachtung darüber; doch erscheint mir die Sachlage durch Einzelzeugnisse so gut belegt und im Ganzen so natürlich, daß kein Grund besteht, daran zu zweifeln. Wichtiger noch als dies dürfte der nun schon mehrmals gut beobachtete und exakt verfolgte Tatbestand einer gewissen Entwicklungskrise sein ,die das Kind gegen Ende des dritten Lebensjahres durchmacht. Charlotte Bühler hat diese Krise des Dreijährigen mit der viel späteren Pubertätskrise verglichen und mehrere Einzelzüge sowohl als den Gesamtverlauf hier und dort in Parallele gestellt[1]). Vielleicht liegt auch biologisch betrachtet so etwas wie eine Vorwelle, ein Frühversuch der Natur zur Reifung dem Ganzen zugrunde. Darin ist eine Aufwallung der körperlichen und seelischen Zärtlichkeitsbedürfnisse des Kindes und eine oft recht ausschließliche und hartnäckige Fixierung der Liebe an eine einzige, ausgewählte Person enthalten; dies war in den Fällen, die wir beobachtet haben, die allgegenwärtige Mutter oder Pflegerin, in anderen wird es vielleicht der Vater oder sonst jemand, der sich viel mit dem Kinde abgibt und seine Seele in dem fruchtbaren Moment zu erobern vermag, sein können. All das ohne strenge gegengeschlechtliche Bevorzugungen, also ungefähr so, wie es das tolerante Schema

---

1) Vgl. Ch. Bühler, Das Seelenleben der Jugendlichen, 3. Aufl. S. 42 und Elsa Köhler, Die Persönlichkeit des dreijährigen Kindes, Hirzel 1926.

vom „vollständigen" Ödipuskomplex zuläßt. Ich wiederhole: wenn dieser Tatbestand der Freudschen Theorie genügt, dann mag sie mit oder ohne ihren düsteren Namen als wohlbegründet gelten, soweit die direkte Beobachtung an ‚normalen Kindern dabei ein Wörtchen mitzusprechen hat. Anders aber liegen die Dinge, wenn zum Nerv dieser Theorie etwa wirkliche Todeswünsche, Ermordungsgelüste des Durchschnittsknaben gegen den Vater und irgendwie als sexuell zu charakterisierende Beischlafsgelüste zur Mutter gehören sollten. Dafür fehlt einstweilen jedwede ausreichende Beobachtungsgrundlage am Kinde selbst, und Analysen am Erwachsenen, sei es kranken oder gesunden, werden aus verschiedenen Gründen nie imstande sein, dies Manko zu ersetzen. Freud hat die Gründe, die ich im Auge habe, alle selbst gesehen; nur eben, wie das zu gehen pflegt, viel zu leicht gewogen und beiseite gestellt. Es liegt nicht im Plane dieser Untersuchung, näher darauf einzugehen; darum mache ich den Vorschlag, wir wollen die Frage nach dem normal-frühkindlichen Ödipuskomplex hier einstweilen als im entscheidenden Punkt noch unerledigt betrachten. Es sind Untersuchungen im Gange, die, wie ich hoffe, uns auch in dieser Angelegenheit weiter bringen werden.

4. Und nun ist es an der Zeit, etwas zu sagen, worauf wir nicht mehr zu warten brauchen. Ein besonnener Mann, der sich mit Recht selbst zu den Psychoanalytikern zählt, hat folgende Sätze niedergeschrieben: „Zu maßlosen Übertreibungen ist es, mehr noch als bei Freud selbst, bei manchen seiner Schüler auf dem Gebiet der Infantilsexualität, der Exkrementalerotik und ähnlichem gekommen, wo um durchaus richtig gesehene Kerne herum sich wüsteste und nicht nur ästhetisch, sondern auch rein wissenschaftlich gesehen, widerwärtigste Phantastik getummelt hat." „Völlig unwertig sind die, vielen seiner [Freuds] Folgerungen zugrunde gelegten Kinderanalysen, bei denen die ganze Sexualität in die Kinder hineingefragt ist. In Kinder kann man eben fast alles hineinfragen, ihnen durch Fragen die Antworten suggerieren; man kann dem Kinde — der von Freud analysierte Hans war $4^{1}/_{2}$ Jahre — auf dem Wege der Frage ungefähr alles einflößen und findet dann nicht nur die Sexualität, sondern auch die gesuchten Symbolbildungen"[1]). Nun, ich hoffe,

---

[1] Carl Haeberlin (Arzt in Bad Nauheim), Grundlinien der Psychoanalyse, 1925, S. 387.

wir werden auch ohne derart befreiend scharfe Worte, wie wir sie hier aus der Diskussion der Psychoanalytiker unter sich zu hören bekommen, und ohne Haeberlin gegen Freud auszuspielen, den in der Tat kaum überbietbaren theoretischen Unfug der Jüngsten in der Kinderpsychologie aus den Angeln heben. Mit dem Hinweis auf die Täuschungsquelle der Suggestion, so wichtig er sein mag, ist keine Radikaloperation zu erzielen. Denn die Psychologie des Säuglings z. B., die mehr und mehr zum auserwählten Tummelplatz von Theorien erkoren wurde, stützt sich naturgemäß nicht auf das Ausfragen des Kindes, sondern auf objektive Tatbestände. Und jenes andere von den „richtig gesehenen Kernen", nun darauf eben wird es ankommen, zu entscheiden, was Kern und was Schale und was hohle Nüsse sind; der Unbefangene wird auch dies letzte nicht von vornherein für ausgeschlossen halten.

Nein, es gilt zunächst einmal, irgendeinen festen Punkt zu finden außerhalb des Bannkreises, den der große Zauberer gezogen hat und in dem er alle seine „legitimen" Schüler gefangen hält. Wir werden diesem Stoffprinzip der Libido, in dessen Namen hier Psychologie getrieben wird, von Angesicht zu Angesicht gegenübertreten und mit Freud selbst die Gründe prüfen, die uns zu seiner Annahme oder Ablehnung, oder sagen wir gleich genauer zur Bestimmung seiner Grenzen führen können. Wenn es irgendwo in unserem Leben etwas gibt, worauf jenes Merkmal der Interesselosigkeit, des interesselosen Schauens, des interesselosen Wohlgefallens, anzuwenden ist, in dem Schopenhauer eine Vorstufe der Erlösung vom dämonisch drängenden Willen zum Leben erblickte, dann werden wir dort den gesuchten Ruhepunkt vermuten dürfen. Denn diese Art der Freiheit müßte wohl exakt mit derjenigen zusammenfallen, die eintritt, wo immer uns nicht mehr die Libido im Nacken sitzt wie ein Reiter auf seinem Pferde. Anders: wo immer in unserem Seelenleben *Formprinzipien* als reale Mächte auftreten, da muß es aus innerer (logischer) Notwendigkeit mit dem Erklärungsbereich des reinen Stoffdenkens zu Ende sein. Man brauchte gegen Freud eigentlich nur den modernen Gestaltgedanken ins Feld zu stellen; die Gestaltpsychologie bildet den reinsten Gegenpol zu seiner Art des Denkens. Noch einmal anders: jenes stoffliche Nachklingen gewisser Urerlebnisse durch unser ganzes Leben, ja durch ungezählte Generationen hindurch, ist die auf die Spitze getriebene Formel des *Reproduktionsprinzips,* ist, geisteswissenschaftlich ausgedrückt, der reinste Historismus, erinnert z. B. an jene Entgleisungen gewisser Kunsthistoriker, die das Werk des schaffenden Geistes rein aus den (zufälligen) Lebensanlässen unter Einschluß dessen, was Kammerdiener zu erzählen wissen, verstehen wollten. Es ist, milder und noch allgemeiner gesagt, ein rein *retrospektives* Erklärungsprinzip. Gibt es irgendwo so etwas wie echte Produktion und prospektive Momente im Entwicklungsgange, dann ist damit der Psychoanalyse wieder eine Grenze abgesteckt.

Eins greift ins andere. Ich werde bei dem folgenden Untersuchungsgang das *Spiel des Kindes* in den Mittelpunkt stellen, weil an ihm all die aufgezählten Momente greifbar in Erscheinung treten. Es ist gewiß kein Zufall, daß zu dem wenigen im Himmel und auf Erden, was bis heute einer irgendwie ausgeführten psychoanalytischen Deutung entgangen ist, das Kinderspiel gehört[1]). Wie sollte auch einem Stoffdenker etwas zugänglich sein, dessen Grundprinzip das der formalen Übung selbst ist? Wenn uns Freud bekennt, er habe wenig Sinn für die formalen Qualitäten eines Kunstwerkes, dann verstehen wir daraus, warum ihm die Eigenart des Kinderspiels entgehen und warum ihn der Tatbestand das einzige Mal, wo er einen Blick auf ihn warf, zu den merkwürdigsten Ergänzungen seiner psychologischen Axiome zwingen mußte. In dem dogmengeschichtlich sehr interessanten Buche „Jenseits des Lustprinzips" (1920). Damit wollen wir die systematische Auseinandersetzung beginnen.

§ 15. Vom Jenseits des Lustprinzips.

Der Titel ist vorzüglich gewählt. Man wird in der Tat ohne ein solches Jenseits das menschliche Wesen nicht restlos zu begreifen vermögen. Nur muß uns, sollen wir Freud zustimmen, gestattet sein, erstens dieses Jenseits mit einem ganz anderen Gehalt erfüllt zu denken wie er, mit jenem Gehalt an Werten,

---

1) Es gibt eine Arbeit von S. Pfeifer, „Äußerungen infantilerotischer Triebe im Spiele". Imago, Bd. 5 (1919), die ich nur deshalb zitiere, weil Freud selbst einmal auf sie hinweist. Von zuverlässiger Seite wurde mir versichert, sie werde auch in psychoanalytischen Kreisen nicht ernst genommen. Wenn diese Zeilen an Mediziner gerichtet wären, würde ich versuchen, vom exakt definierten Begriff des Detritus auszugehen, um von da den Beweis anzutreten, daß uns von Pfeifer nicht anderes als ein Detritus Freudscher Ideen aufgetischt wird.

den schon Kants Ethik wohl etwas überscharf, aber doch mit guten Gründen vom Gebiet der Hedonik abzusondern bemüht war, und den neuerdings die Schweizer Psychoanalytiker in dem aufbauenden Teil ihres Heilverfahrens den Patienten wieder zugänglich zu machen versuchen. Es muß uns **zweitens** gestattet sein, das Diesseits um die zwei schönsten und reichsten Provinzen, die dem Stoffdenker Freud vollkommen entgangen sind, zu erweitern. Ich meine damit die Bereiche der *Funktionslust* und der *Schöpferfreude.* Das heroische Wort, welches Freud seinem Traumbuch als Motto vorsetzte: Flectere si nequeo superos, Acheronta movebo, ich möchte es nicht nur auf die theoretische Mobilisierung des Unbewußten beziehen, sondern ihm noch eine andere Bedeutungsnuance verleihen. Auch im Sektor des affektiven Lebens hat er nur den Acheron, das ursprünglichst Tierische in uns, theoretisch bewältigt und die lichteren Seiten, das eigentlich Menschliche, das uns mit den oberen Göttern verbindet, nur in der Perspektive von unten zu sehen vermocht. Unsagbar düster, ja vom Keime her todesverwandt muß ihm von seinen selbstgewählten Prinzipien aus die Sphäre des menschlichen Glückes erscheinen. Man hat das Buch, von dem ich sprechen will, mit Kopfschütteln aufgenommen und so oder anders als Ausdruck persönlicher Resignation oder als eine Altersverirrung in philosophische Spekulationen zu deuten versucht. Ich finde, es ist das Reifste, Klarste und Konsequenteste, was er je geschrieben hat. Er kann im Innersten nie grundsätzlich anders gedacht haben, als er es hier auf Axiome brachte.

1. Das **Lustprinzip.** Wir haben einen Säugling vor uns, der sich voll und satt getrunken hat, mit einem Lächeln der Befriedigung auf den Lippen liegt er bewegungslos in den Kissen. Wenn ich es mit eigenen Worten ausdrücken soll, würde ich sagen: Die Natur hat ein Interesse daran, daß die Tätigkeit des Saugens, wenn ein Optimum des Erfolges erreicht ist, aufhört, verebbt oder gebremst wird. Und die Wahrung dieses Interesses hat sie der *Lust der Befriedigung* anvertraut, der Körper entspannt sich, erschlafft in ihr. Das ist das einzige Grundverhältnis von Tätigkeit und Lust, das Freud gesehen, oder sagen wir richtiger theoretisch verstanden hat. Von da bis zu dem klassischen Ausspruch, die Lust stehe im Dienste des Ruhe- oder Todesprinzips, des „Todestriebes" ist nur ein kleiner Schritt.

Sehen wir zu, ob wir in diesem entscheidenden Punkte Freud auch richtig verstanden haben. Es ist keine Täuschung möglich, im „Jenseits des Lustprinzips" hat er seine Gedanken darüber mit bewunderswerter Konsequenz zu Ende gedacht. „Wir haben alle erfahren, daß die größte uns erreichbare Lust, die des Sexualaktes, mit dem momentanen Erlöschen einer hochgesteigerten Erregung verbunden ist." Dem Lustprinzip fällt demnach die Leistung zu, „den seelischen Apparat überhaupt erregungslos zu machen, oder den Betrag der Erregung in ihm konstant oder möglichst niedrig zu erhalten. Wir können uns noch für keine dieser Fassungen sicher entscheiden, aber wir merken, daß die so bestimmte Funktion Anteil hätte an dem allgemeinsten Streben alles Lebenden, zur Ruhe der anorganischen Welt zurückzukehren." (W. VI, 256.) Das Lustprinzip steht also letzten Endes im Dienste des Todestriebes, der Todessehnsucht, das ist die Konsequenz, vor welcher der unerschrockene Denker nicht Halt gemacht hat. Nehmen wir noch den ersten Satz jener Abhandlung dazu: „In der psychoanalytischen Theorie nehmen wir unbedenklich an, daß der Ablauf der seelischen Vorgänge automatisch durch das Lustprinzip reguliert wird, das heißt, wir glauben, daß er **jedesmal** durch eine **unlustvolle Spannung** angeregt wird und dann eine solche Richtung einschlägt, daß sein Endergebnis mit einer **Herabsetzung dieser Spannung**, also mit einer Vermeidung von Unlust oder **Erzeugung von Lust** zusammenfällt" (Jenseits etc. S. 191, die Sperrungen von mir).

Dieses Schema ist mir deshalb besonders vertraut, weil ich es in demselben Jahre wie Freud, ohne ihn zu kennen, in der zweiten Auflage meiner „Geistigen Entwicklung des Kindes" mit ähnlichen Worten selbst aufgestellt habe: „Vielleicht sind *Gier* und *Befriedigung* die primitivsten Formen der hedonalgischen Reaktion; jedenfalls wissen wir sie aus eigener Erfahrung in unsere stärksten Instinkte, den Nahrungs- und den Geschlechtstrieb eingebaut, die Gier als das eigenartig unlustvolle Zumutesein, das der Erreichung des Zieles vorausgeht, die Befriedigung als das, was sie begleitet und ihr nachfolgt, die Gier voll Spannung und Erregung, die Befriedigungslust mit Entspannung und Beruhigung verbunden, aus dem einen entspringt, im anderen verebbt die Tätigkeit. Es geht die Rede vom „schlaffen" oder „erschlaffenden" Genießen; man wird, um den Begriff des Genießens psychologisch zu definieren, die beiden Merkmale, die sich hier aus dem Verhältnis der Lust zur Tätigkeit ergeben, nämlich die Endständigkeit der Lust und ihren sedativen Charakter aufgreifen. Woraus sich dann freilich eine gewisse Verengerung der Wortbedeutung gegenüber dem gemeinen Sprachgebrauch ergibt, sofern nämlich das echte Spielen nicht zum Genießen gerechnet werden darf" (436).

Das ist, wie man sieht, eine vollkommene Übereinstimmung im ersten Ansatz. Ihn irgendwie zu ändern besteht auch keine Veranlassung. Freud weist auf eine kurze Bemerkung Fechners hin: „Insofern bewußte Antriebe immer mit Lust oder Unlust in Beziehung stehen, kann auch Lust und Unlust mit Stabilitäts- und Instabilitätsverhältnissen in psychophysischer Beziehung gedacht werden, und es läßt sich hierauf die anderwärts von mir näher zu entwickelnde Hypothese begründen, daß jede die Schwelle des Bewußtseins übersteigende psychophysische Bewegung nach Maßgabe mit Lust behaftet sei, als sie sich der vollen Stabilität über eine gewisse Grenze hinaus nähert, mit Unlust nach Maßgabe, als sie über eine gewisse Grenze davon abweicht, indes zwischen beiden, als qualitative Schwelle . . . eine gewisse Breite ästhetischer Indifferenz besteht . . ."[1]). Das war, wie mir scheint, ein noch unausgereifter Gedanke; aber die „Stabilitätsidee" mag man immerhin als einen Vorläufer unseres Optimalprinzips ansehen. Jene ist physikalisch, dieses biologisch gedacht. Der Organismus hat, um es noch einmal zu sagen, ein Interesse daran, daß die Tätigkeit des Saugens, wenn ein gewisses Erfolgsoptimum erreicht ist, aufhört; die Erfolgslust stellt den Motor ab, entspannt oder bremst, so mag man sich bildlich ausdrücken. Die Psychologie des Sports, welche die Wichtigkeit einer Ökonomie in Spannung und Entspannung erkannt hat, und die Neurologen, welche die mannigfachsten Störungen dieses Haushalts beobachteten, mögen die Dinge von da aus weiterführen. Wenn man sich den Zustand eines Menschen ausdenkt, der die Fähigkeit zu rechtzeitigen Entspannungen und damit zum primitivsten „Genießen" verloren hat, so dürfte damit ein Grundzug der Neurasthenie getroffen sein. Viel elender aber noch müßte ein Mensch daran sein, dem umgekehrt nur Gier und Befriedigung als Motor und Bremse seiner Tätigkeiten geblieben wären. Denn er wäre ärmer als jener andere, er wäre der Freuden des Spieles und des Schaffens und damit aller höheren menschlichen Lustquellen beraubt.

2. Auch Freud hat eingesehen, daß im Rahmen der menschlichen Kulturbedingungen ein solches Wesen von sich aus nicht

---

[1] Freud (192), Fechner, Einige Ideen zur Schöpfungs- und Entwickungsgeschichte der Organismen, 1873, S. 94.

existenzfähig wäre. Nur hat er viel zu früh den Schritt zu einem
„Jenseits des Lustprinzips" angesetzt. Vorbehaltlos stimme ich
dem zu, was er unter dem Namen Realitätsprinzip einführt:
„Unter dem Einflusse der Selbsterhaltungstriebe des Ichs wird es
[das Lustprinzip] vom Realitätsprinzip abgelöst, welches, ohne die
Absicht endlicher Lustgewinnung aufzugeben, doch den Aufschub
der Befriedigung, den Verzicht auf mancherlei Möglichkeiten
einer solchen und die zeitweilige Duldung der Unlust auf dem
langen Umwege zur Lust fordert und durchsetzt." Weiter: „eine
andere, nicht weniger gesetzmäßige Quelle der Unlustentbindung
ergibt sich aus den Konflikten und Spaltungen im seelischen
Apparat, während das Ich seine Entwicklung zu höher zusammen-
gesetzten Organisationen durchmacht" (194). Nun, ich denke,
diese Technik, wie man mit der Wurst nach der Speckseite wirft,
und durch Verzicht auf gröbere Genüsse sublimere eintauscht, sei
den Theoretikern des Hedonismus von Epikur an durch alle
Zeiten vollkommen geläufig gewesen; sie gehört ebenso zum
Diesseits der Erfolgslustökonomie, wie das Verlust- und Spesen-
konto zur Rechnung des Kaufmanns. Durch Aufsuchen der Einheitsmomente, welche Schritt für Schritt die komplexeren
Genußhandlungen konstituieren, wird man dies seelische Bilanz-
verfahren theoretisch begreifen, ungefähr so, wie ich es in dem
bereits zitierten Abschnitt meiner Kinderpsychologie skizziert habe.
Denn es ist so mit all den scheinbaren Dysteleologien, Unvoll-
kommenheiten ‚Negativposten' in diesem Getriebe, daß sie wie
in der Leibnizschen Theodicee durch Ganzheitsbildungen und
Ganzheitsbetrachtungen erträglich werden oder gar, wie die
Schatten in einem Gemälde, zur Hebung der Lichter berufen
erscheinen.

Zu seinem Jenseits gelangt Freud durch besinnliche Betrachtungen über das kindliche Spiel. Ein anderthalbjähriger
Knabe, mit dem er längere Zeit zusammen wohnte, spielte aus-
dauernd das uns allen wohlbekannte Spiel des Fortwerfens, Ver-
schwindenlassens und Wiederhervorholens. Er stand z. B. neben
seinem Bettchen „mit einer hölzernen Fadenspule, an die ein Bind-
faden gebunden war, „warf die am Faden gehaltene Spule mit
großem Geschick über den Rand seines verhängten Bettchens,
so daß sie darin verschwand, sagte dazu sein bedeutungsvolles
o—o—o (= fort) und zog dann die Spule am Faden wieder aus
dem Bett heraus, begrüßte aber deren Erscheinen jetzt mit
einem freudigen „*da*". Das war also das komplette Spiel.

Verschwinden und Wiederkommen, worin man zumeist nur den ersten Akt zu sehen bekam, und dieser wurde für sich allein unermüdlich als Spiel wiederholt, obwohl die größere Lust unzweifelhaft dem zweiten Akt anhing" (200f.). Welch tieferer Sinn mag in diesem Spiel des Kindes verborgen sein? Antwort: „Es war im Zusammenhang mit der großen kulturellen Leistung des Kindes, mit dem von ihm zustande gebrachten Triebverzicht (Verzicht auf Triebbefriedigung), das Fortgehen der Mutter ohne Sträuben zu gestatten. Es entschädigt sich gleichsam dafür, indem es dasselbe Verschwinden und Wiederkommen mit den für ihm erreichbaren Gegenständen selbst in Szene setzte" (201). Dann die Wendung ins Prinzipielle, an der man den großen Denker erkennt: „Das Fortgehen der Mutter kann dem Kinde unmöglich angenehm oder auch nur gleichgültig gewesen sein. Wie stimmt es also zum Lustprinzip, daß es dieses ihm peinliche Erlebnis als Spiel wiederholt?" Antwort: Wir stehen im Jenseits der Lust, im Herrschaftsbereich eines neuen, gegensätzlichen Prinzips, im Reiche des *Wiederholungstriebes*. Damit ist nun das Denkschema der Reproduktion definitiv gerechtfertigt; es wird einfach innerlich belebt, ein Trieb von der Rangordnung der Grundtriebe wird ihm eingehaucht. Derselbe Odem des Lebens, der in dem sanften, erschlaffenden Hauch des Lustprinzips dem Tode so bedenklich nahe kommt, hat noch eine zweite, rauhere Erscheinungsform, indem er fort und fort wie eine rechte Sklavengeißel zur Wiederholung treibt.

3. An keinem Punkte ist die Lehre F r e u d s dem trostlosen Pessimismus S c h o p e n h a u e r s näher verwandt als hier. Und ausgerechnet das Kinderspiel soll diesen Pessimismus stützen? Mich dünkt, einer von beiden, entweder F r e u d oder der Weltgeist muß sich da vergriffen haben. Denn das spielende Kind weiß nichts davon, daß es einem lustlosen Wiederholungszwang gehorcht, sondern steht mit beiden Füßen im Diesseits des Lustprinzips. Doch sehen wir uns den neuen „Grundtrieb" näher an. *Wiederholungen* gibt es genug in unserem Leben aus äußeren und inneren Gründen, wer wollte sie alle auf e i n e Formel bringen? Tag und Nacht wiederholen sich und mit ihnen das Wachen und Schlafen; die Jahreszeiten und Feste kehren wieder, und im wohlgeregelten festeingebauten Leben eines modernen Kulturmenschen verläuft Woche um Woche, Tag um Tag im weitgehenden Gleichschritt äußerer Ereignisse; es soll so etwas wie Stundenpläne und Küchenzettel, geschriebene und un-

geschriebene, geben. Dazu die inneren **Automatisierungstendenzen** unserer Erlebnisverläufe und Verhaltensweisen; es bedarf zur Erklärung der Gleichförmigkeiten im Bereich unserer Gewohnheiten und Manieren wahrhaftig keines eigenen Wiederholungstriebes.

Freud weist dann weiter auf die „ewige Wiederkehr des Gleichen" im Schicksal manches Menschen hin. „So kennt man Personen, bei denen jede menschliche Beziehung den gleichen Ausgang nimmt: Wohltäter, die von jedem ihrer Schützlinge nach einiger Zeit im Groll verlassen werden, so verschieden diese auch sonst sein mögen, denen also bestimmt scheint, alle Bitterkeit des Undankes auszukosten; Männer, bei denen jede Freundschaft den Ausgang nimmt, daß der Freund sie verrät; andere, die es oft in ihrem Leben wiederholen, eine andere Person zur großen Autorität für sich oder auch für die Öffentlichkeit zu erheben, und diese Autorität dann nach abgemessener Zeit selbst stürzen, um sie durch eine neue zu ersetzen; Liebende, bei denen jedes zärtliche Verhältnis zum Weibe dieselben Phasen durchmacht und zum gleichen Ende führt usw." (208 f.). Daß dies oft in einem „gleichbleibenden Charakterzug" dieser Menschen begründet sein mag, hebt Freud selbst hervor und legt darum größeres Gewicht auf Fälle, in denen Personen rein passiv und ohne eigenes Verschulden wiederholt das Gleiche durchmachen. Wie wenn z. B. eine Frau drei Männer kurz nacheinander heiraten und zu Tode pflegen muß. Mir will scheinen, als ob man in solchen Fällen entweder Mißtrauen in die „reine Passivität" oder in die innere Gesetzmäßigkeit der Wiederholung zu setzen habe. Sollte es einem Mann etwa passieren, daß er dreimal eine Xanthippe heiratet, so würde ich mir Erklärungsgründe dazu eher aus Goethes Wahlverwandtschaften als aus der Annahme eines unstillbaren Wiederholungstriebes versprechen.

Das letzte und für ihn wohl stärkste Argument gewinnt Freud aus Beobachtungen an Neurotikern, die in der Tat oft und in verschiedenen Formen unter einem echten **Wiederholungszwang** leiden mögen. Über diesen Tatbestand selbst will ich hier nichts aussagen, sondern nur eine methodische Bemerkung vorbringen. Muß denn alles und jedes, was an Neurotikern gefunden wird, nach ein und demselben Schema der „Regression" begriffen werden? Das wäre, wie mir scheint, genau so primitiv, wie wenn man die ganze körperliche Pathologie in das eine Schema der Entwicklungshemmungen zwingen wollte. Warum sollte es bei seelischen Erkrankungen nicht auch so etwas wie Neubildungen geben?

Mitten in diese recht zweifelhafte Gesellschaft angeblich nächster Blutsverwandter wird nun die Wiederholung der Tätigkeiten im Bereich des kindlichen Spieles gestellt. Wir wollen, um damit ins Reine zu kommen, unterscheiden: die Wiederholungen des Spielens, das Echo alles dessen, was sich um das Kind herum ereignet, von der internen Wiederkehr des Gleichen im Zuge der Spieltätigkeit selbst. Wiederholung ist beides, weil auch das Tun und Treiben der Erwachsenen vom Kinde irgendwie aufgefangen und verstanden, d. h. innerlich mitgemacht sein muß, wenn das Echo eintreten soll. Theoretisch einfacher aber liegen die Verhältnisse bei den internen Wiederholungen, weil hier die Transformierung aus dem Leben ins Spielerische wegfällt. Wir wollen trotzdem nicht damit, sondern mit einem Fall beginnen, der von beiden etwas in sich enthält. Wo das Kind von sich aus etwas Originäres produziert und dann wie überrascht und gefesselt von dem Neuen dem einmal Gelungenen eine Flut von Kopierungen nachschickt, da sind die Verhältnisse für uns am durchsichtigsten. So ist es sehr früh schon z. B. im Bereich des Lallens, jener spielenden Erzeugung von Sprechlauten, spielenden, einübenden Betätigung der Artikulationsorgane zu einer Zeit, wo noch nicht die Spur einer »Nachahmung« dessen, was an Sprachlauten von fremden Lippen her auf das Kind eindringt, nachzuweisen ist. So ist es handgreiflich in all jenen Fällen, wo irgendein kleiner Fortschritt im Zuge des Kriechen-, Sitzen-, Stehen-, Gehenlernens das erste Mal gelungen ist; so ist es durchsichtig auch überall dort, wo ein reiner Zufallseffekt in einem psychologisch fruchtbaren Moment auftritt und ausgewertet wird. Aus den ungezählten guten Beobachtungen nur ein typisches Beispiel vom 319. Lebenstage eines Kindes: „es schlug mehrmals mit einem Löffel auf einen Teller. Dabei geschah es zufällig, daß es mit der freien Hand den Teller berührte; der Schall wurde gedämpft, und dieser Unterschied frappierte das Kind. Es nahm nun den Löffel in die andere Hand, schlug damit auf den Teller, dämpfte wieder usw. Abends Wiederholung des Versuches mit gleichem Erfolge"[1]). Der Ausdruck „spielendes Experimentieren", den K. Groos gewählt und theoretisch begründet hat, sagt alles, was der gesunde Menschenverstand auf Anhieb

---

1) W. Preyer, Die Seele des Kindes, 7. Aufl., S. 49.

zu dem Tatbestand zu sagen vermag. Die Spiele dieses Types sind die frühesten. Wir müssen das spätere Nachahmungsmoment im Kinderspiel, jene Übernahme fremden Tuns und Treibens, als etwas **Sekundäres** zu begreifen versuchen, **nicht umgekehrt**. Das Milieu, das Leben selbst, in dem Maße, wie es zunehmend vom Kinde verstehend erobert und mitgelebt wird, bietet fort und fort eine Fülle des Neuen (Neuverstandenen); vor jedem derart neu Eroberten steht das Kind genau so wie vor dem selbstproduzierten Neuen erstaunt und gefesselt und schickt dem einmal Gelungenen eine Flut von Kopierungen nach. So viel zunächst von dem Echo des Lebens, das wir in den „Nachahmungsspielen" des Kindes finden.

4. Nun das andere, das tiefere Problem, das in der Wiederholung des Gleichen gesehen oder gesucht werden mag. Woher die Flut von Kopierungen in unserem Erleben und Benehmen überhaupt und besonders im kindlichen Spiele? Wer wie unsere Väter und Vorväter in der Psychologie das Seelenleben unter dem Bilde des erweiterten und komplizierten Reflexbogens sieht, wer wie sie das **reaktive** Moment in unserem Wesen in den Vordergrund schiebt, indem er sich zur rechten oder unrechten Zeit auf den physikalischen Grundsatz omnis actio est reactio besinnt, der mag die letzte Antwort auf die Frage nach dem Grunde einer Wiederkehr des Gleichen restlos auf den Physiker und Physiologen abschieben. Es gibt eine allgemeine Gleichförmigkeit in der Natur und darum auch in unserem Seelenleben. **Freud** begnügte sich nicht damit, vielleicht hat er tiefer gesehen als andere. Wir müssen aber, wie ich meine, wenn wir nun mit ihm das Kinderspiel nach spezifischen Wiederholungsfaktoren absuchen, zu differenzieren verstehen. **Erstens**: alles, was nach Gewohnheit und Routine im Spiele aussieht, erfordert eine Betrachtung für sich. Kein Zweifel, auch das Kinderspiel untersteht dem Gesetz der Automatisierung, der Gewohnheit; und wenn wir irgendwie begriffen haben, warum jeder Kanzelredner von Zeit zu Zeit sich selbst wiederholt und sein Steckenpferd reitet, so brauchen und dürfen wir für die mannigfachen Analoga aus der Kinderstube kein neues Erklärungsprinzip aufstellen. Es gibt **kurz- und langphasige, alters-, milieu- und saisonbedingte Spielgewohnheiten**[1]). Und wenn etwas daran

---

[1]) Dazu ein ausgezeichnetes Beobachtungsmaterial von H. Hetzer in einer demnächst erscheinenden Schrift „Das volkstümliche Kinderspiel". Wiener Arbeiten zur pädag. Psychol., Heft 5 (1927).

merkwürdig erscheint, so ist es erstens die stark ausgeprägte Typik dieser Gewohnheiten und zweitens, wie rasch das Kind sie annimmt und ablegt, wie frei es durch sie hindurchschreitet und seinen höheren Entwicklungszielen treu bleibt. Ungefähr ebenso labil wie die Mode im Bereich der Sitten ist das Gewohnheitsmoment im kindlichen Spiele. Man muß mit der Typik der Spiele gut vertraut sein, um über sie hinaus die Eigenmelodie des Charakters richtig zu hören und abzugrenzen. Denn auch das gibt es: charakterologische Konstanten in allem Wechsel der Spielmoden.

Und das ist das Zweite. Ungefähr so wie in dem Schicksal des Mannes, der in wiederholten Ehen immer wieder eine Xanthippe neben sich vorfindet oder entstehen sieht, zu guter Letzt irgendeine eigene, verhängnisvolle Charakterkonstante sichtbar wird, so offenbaren sich diese und jene Charakterkonstanten des Kindes an den Gleichförmigkeiten niederen und höheren Grades, die ein Beobachter von außen am Spiele des Kindes ablesen mag. Wer z. B. wirklich schon als Kind und kraft einer verhängnisvollen Erbanlage dazu prädestiniert wäre, daß ihm später immer wieder alle Freundschafts- und Liebesbünde in monotoner Art wie nach einer Schicksalsformel in Scherben gehen, bei dem müßte dies, wie ich glaube, schon im Gemeinschaftsspiele der Kinderzeit zu sehen sein. Andere, weniger feste und tragische Züge sind in der Tat zu sehen. Der müßte ein schlechter Menschen- und Kinderkenner sein, dem nicht aus verstehendem Miterleben dies und das vom Temperament und Charakter des spielenden Kindes offenbar würde. Einen eigenen Wiederholungstrieb anzusetzen, wird um dessentwillen keinem besonnenen Theoretiker einfallen.

Bleibt drittens, so fragen wir weiter, wenn dies alles erfaßt und in Rechnung gestellt ist, noch ein unerklärter Rest am Tatbestand der spielerischen Wiederholungen? Wer mit *ja* antwortet, muß Kriterien und Gründe parat haben, um zu bestimmen, was er meint, und zu beweisen, daß es da ist. Auf Freud machte die Tatsache, daß auch *unlustvolle Ereignisse* des Lebens ein Echo im Spiele des Kindes finden, großen Eindruck. Der Tatbestand als solcher liegt vollkommen klar erkennbar vor uns. Schon Groos hat ihn gesehen und treffend beschrieben, zugleich mit dem wichtigen Umstand, der dazu gehört: Man muß das Leidvolle überwunden haben, um sich an seiner gespielten Wiederholung erfreuen zu können. So ist es beim Erwachsenen und nicht anders beim Kinde. Nehmen wir an, es sei einmal schmerzhaft von einem Hunde gebissen worden oder habe sich an einer Kerze die Finger verbrannt. Nichts in der Welt wird es zu einer ernsthaften oder spielenden Wiederholung treiben, bevor die Angelegenheit innerlich erledigt ist und das Kind sich bei einer neuen Gelegenheit gesichert und überlegen fühlt. Dann wird es auf dem Arm der Mutter oder hinter ihren Rockschößen den jetzt machtlosen Übeltäter reizen oder die Hand in sicherer Selbstbeherrschung der Kerzenflamme auf unschädliche Entfernung spielend nähern. Und mit all dem steht es nicht im Jenseits, sondern im Diesseits des Lustprinzips. Daß es dem Menschen Freude macht, aus einer Position des Geborgenseins unheildrohende Mächte zu necken und ihrer zu spotten, gehört irgendwie zu jener Grundverfassung, die man heute im Anschluß an Nietzsche vielfach mit dem Schlagwort »Wille zur Macht« zu treffen oder mit Alfred Adler als sekundär, als den Gegenschlag, die Reaktion auf ein primäres Unterlegenheitsbewußtsein zu begreifen versucht. Gleichviel wie, jedenfalls finden wir den Tatbestand sehr früh beim Kinde.

Aber lassen wir nun die Einschränkung auf das Verhalten zum Unlustvollen fallen. Viel tiefer greift, wer mit Freud auch die Wiederholung des Lustvollen zum Problem erhebt. Folgen wir ihm unbesorgt; er hat an dieser Stelle tiefer und unerbittlicher gedacht als diejenigen seiner Anhänger und Kritiker, welche dies Problem wie eine überflüssige Schrulle beiseite schieben. Denn solange der Vordersatz, das Axiom vom Sättigungscharakter der Lust bestehen bleibt, ist die Wiederholung in der Tat ein Problem. Kein inneres Bedürfnis treibt einen Körper, der in seiner Gleichgewichtslage zur Ruhe gekommen ist, zur Wiederholung dessen, was er gerade hinter sich gebracht hat. Woher also das Wieder und Wieder wenn dem spielenden Kinde einmal eine Leistung gelungen ist? Warum sagt die Endlust, Erfolgslust hier nicht wie sonst zum Augenblick „verweile!"? Nun, wenn sie es sagt, so vermag sie sich nicht durchzusetzen gegen irgendeinen anderen stärkeren Ruf, der zur Tätigkeit sagt „wiederhole dich!" So weit stimme ich durchaus mit Freud überein. Aber muß denn dieser Befehl des »wiederhole dich!« von einer Macht jenseits des Lustprinzips herkommen und als die Sklavengeißel eines unseligen Fatums angesehen werden? Hier gehen unsere Wege auseinander. Und zwar nicht erst seit heute; ich möchte darauf hinweisen, daß alles, was nun folgt, ganz unabhängig von Freud gewonnen und in dem bereits zitierten Aperçu der zweiten Auflage meiner „Geistigen Entwicklung des Kindes" angelegt ist.

5. Das Axiom vom Sättigungscharakter der Lust ist nicht aller Weisheit Schluß. Die Lust als Ruheprinzip mit dem Tode verwandt, wie Freud sie gesehen hat, die Lust als Optimalprinzip erreichten Erfolges, der Tätigkeit als Bremse gesetzt, und darum mit Erschlaffung verbunden, wie ich sie im ersten Ansatz beschrieben habe, das ist keine Universalformel. Die Natur spottet des Versuches, sie darauf festzulegen, und erreicht die Wiederholungen, die sie braucht, auf viel eleganterem Wege als Freud. Wenn ein Stachel, eine Peitsche, ein Sklavenprinzip in unserem Wesen gesetzt ist, dann haben wir nach wie vor genug davon in der unlustvollen, spannungsgeladenen Gier und brauchen daneben nicht den Spezialteufel eines Wiederholungszwanges. Ich appelliere zuerst an die Selbstbeobachtung in den klarsten Fällen, wo wir nicht *aus* Gier, sondern *aus* Lust an der Tätigkeit als solcher und frei von der Hoffnung auf den Gewinn, der am Ende winken oder ausbleiben mag, körperlich oder geistig in Bewegung sind. Es ist völlig irrelevant, wie diese Tätigkeit eingeleitet wurde und ob sie regelrecht in das System unserer realen Erfolgsinteressen eingebaut ist oder nicht. Mitten im Zuge ernster, sonst mühevoller Berufsarbeit kann und muß es jedem von uns begegnet sein, zumute gewesen sein wie Johann dem munteren Seifensieder, oder wie Richard Wagner seinen Hans Sachs, den Schuster, auf die Bühne stellt. Dann wissen wir aus innerer Erfahrung, daß derart lustgetragene und lustgeschwellte Tätigkeiten auch gierlos entsprungen und ins Blaue, will sagen ins realiter Zwecklose gehen könnten und weiß Gott wie oft auch tatsächlich gehen.

Was aus dieser ersten, unbefangenen Beschreibung des Sachverhaltes theoretisch verwertet werden soll, ist nur das eine, daß wir genau so unmittelbar und genau so sicher wie dort in der gierentsprungenen Erfolgshandlung die Ruhe nach dem Sturme, so hier die Tätigkeit selbst als lustvoll und lustgetragen erleben. Es besteht nicht die mindeste Veranlassung, der zweiten Feststellung weniger zu vertrauen als der ersten. Im Gegenteil. Wenn anders die Überlegung zu Recht besteht, daß auch die scheinbar ruhenden (dem Tode ähnlichen) Erlebnisse, z. B. Empfindungskomplexe, welche unverändert andauern, in Wahrheit nicht absolute Ruhe und nicht den Tod, sondern stationäre Bewegung bedeuten, dann ist das zweite verständlicher fast als das erste. Und wenn dann in die Theorie irgendwie die Fechnersche Idee vom Gleichgewicht aufgenommen werden soll, so belehrt uns der Physiker sofort, daß es nicht nur ein Gleichgewicht in ruhenden, sondern auch in bewegten Systemen, daß es „stationäre Zustände" gibt. Ein Fluß, der weder steigt noch fällt, befindet sich im Gleichgewichte des Fließens; und wenn er an- oder abschwillt, kann die Betrachtung wieder eine höhere Art des Gleichgewichtes gerade im An- und Abschwellen finden usw. in infinitum. Die elementarsten Betrachtungen aus dem Gebiete der Musik hätten Freud belehren müssen, daß die Lust nicht an die niedersten, oder gar, was unausdenkbar wäre, an die Nullstufe in diesem Potentialsystem gebunden ist, sondern mit hinaufklettert, soweit überhaupt die menschliche Fassungskraft Einheitsmomente am Mannigfaltigen der Töne zu gestalten und zu erfassen vermag. Vielleicht war es nicht bedeutungslos für die Psychoanalyse, daß ihr Schöpfer keinen Anteil an der Musik hat.

Was weiter? Es muß der Anschein restlos zerstört werden, als verwickle sich die Theorie in logische Schwierigkeiten, wenn sie die Lust das erste Mal mit Erschlaffung, das zweite Mal mit Spannung ausstattet, das erste Mal als Bremse, das zweite Mal als Motor der Tätigkeit bezeichnet. Wer physikalische Modelle bevorzugt, um die Begriffe zu klären, und ein Beispiel aus der Technik vor Augen haben muß, um an die Möglichkeit einer derartigen Umstellung zu glauben, sei etwa an den elektrischen Motor erinnert, welcher äußerst einfach zum Generator und damit zur Bremse des maschinellen Ganzen, dem er eingebaut ist, umgestellt werden kann. Es gibt auch für den findigen Psychologen ungezählte Möglichkeiten, die eine Formel in die andere zu übersetzen; nur führen sie alle durch vorerst ungreifbare Zusatzhypothesen. Schopenhauer war es, der die Gier im menschlichen Wesen zum einzig primären Motor erhob und die Lust entwertete, als sei sie in allen ihren Formen nur an das Nachlassen der Gier gebunden. Die Lust als das Aufhebungs-, das Ruhe-, das Todesprinzip — bei Schopenhauer finden wir diese Freudsche Formel vorgebildet. Der Dichter des Faust meint dasselbe und trägt nur schreiende Farben auf in der bekannten Formel: „So tauml' ich von Begierde zu Genuß, Und im Genuß verschmacht' ich nach Begierde". Denn ob bei dem Bild, das dem Dichter vorschwebt, das Bild eines Genußjägers oder das eines lebensmüden Karrengauls herauskommt, das hängt nur von dem

Grad der Vitalität ab, die man einem solchen System eingegeben denkt. An den Stall und an die Futterkrippe wird der Abgehetzte im Trott seines Lebens denken. Auf der Weide aber, in Gesellschaft von jungen Fohlen, macht er eine schlechte Figur und in seinem Wesen ist und bleibt der von außen Gehetzte strukturverwandt dem innerlich gepeitschten, dem gierbesessenen Hengste, der den Stuten nachjagt, nicht aber den jungen Fohlen.

Es stünde dem Theoretiker nicht schlecht, wenn er an dieser Stelle den Blick vom Tierleben und der Kinderstube weg sofort zu der höchsten Form der Lust, die dem Menschen beschieden ist, erheben wollte. Er braucht zu diesem Behufe nur dem Dichter weiter zu folgen und begrifflich zu fixieren, an welcher Stelle, in welcher Verfassung Faust das Schicksalswort erfüllt: „Zum Augenblicke dürft' ich sagen: Verweile doch, du bist so schön!" Es ist das gottnächste Glück, die Schöpferfreude, die *Schaffenslust*. Und wer behaupten wollte, auch sie sei im Grunde nichts anderes als das sublimierte Todesprinzip der nachlassenden Gier, dem wäre nicht weltanschaulich oder ethisch, sondern auf dem Plane unserer nüchternen Diskussion mit einer schlichten psychologischen Tatsachenfrage entgegenzutreten. Also nicht mit der ethischen Frage, mit welch innerem Rechte die Erlösung Fausts von der verbrieften Bindung an den, der von sich sagt „Ich liebe mir dafür das Ewig-Leere" und alles menschliche Schaffen verhöhnt, ausgesprochen werden darf, sondern mit der schlichten Ausgangsfrage: Woher denn *Deine* psychologische Weisheit? Woher denn das Axiom, der Befriedigungscharakter der Lust sei das allein Primäre und müsse in alles und jedes Verhältnis von Lust und Tätigkeit hineininterpretiert werden?

6. Wir trennen die Schaffensfreude von der Funktionslust und konzentrieren unsere theoretischen Bemühungen auf diese. Wenn wir das spielende Menschenkind und spielende junge Tiere und was von der Jugend her in unserem eigenen Wesen von jener köstlichen Fähigkeit anscheinend zwecklosen oder selbstzwecklichen, interessenfreien Tuns geblieben sein mag, vor Augen haben, stellen wir noch einmal die Frage, ob es der Ruheformel Freuds untersteht oder nicht. Am Ja oder Nein auf diese Frage hängt der Anspruch der Psychoanalyse, mit einem Griff das ganze Tun und Treiben des Menschen und der Tiere begriffen zu haben. Um dem monistischen Erklärungsbedürfnis so weit als möglich entgegenzukommen, sei die Annahme gemacht, die Spencer an

die Spitze seiner Theorie des Spielens gestellt hat: Wo immer im Tierreich bis hinab zu den Amöben in adäquater, reibungsfreier Körperbewegung ein angesammelter organischer Kraftüberschuß zur Entladung gelangt, entsteht Funktionslust. Nichts hindert, noch weiter zu gehen: Auch das Umgekehrte, die angemessene Aufladung der Batterie, sei es mit chemischer Spannkraft, sei es wie bei gewissen automatischen Zentren des Nervensystems die Aufspeicherung von aktueller Erregung, sei eine Quelle von Funktionslust; die Betrachtung der sexuellen »Vorlust« wird uns auf das letztere zurückführen. Nach dieser denkbar weit ausholenden Grundannahme belehrt uns die Besinnung, daß wir erstens nicht den Tod, sondern das Leben selbst mit Lust ausgestattet haben und daß wir zweitens einen Halt in den Tatsachen brauchen, um den nächsten Schritt zu tun. Der Quellpunkt mag getroffen sein, aber ohne Weg und Richtung, ohne einen bestimmten Ausbau der in dem Grundfaktum eingeschlossenen Möglichkeiten käme kaum etwas anderes als ein ungeformtes Wohlgefühl heraus. Tatsache aber ist, daß im Bereich des Kinderspieles und (vielleicht von dort her) in der Kunst und darüber hinaus in unserer von primären Lebensinteressen geleiteten Berufsarbeit eine Steigerung und Veredelung der Funktionslust zu finden ist. Sie ist eingebaut im Kinderspiel in die weitgesteckten, prospektiven Ziele einer Vorübung der körperlichen und geistigen Fähigkeiten des Kindes für den vorerst noch aufgeschobenen vollen Ernst realer Lebensansprüche an das Individuum.

Gesteigert und veredelt, systematisch ausgebaut tritt uns das Phänomen der Funktionslust im Kinderspiel und in der Kunst entgegen. Bliebe es dabei, daß nur Kraftüberschußentladungen im primitivsten Sinne des Wortes mit Funktionslust ausgestattet wären, so sähen wir daraus kaum mehr als jenes ungeordnete, mutwillige Ausschlagen, wie wenn das Pferd „der Hafer sticht", hervorgehen, Eruptionen, die auch im Kinderleben nicht fehlen. Die Hauptkraftquelle der Funktionslust dagegen ist gesammelt und in geordnete Bahnen geleitet, ist zu äußerst wichtigen Lebenseffekten zweckmäßig verwertet. Kaum hat das noch ungeordnete Lallen oder Strampeln mit Armen und Beinchen begonnen, so sehen wir auch schon zweckmäßige Bewegungsgebilde daraus hervorgehen. Gewiß auf strukturgesetzlich geregelter Grundlage; die Hände sind zum Greifen, der Kehlkopf ist zum Sprechen prädisponiert. Aber die gesetzmäßige Bevorzugung der erst später lebenswichtigen wohlgeformten Tätigkeiten vor den weniger geformten und ihre unermüdliche Einübung wäre wohl gerade in den unerläßlichen Anfangsstadien kaum zu begreifen, ohne eine ganz bestimmte subjektive, erlebnismäßige Auszeichnung und Bevorzugung des Geformten. Und hier werden wir anzusetzen haben, um eine exakte Lösung des von Freud gestellten Wiederholungsproblems zu gewinnen. Wiederholung — niemand braucht den Kunstverständigen zu belehren, daß Wiederholung in der Musik und weit darüber hinaus zu den grundlegenden *Gestaltungsmomenten, Formmomenten* gehört. Auch im Spiele des Kindes ist es so. Weit gefehlt, daß die Wiederholung von einem Prinzip aus dem Jenseits des Lustbereichs befohlen würde, wie Freud uns lehrt, sie gehört mit zu dem, woran die Funktionslust vorzugsweise haftet. An ihr und den übrigen systemniederen und systemhöheren Gestaltungsmomenten der Tätigkeit. Wiederholung wird schon im Spiele des Kindes bündig, z. B. zum Rhythmus und darüber hinaus zu höheren Gestalten. Und, um den Kreis der Gedanken sofort zu schließen: formgebunden' und getragen vom Gestaltprinzip wird die Funktionslust unabhängig in hohem Grade von dem faktischen Vorhandensein und der faktischen Entladung eines organischen Kraftüberschusses vom Anfang bis zum Schluß der Tätigkeit. Das Kind spielt ja vom Morgen bis zum Abend, bis zur Ermüdung und nicht nur, wenn es gerade im Augenblick „der Hafer sticht". Der primitive Mensch tanzt in der Rhythmik gefangen und betrunken von ihr bis zur vollkommenen körperlichen Erschöpfung.

Der konsequente Todestheoretiker des Lustprinzips käme wohl in einige Verlegenheit, wenn wir Rechenschaft von ihm verlangten über die autochthone Vitalität und Kraft des *Rhythmus*. Ich habe darüber im Sinn des Freudschen Ansatzes nachgedacht und lade den Leser und die Psychoanalytiker ein, diese Überlegungen zu beurteilen. Stammt der Rhythmus aus dem Jenseits oder dem Diesseits des Lustprinzips? Das Wiederholungsmoment müßte nach Freud aus dem Jenseits kommen. Aber vielleicht läßt sich ein elegantes Kompromiß schließen. Wie wäre es, wenn der Rhythmus als ein besonders kräftig geratener Mischling aus beiden, von der Mutter Libido und dem harten Vater Wiederholungszwang erzeugt wäre und der Sohn seinem Vater einen Teil des Herrschaftsbereiches abränge, um es dem sanfteren Szepter der Libido zu unterwerfen? Wiederholung ist ἀνάγκη, harte Schicksalsnotwendigkeit. Der Rhythmus aber bringt den Wechsel von Gier und Befriedigung, Spannung und Lösung, in die triebhafte Wiederkehr des Gleichen und macht sie so dem Lustprinzip dienstbar. Ein konsequenter Todestheoretiker des Lustprinzips wird uns beweisen, daß wir, um die Freude am Rhythmus zu verstehen, wie immer vom Ende, von der Entspannungslust ausgehen müssen. Sie erreicht naturgemäß ihre Höhepunkte am Beginn der Pausen, der größeren Pausen, die jedem größeren Abschnitt, und der kleinen, pausenartigen Entspannungstäler, die zwischen je zwei Takten liegen. Um dieser Entspannungen willen unterziehen wir uns in großen und in kleinen Wellen immer von neuem den Spesen der Erregungs- und Spannungsunlust und eine glückliche Bilanz ergibt den wachsenden Überschuß an Entspannungs- = Erlösungsglück, den wir am Ende eines wohlgelungenen Konzertes mit nach Hause nehmen.

Also hat Schopenhauer recht und ist ein Vorläufer der Psychoanalyse in seiner Theorie der Musik. Seine Erlösung vom Willen zum Leben, das ist es, was hier als die Pausenlust der Psychoanalyse zum Vorschein kommt. Und wie wunderbar einfach doch eine List der Natur die stiernackige Urmacht des Wiederholungszwanges unter das sanftere Joch des Nirwana = Todesprinzips der Entspannungslust gezwungen hat! Ist dann noch die Frage, an welchem Urerlebnis diese Bezwingung zum ersten Male gelungen sein mag, dann soll unser fiktiver Theoretiker nicht lange fackeln und sich erst mit Zwischenlösungen abgeben, z. B. mit derjenigen, welche Wundt einmal vorgeschlagen hat, daß das pendelnde Links-rechts der Beine beim aufrechten Gang die Quelle alles Rhythmischen im menschlichen Wesen sei. Nein, ich denke, der Rhythmus sitzt uns so tief im Blute, daß auch die Theorie um seinetwillen recht tief greifen, und das Köstlichste, worüber sie verfügt, den Sexualakt selbst, als das gesuchte Urerlebnis einsetzen darf. Vom Tanz aus gesehen, werden gewiß keine Bedenken aufsteigen, und sollte es dem und jenem Theoretiker des poetischen und musikalischen Rhythmus zu viel werden: das stoffliche Nachklingen jenes Uraktes in jedem Takte, oder einem Kinderpsychologen zu früh, wenn er schon beim Einjährigen lebhafte Freude am Rhythmischen findet, so wird es immer noch Auswege geben. Mit den kindlichen Erscheinungen wird der echte Freudianer immer am leichtesten so fertig, daß er ein phylogenetisches Nachklingen ansetzt; das könnte ja dann dem ganzen Rhythmus auch noch beim Erwachsenen Vitalität verleihen. Und was die Befürchtungen vor den unabsehbar vielen Takten in einem Epos oder einer Symphonie angeht, so wird der Übergang aus der Realität zur Symbolik schon die nötigen Abschwächungen begreiflich erscheinen lassen. — Bleibt nur hinzuzufügen, daß die ganze Überlegung in ihrer Grundlage verfehlt ist, weil uns die einfachste Beobachtung lehrt, daß im Rhythmus das ganze Gefüge und nicht nur die Entspannung an der Lust teilhat.

7. Zur rechten Zeit führt uns dann diese aus dem Handgelenk entworfene Spekulation, die wieder einmal ahnen läßt, mit welch unerschöpflicher Fruchtbarkeit, mit welchen Anreizen zu schnell fertigen Entwicklungen die Grundsätze der Psychoanalyse förmlich geladen sind, zu einer wichtigen Ergänzung. Bis jetzt ist nur die mit Entspannung einhergehende Endlust konstruktiv verwendet. Nun kennt aber Freud außer ihr vom Sexualakt her und vom Essen die *Vorlust*. Das heißt in seinen axiomatischen Überlegungen im „Jenseits des Lustprinzips" kennt er sie nicht mehr, ist sie begreiflicherweise einstweilen unter den Tisch gefallen. Wo auch hin damit in der Theorie, wenn für den Gesamtbereich des Lustprinzips definitorisch ein Stillstand oder Abfallen der Erregungs- und Spannungskurve verlangt wird? Das Faktum einer originären (primären) Lust im ansteigenden Ast dieser Kurve wäre rein für sich schon imstande, den ganzen theoretischen Ansatz in Frage zu stellen.

Wäre mir die Aufgabe gestellt, ihn zu retten, so würde ich drei Ausflüchte durchdenken, die alle darauf hinauslaufen, den primären Charakter der Vorlust zu leugnen. Erstens, wie ist es doch beim Essen und Trinken, enthält nicht jeder Biß und jeder Schluck schon etwas von der Endgültigkeit einer Befriedigung, so daß bereits in ihnen die drängende Gier partiell oder für den Augenblick gelindert erscheint? Zweitens, wie ist es mit einer ansteigenden Spannungs- und Erregungskurve, können nicht Teilschwankungen, Obertöne sozusagen, in ihr enthalten und kann nicht an deren Wellentäler die sonst paradox erscheinende Lust faktisch gebunden sein? Und schließlich nehmen wir ja doch stets in der Vorstellung schon das Ende vorweg. So mag auch etwas von der erwarteten Endlust die vorangehende Tätigkeit durchwärmen. So gut, wie es den

Magendrüsen des Pawlowschen Hundes gelingt, schon auf die Nahrungssignale im Sektor des Riechens, Sehens oder Hörens hin die passenden Sekrete im Vorrat zu bereiten, wird es auch dem noch unbekannten Lustapparat des Organismus gelingen, etwas von der Endlust schon im voraus bereitzustellen. Vorfreude sei sogar die reinste, pflegt man zu sagen.

Mit all dem mag nun, wer immer bereit ist, mit uns die Dinge bis zu Ende durchzudenken, an die Freudsche Konzeption der Vorlust und an die Tatsachen herantreten. Ich weiß nicht, ob Freud mit einer dieser Deutungen oder allen zusammengenommen einverstanden ist. Wohl aber glaube ich zu wissen, daß die Tatsachen mit ihnen noch nicht restlos zufrieden wären. In der sexuellen Vorlust scheint mir das echte Motiv der Funktionslust „wiederhole dich Tätigkeit", nicht weil du mir nach deinem Verschwinden die entspannende Pause bringst, sondern weil du selbst mir Lustträger bist, am deutlichsten enthalten zu sein. All das mannigfaltige spielende Verhalten, das wir schon in vormenschlichen Verhältnissen, in den „Liebesspielen" der Tiere finden, wäre, wie mir scheint, ohne dieses Moment theoretisch unverständlich.

Um es noch einmal zu sagen, Freud hat mit dem Begriff der Vorlust etwas Wichtiges getroffen. Für eine erste, summarische Beschreibung komplexer Handlungen ist die Unterscheidung von Vorlust und Endlust durchaus zweckmäßig. Theoretisch scharf erfaßt aber erweist sich das Vorgeschaltete als ein Gemengsel aus Abschlagszahlungen auf Teilerfolge, Vorfreude, d. h. einer Lust, die an die Vorstellung des Enderfolges geknüpft ist, und Funktionslust. Wenn Freud auf dem Wege war, die Eigenart der Funktionslust zu erkennen, um so besser. In die Befriedigungs- oder Todesformel aber paßt sie nicht hinein, weil sie nicht an ein Nachlassen von Spannung und Erregung, sondern eher (wie z. B. im Bereich des Sexuellen) an deren Anstieg gebunden ist. Und so muß man allgemein sagen: Der Schopenhauer-Freudsche Ansatz von der Lebensnegativität der Lust ist in seiner Einseitigkeit unbrauchbar. Die Tatsachen sprechen, wenn eine gemeinsame hypothetische Grundformel für das Verhältnis von Lust zu den Lebensvorgängen gefunden werden soll, eher für das Gegenteil. Man müßte dann die Lust, welche nach Art einer Bremse das Überzielschießen einer eingeleiteten Erfolgstätigkeit verhindert, als eine sekundäre Einrichtung zu begreifen versuchen. Ähnlich wie wir die im Spiele vorgefundenen Verhältnisse durch Einführung des Formprinzips als komplex, als abgeleitet zu verstehen versucht haben. Davon mehr im folgenden Paragraphen.

8. Es soll nicht versäumt werden, das Ende an den Anfang zu knüpfen. Wenn der Drache eines unseligen (letzthin grundlosen, metaphysischen) Wiederholungszwanges, den Freud in geradezu bewundernswerter Konsequenz seines axiomatischen Denkens erfunden hat und erfinden mußte, aus dem Jenseits des Lustprinzips vertrieben ist, wird die Existenz eines solchen Jenseits in Frage gestellt. Ist es nicht viel einfacher, nun das ganze seelische Getriebe dem Lustprinzip unterworfen zu denken? Vielleicht ist es einfacher und vielleicht hat der Hedonismus der Ethiker aller Jahrhunderte in einem Punkte recht. Recht mit der These, daß die menschliche Seele auf Glück, Glückseligkeit hin konstituiert und orientiert ist. Damit wäre dann konsequent ein absolutes Jenseits als Ziel seelischen Ringens abgelehnt. Nicht aber in unendlicher Abstufung und Mannigfaltigkeit ein *elatives Jenseits*. Ein Jenseits des Augenblicks, der Sinne, der eigenen Person und, wenn man so weit gehen will, der Zeitlichkeit überhaupt. Wer sich unterfängt, in seiner eigenen Spekulation bis zum Grundprinzip eines sinnlosen Wiederholungszwanges vorzudringen, um „die Rätsel dieser Welt" aufzuklären, hat methodisch kein Recht, anderen zu verwehren, daß sie theoretisch einen letzten Halt im Sinnbereich der Werte suchen. Aber wie es mit ihrem Bestande und ihrer Erkennbarkeit auch immer bestellt sein mag, die Psychologie würde schief und einseitig, wenn sie das Faktum der Wertgerichtetheit menschlichen Tuns und Treibens nicht in ihre Rechnung einstellen wollte. Die Steuerungen, welche wir von dorther erfahren, wo unsere höchsten Zielpunkte liegen, gehören ebenso zum Bereich des Erfahrbaren und zur Psychologie wie die animalischen Triebkräfte in uns, an welche sich die Steuerungsimpulse wenden.

Die Zweiheit von Momenten, welche in diesem Bilde von den Triebkräften und ihrer sachlichen (objektiven) Steuerung enthalten ist, fordert mit logischer Notwendigkeit ein *relatives* Jenseits. Wenn es mich gelüstet, einen Apfel zu essen oder einem frechen Bengel eine Ohrfeige zu geben, und aus irgendeiner Schicht meines Wesens ersteht der Imperativ „du sollst nicht", so ist dieser Befehl ein Einbruch in das Augenblicksgetriebe meiner Gelüste. Er stammt aus einem Jenseits von ihnen und verlangt eine höhere sachliche Steuerung meines Benehmens, als sie der isolierte Augenblick zu bieten vermöchte. Ob der Befehl Kraft zu gewinnen vermag, ist eine andere Frage; entscheidend ist das Faktum seines Eintretens und Einbrechens in den Bereich der Triebe. Wer den Schichten nachgeht, aus denen solche Befehle kommen und in denen sie sinnbündig sind, findet eine Rangordnung nicht der Wirksamkeit, sondern der *Würde* und befindet sich unversehens im Reich der Werte. Das heißt in einem Jenseits des Lustprinzips in demselben Sinn, wie die Logik ein Jenseits der psychologischen Verlaufsgesetze des Denkens behandelt.

Die tiefste Anerkennung, die ich dem Denker F r e u d zu zollen vermag, der mit einem Griff eine umfassende Theorie der animalischen Triebkräfte, der menschlichen Interessen als solcher von unten her gesehen, entwickelt hat, ist in dem Satze beschlossen, daß dies Unternehmen der Psychologie unentbehrlich ist, und daß kein moderner Psychologe vor ihm das Ganze dieses Gebietes a l s e i n e S i n n e i n h e i t zu konzipieren vermochte oder wagte. Er hat seine Vorläufer nur unter den hedonistischen Ethikern, und diese sind nicht so weit wie er in die Details des Alltagslebens vorgedrungen. Das mit dem sinnlosen Wiederholungszwang als einer Grundeinrichtung des Animalischen war von einer zu schmalen Basis aus an sich durchaus konsequent gedacht, wäre aber, wenn es bestehen bleiben müßte, eine bedenkliche Verstümmelung der Ausgangskonzeption. Theoretisch viel reinlicher und im Diesseits des Sinnvollen sowohl wie des Lustprinzips läßt sich die Abhebung und Grenzbestimmung zwischen den zwei Prinzipien der Befriedigungslust (Erfolgslust) und Funktionslust vollziehen. Dazu ist freilich die Anerkennung und Einführung von formalen Momenten unter die das seelische Geschehen bestimmenden Faktoren erforderlich. Jene andere Komplexformel a $\overbrace{b\ c\ d}$ e und der Aristotelische Grundsatz „das Ganze ist vor den Gliedern" konstituieren ein Gebiet von Tatsachen, das dem Stoffdenker F r e u d verborgen blieb. Sein „Jenseits des Lustprinzips" endlich ist ein Begriff, der in unserem System einen neuen Inhalt erfährt und uns eindringlich noch einmal das Faktum vor Augen stellt, daß die Psychologie als eine Theorie der animalischen Triebkräfte nicht zu vollenden, nicht zu einem geschlossenen System zu erheben ist. Die Einsichten, die ich selbst an der Sprache, die F r e y e r , S p r a n g e r und die übrigen geisteswissenschaftlichen Psychologen auf ihre Weise gewonnen haben, fordern als Motor des seelischen Geschehens eine dritte Form, wie Lust an Tätigkeit gebunden sein kann, fordern und konstituieren das Gebiet der *Schaffensfreude*. Und die theoretisch hellsichtig gewordene Beobachtung findet sie als Faktum am eigenen Erleben und sehr früh am Kinde. Freud ist trotz aller Einseitigkeit, trotz aller Fehlgriffe im Einzelnen ein Berufener; er hatte der Wissenschaft seiner Zeit etwas zu sagen.

Treffender aber als an Goethes Faust, wo das Animalische als Basis und das Schöpferische als die Vollendung des menschlichen Wesens verbunden und getrennt ist voneinander, werden wir Freuds Einseitigkeit nicht zu bestimmen und zu überwinden vermögen. Die Übereinstimmung mit Goethe ist ein ungesuchter Nebenerfolg unserer wissenschaftlichen Bemühungen um das Lust-Unlustprinzip im Wesen von Mensch und Tier; und diese Bemühungen sind ein Sektor meiner „Dreistufentheorie". Man lese das Nähere darüber in der geistigen Entwicklung des Kindes nach; sie ist zum ersten Mal im „Abriß", dem kleinen Buch, 1919, und dann ausführlicher in der zweiten Auflage des größeren 1920 entwickelt worden.

§ 16. Formwille und Funktionslust im Spiele des Kindes.

Vor mir liegt eine druckfertige Arbeit von H. Hetzer über das volkstümliche Kinderspiel in Kaisermühlen, einem Wiener Stadtteil jenseits der Donau[1]). Über die theoretisch besonders wichtigen Anfänge der spielenden Körperbewegungen bringt das „Inventar der Verhaltungsweisen des ersten Lebensjahres" von Ch. Bühler und H. Hetzer ein reiches Beobachtungsmaterial[2]). Das Kind und sein erstes Spielzeug ist das Thema umfassender psychologischer Beobachtungen in der Kinderübernahmestelle der Stadt Wien. Über das Rollenspiel drei- bis sechsjähriger Kinder sind viele neue Aufschlüsse der Arbeit von H. Hetzer „Die symbolische Darstellung in der frühen Kindheit"[3]) zu entnehmen. Die Konstruktionsspiele werden von Anfang an in wieder einer anderen Untersuchung verfolgt. Die Leistungen von Schulkindern im Matadorspiel, einem auf technische Gebilde angelegten Baukasten, haben wir mit sehr instruktiven Ergebnissen an dem

---

1) Sie wird in den „Wiener Arbeiten zur pädagog. Psychol.", Heft 5 (1927) erscheinen.
2) Heft 5 der „Quellen und Studien zur Jugendkunde" (1926) bes. § 6 „Die spontanen Bewegungen" S. 178 ff.
3) Wiener Arbeiten zur pädagog. Psychologie, Heft 3 (1926).

reichen Sammlungsmaterial, das uns die Fabrik dieser Kästen zur Verfügung stellte, verfolgen können. Herr Ingenieur Neubauer wird darüber ausführlich berichten.

Dies ist die neue Erfahrungsbasis, auf die ich mich stütze, um hier einen einzigen Hauptsatz zu formulieren, der gewiß keinen Kenner des Kindes befremdet. Den Satz, daß Formprinzipien das Kinderspiel beherrschen, daß ein *Formwille* in ihm zum Vorschein kommt. Intuitiv am Ganzen des Kinderspieles oder exemplarisch an diesem und jenem Zuge ist diese Erkenntnis längst erfaßt, ist von Künstlern und Kunsttheoretikern seit Schiller immer wieder formuliert und in mehr oder minder einseitigen Überlegungen zu der Frage nach dem psychologischen Ursprung der Kunst verwertet worden. Wir argumentieren in umgekehrter Richtung: um das Spiel des Kindes zu begreifen, ist ein Seitenblick auf das Tun des Künstlers zu empfehlen; beide haben das eine gemeinsam, daß sie von einem Formwillen beseelt sind. Wenn man die Tatsachen der genannten neuen Arbeiten theoretisch durchdenkt, wird eine erstaunliche Konsequenz der Entwicklungsschritte vom Lallen angefangen bis hinauf zum Theaterspielen sichtbar. An diesem Formwillen des spielenden Kindes muß jedes einseitige Stoffdenken der Theoretiker seine naturbestimmten Grenzen finden. Denn genau so wenig wie die exakteste Kenntnis aller stofflichen Prämissen die Formbündigkeit eines hic et nunc entstandenen Kunstwerkes zu „erklären" vermag, können wir aus den in jedem konkreten Fall in der Seele des spielenden Kindes vorhandenen oder angenommenen Regungen der Libido die Form und Formbündigkeit des Spieles begreifen.

1. H. Hetzer hatte als Fürsorgerin in einem Haus, das im Kindergarten den Kleinen und im Tagesheim auch den Schulkindern einen Ersatz für die fehlende Häuslichkeit und dem ganzen Bezirk einen Mittelpunkt, eine Tummelstätte, beschützten Kinderlebens bietet, Gelegenheit, durch ein ganzes Jahr das spontane Treiben der Kinder im Freien und unter Dach zu registrieren. Kaisermühlen ist eine Siedlung ärmster, durch Not und Zufall aus allen Windrichtungen am Rande der Großstadt zusammengeführter Gelegenheitsarbeiter. Um so bemerkenswerter ist es zu sehen, wie fest umrissen das internationale Kindergut uralter *Spielbräuche* auch in dieser herkunftsbunten Schar von Kindern zum Vorschein kam. Versehen mit und ohne Sinn, die jeder von uns als Kind gesungen, Spielregeln, denen auch

unser Tummeln und Treiben einst folgte, wurden hier wiedergefunden. Es gibt eine Tradition dieses Kindergutes von Spielformen, welche durch die Erwachsenen hindurch aufrecht erhalten wird. Die Mütter erinnern sich an das, was sie selbst einmal gespielt haben, und überliefern so die alten Formen ihren Kindern. Es dürfte daneben in dichten, kinderreichen Siedlungen aber auch eine reine Kindertradition bestehen, wo immer die älteren Kinder, bevor sie noch dem Spielen selbst entwachsen sind, die jüngeren führen und anleiten. Was den Psychologen an der Tatsache der Festigkeit und der Ubiquität (Allverbreitung) dieses Traditionsgutes besonders interessiert, sind zwei zusammengehörige Momente. Erstens, das Kind ist ungemein empfänglich für und gierig geradezu nach Formen und Formelhaftem in seinen Gemeinschaftsspielen; es gibt sich den Spielregeln gefangen, als ob die Seligkeit davon abhinge. Und trotzdem, das ist das zweite, greift das spielende Kind an allen Ecken und Enden mit seiner eigenen, schaffenden, umschaffenden und, wie man weiß, unbekümmert schweifenden Phantasie ein. Das zum Teil uralte Traditionsgut wird in jeder Schar von neuem lebendig und der Hauch des Lebens in ihm ist stets nach der neuesten Mode, ist up to date. Ich habe es oft verfolgt: Dieselbe Gruppe spielt ein neu aufgekommenes Spiel jeden Tag, und schon nach einer Woche gibt es darin genuine und fest gewordene Besonderheiten; Varianten oder Schnörkel möchte man sie nennen und mit den ortsüblichen Schnörkeln an alten Volks- oder Kirchenliedern vergleichen. Die Parallele ist uns nicht von ungefähr in die Feder geraten, das psychologische Problem dürfte dort und hier dasselbe sein: Wie ist der erstaunliche Grad von Traditionstreue im Flusse so frischer und unbekümmerter Umformungstendenzen zu erklären?

Der Anlauf zu einer weitausgreifenden Antwort auf diese Frage könnte im Gebiete der Erhaltung und Verwandlung organischer Formen überhaupt gesucht und gefunden werden. Den Formen, die in irgendeinem Wechsel, irgendeinem fließenden Geschehen, Bestand haben sollen, muß eine konservierende Kraft entweder (kurz gesagt) selbst innewohnen oder (von außen her (bildlich gesprochen vom Flußbette her) vorgegeben und garantiert sein. Nehmen wir, um sofort wieder auf unsere Fälle zurückzukommen, einmal an, der Melodie eines alten Volksliedes wohne eine solche gestaltkonservierende Kraft tatsächlich inne, diese Melodie selbst habe eine „starke" Gestalt, wie man dies neuerdings zu nennen pflegt. Im Grunde kommt es bei stark oder schwach in diesem Falle nur darauf an, daß die wechselnden, zufälligen Variationen gestalts c h w ä c h e r sind als das Grundgefüge. Dann wird prinzipiell die Möglichkeit, ja sogar eine gewisse Wahrscheinlichkeit dafür bestehen, daß sich die Verschnörkelungstendenzen im Gang der Dinge immer wieder wie von selbst auslöschen und nicht, die Grundstruktur gefährdend, auswachsen. Sind ja doch im Kontinuum der Tradition an bestimmten, angebbaren Stellen die Bedingungen für ein solches „Schwamm drüber!", für ein sieghaftes Durchbrechen der starken Grundgestalt, angelegt. Wo und wann immer im Wechsel der Generationen die Jungen, die Aufnehmenden, eine gewisse Bewegungsfreiheit und die Stimmführung im Chor der Gemeinschaft erlangen, da besteht nicht nur die Gelegenheit zu abwegigen Neuerungen (das Wort ist ganz und gar ohne Wertung gemeint), sondern auch die Gelegenheit zu nur scheinbar Entgegengesetztem, zur Erneuerung und Reinigung des Alten von Schnörkeln, zur Rückfindung und Präzisierung der Grundstrukturen. Denn dies ist ein psychologisches Gesetz, auf das ich den Finger legen möchte: Wo ein reich gegliedertes Ganzes in seinem V o l l g e h a l t rezipiert wird, da setzen sich sieghaft die Grundgestalten vor den Schnörkeln durch und es besteht die Gelegenheit, daß minder Lebendiges aus deren Bereich abfällt. Es ist hier nicht der Ort, um das Gegenbild eines Rezeptionsvorganges auf dem absteigenden Ast der Entwicklung, wenn die Grundstrukturen nicht mehr verstanden werden und darum nur noch dies und das an Formmomenten aus dem zerbröckelnden Gefüge zur Rezeption gelangt, ausführlich in der Begriffssprache der neuen Psychologie daneben zu zeichnen. Als solche petrefakt gewordenen Teilbildungen fassen wir alles im engsten Sinne des Wortes rein Formelhafte im Traditionsgut der Erwachsenen und der Kinder auf. Nicht nur die Kinderspiele, sondern auch die für Kinder durch die Kette der Erwachsenen tradierten Märchen bewahren, in das Gefüge ihrer lebendigen Strukturen eingebettet, solche petrefakte Formeln. Rhythmus, Melodie, Reim und andere phonetische Gestalten, sind, wo eine vollständige Sinnentleerung stattgefunden hat, die, wie man weiß, recht dauerhaften Konservierungsmomente an solch sinntotem Gute, soweit es der Sprache angehört.

Wir können und brauchen hier keine erschöpfende theoretische Diskussion des merkwürdigen Tatbestandes einer Tradition im Bereiche der kindlichen Spielformen durchzuführen. Eines ist klar, und nur darauf kommt es uns an: Wäre im Kinde selbst nicht ein Formwille lebendig, griffe es nicht gierig nach dem Gebotenen, so wäre es schlechthin unbegreiflich, daß dies und das an Formen und Regeln aus indogermanischer Vorzeit noch im heutigen Kinderspiele nachzuweisen und wiederzuerkennen ist. Als Komplement dazu gehört freilich das andere, daß das traditionsmäßig Gebotene den eigenen Gestaltungsbedürfnissen des Kindes entspricht. Nicht alles, was an Gleichförmigkeit über den Erdkreis hin am Spiele des Kindes zu finden ist, beruht auf dem Faktor einer echten Tradition. Je jünger das Kind, desto deutlicher werden uns an seinem Spiele gewisse *autochthone Formmomente,* an denen die Anregungen vonseiten der Pfleger und Mitspieler nur auslösend, nur wie die Einflüsse eines Mediums beteiligt sein können. Im ersten Lebensjahr und noch länger ist das Kind vorwiegend mit dem Erwerb gewisser lebenswichtiger Körpergeschicklichkeiten vollauf in Anspruch genommen; auch in diesen sensorischen und motorischen Experimentierspielen, wie Groos sie genannt hat, steckt Formwille. Es gibt Gestaltungen der Tätigkeit im Greifen, Sprechen und Gehen und in allen typischen komplexeren Hantierungen mit den beweglichen Dingen.

2. Man überdenke von hier aus noch einmal die Beobachtung Freuds an dem anderthalbjährigen Knaben. Dies Weg und wieder Her, was das Kind mit der Fadenrolle spielt, ist, abstrakt gesehen, eine der einfachsten Zweiphasen-Manipulationen, die man mit einem beweglichen Dinge vornehmen kann und tritt als solche in den verschiedensten Spielen lange vor und lange nach dem Zeitpunkt auf, den Freud als eine bestimmte Phase der kindlichen Entwicklung festlegen will. Schon das Dreivierteljährige, auf dem Arm der Mutter oder in seinem Bette sitzend, hat ein Spielding in der Hand und läßt es absichtlich fallen oder wirft es heraus und will es wieder haben und wird des Spieles nicht müde, solange der Erwachsene ihm den Gefallen des Aufhebens erweist. Später kommt das Verstecken und Suchen, Verstecken und Wiederhervorholen in ungezählten Variationen in den Spielen der älteren Kinder vor. Bleibt in dem Beobachtungsfalle die Schnurverbindung, die zum Heranziehen ausgenützt wird. Wir haben in Experimenten, die seither mehrfach wiederholt und bestätigt worden sind, gesehen, wie ein Kind im 10. Monat die Entdeckung dieses wichtigen und leistungsfähigen

Heranholungsmittels machte[1]). Um dieselbe Zeit oder etwas später wird jedes Kind hinter das Geheimnis der Schnurverbindung kommen und die technischen Möglichkeiten, die in ihr beschlossen liegen, dann weidlich ausschöpfen. Was man alles an einer Schnur hinter sich herziehen oder sonstwie dem Herholungswunsche unterwerfen kann, darüber vermöchte wohl die Spielzeugindustrie die beste Auskunft zu geben; von jener ominösen Fadenrolle bis zum lebendigen Hund, dem Luftballon, dem Drachen und dem Maikäfer böser Buben eine spieltechnische Ähnlichkeit zu entdecken, dürfte nicht allzu schwer fallen. Sollte es ausgezeichnete Phasen auf dieser Entwicklungslinie geben, so wären sie, von der Grundentdeckung der Schnurverbindung abgesehen, beim ersten selbstgeknüpften Knoten und bei jeder neu erworbenen Verwendungsmöglichkeit der Schnurverbindung, generell also im **Gebiete des Werkzeugdenkens** anzusetzen.

Doch warum so viele Worte? Weil an diesem einfachen Beispiel, das den bohrenden Denker F r e u d zum Ansatz eines blinden Wiederholungszwanges verleitet hat, einige wichtige generelle Eigentümlichkeiten am Theoriengebäude der Psychoanalyse sichtbar gemacht werden können. Man zielt auf Sinndeutungen ab. Gut; das Axiom von der Sinnhaftigkeit des menschlichen und tierischen Benehmens ist unangreifbar, es soll, nachdem wir die gottlose Mechanik der klassischen Assoziationstheorie überwunden haben, in goldenen Lettern über unserer Wissenschaft stehen und F r e u d s Namen unter denen genannt werden, die es wieder zu Ehren gebracht haben. Nun aber sehe man sich die Denkmittel der Deutung an. Es sind typisch immer wieder die folgenden zwei. Zuerst eine Kausalbetrachtung: Im Bereiche der Triebe, die das Leben in Gang halten, ist irgend etwas vorgefallen; die harte Notwendigkeit hat z. B. dem Knaben einen Triebverzicht abgerungen. Und dann sofort das zweite: Ein Appell an das Symbolisierungsprinzip des Organismus oder sagen wir der Seele. Was in der dunklen Tiefe des „Es" vorgefallen und dort zum Wohl oder Wehe der werdenden Persönlichkeit zur Entscheidung gelangt ist, findet an der heiteren Oberfläche des sichtbaren Erlebens und Benehmens, findet im Maskenspiel, Schattenspiel flüchtiger Erscheinungen eine symbolische Darstellung. Das Kinderspiel, aus dessen Bereich wir unser Beispiel gewählt haben,

---

[1] Vgl. Die geistige Entwicklung des Kindes' S. 82 ff.

gewinnt damit ähnlich dem Traume den Wert einer auserlesenen Schaubühne des großen, rätselhaften Symbolisierungsgeschäftes der Seele.

Ex ungue leonem, alle Achtung vor der Niveauhöhe dieser Teilkonzeption im Theoriengebäude Freuds! Der Symbolbegriff der Psychoanalytiker ist, soweit ich sehen kann, nirgendwo exakt definiert; vielleicht ist er da und dort so weit wie Zeichen und Zeichenfunktion überhaupt zu fassen, dann verschwände ein Teil des Bangens, das den Unbefangenen vor dem Übermaß des „Symbolischen", nach dem die Psychoanalyse unser Leben absucht, ergreifen kann. Man lese dazu noch einmal unsere Sätze auf S. 66 f. und die Ausführungen über Signale, Anzeichen und Symbole, die dreifach verschiedene Sinnfunktion im Bereiche unserer Wahrnehmungen, S. 72 ff. nach. Allein das mit dem Spiel des Kindes muß doch wohl als eine Symbolik im engeren Wortsinn gemeint sein. Ungefähr so (nach der Gegenüberstellung hie Lebensernst — dort die Scheinwelt des Spieles), wie dies schon bei Karl Groos im Begriff des „dramatischen Nachahmungsspieles" gemeint war: Das zweite ist eine Nachbildung des ersten. Man mißverstehe mich nicht, wenn ich Groos und Freud in einem Atemzug nenne; es geschieht nur, um das abstrakte Moment des Symbolcharakters, das uns im Gedankenzuge Freuds begegnet, irgendwie festzulegen. Im übrigen gehen die beiden Auffassungen an einem entscheidenden Punkte diametral auseinander. Groos ist weit entfernt davon, ein Nachahmungs-, ein Wiederholungsmoment in allen Spielen des Kindes zu suchen. Bei ihm ist das Spiel das Vorbereitungsfeld des künftigen Lebensernstes, bei Freud ist und bleibt es Nachklang vergangener Ernstentscheidungen, ein Schattenspiel nach Schicksalswendungen, die auf anderer Ebene vollzogen worden sind. Groos sieht den großen *prospektiven* Lebenssinn des Kinderspieles, Freud dagegen ist *Reproduktions*theoretiker. Man erlasse mir im Nebensächlichen die mancherlei denkbaren Ausgleichserörterungen und dialektischen Versuche, das Minuszeichen vor einer der beiden Theorien doch noch in ein Pluszeichen, die Rückwendung in einen prospektiven Lebenswert umzudeuten. Daß man dies zuwege bringen kann, bezweifle ich keinen Augenblick. Der Unterschied im ersten Ansatz ist aber damit nicht beseitigt, und nur auf ihn kommt es uns an.

Wer nun im einfachen sokratischen Abwägungsverfahren

die beiden Auffassungen nebeneinander hält, dem wird die Entscheidung nicht leicht fallen. Groos hat den Blick aufs Ganze des tierischen und menschlichen Jugendspieles voraus, während Freud sich doch nur auf eine Gelegenheitsbeobachtung stützen kann. Freud dagegen könnte darauf hinweisen, daß er einen Vorsprung in der Kausalerklärung hat; er begnügt sich nicht mit einer fernen Zielangabe, einem Wechsel auf den Nutzen der Zukunft, sondern setzt die allgemeinen Triebkräfte des Lebens in seine Rechnung ein.

Ob man dabei mit dem einen Namen Libido sein Auskommen findet oder, wie wir es bei Freud gesehen haben, eine zweite Lebensmacht (den Wiederholungstrieb) zu Hilfe ruft, soll für den Augenblick als irrelevant, als eine cura posterior betrachtet werden. Ich könnte mir vorstellen, daß prinzipienfeste Psychoanalytiker, etwa aus dem Kreis der Schweizer, die theoretische Beseitigung der einheitlichen Wiederholungsmacht begrüßen und unter Libido nun auch die Funktionslust und die Schaffensfreude subsumieren. Über einfache Benennungsfragen soll man nicht streiten; ich zweifle nicht an der biologischen Einheit des Lustprinzips, meine aber, man sollte wie Freud und noch konsequenter wie er bei Libido nur an Gier und Befriedigung denken. Die Libido in diesem engen Sinne beherrscht, wie in dem vorübergehenden Sexualakt und in der täglich wiederkehrenden Nahrungsbeschaffung die zunächst einmal kurzfristigen Angelegenheiten des Lebens. Wo, wie bei der nackten Besitzgier, die zum Geize auswächst, der Bogen weiter und weiter gespannt wird ohne die heilsame Konkurrenz der höheren Formen des Lustprinzips, da entstehen Verzerrungen des menschlichen Wesens.

Niemand, der je das Spiel einer jungen Katze mit dem Wollknäuel oder das eines kleinen Mädchens mit der Puppe klaren Sinnes verfolgt hat, kann sich dem Zwange einer theoretischen Zuordnung dieses kindlichen Tuns und Treibens zu kommenden Dingen entziehen. Die Groossche Position ist in ihrem Hauptpunkte unerschütterlich. Auf der anderen Seite: Die Natur opfert nicht wie ein schlechter Schulmeister die Gegenwart der Zukunft. Das Kind selbst erlebt zum mindesten im Spiele die Erfüllung seines Daseins in der Gegenwart, die Motivation seines Handelns muß aus der Gegenwart verstanden werden. Freud scheint auf den ersten Blick diese Forderung zu erfüllen. Wenn anders man den Begriff der Gegenwart so weit fassen darf, wie er es in seinem Beispiel tut; der beobachtete Knabe ist nach Freuds Annahme von dem Lebensproblem eines bestimmten Triebverzichtes okkupiert, besessen könnte man auch mit dem deutschen Worte sagen, und die Dauer dieser einheitlichen personalen Besetzung bestimmt, was in Sachen der tieferen Motivation als

Gegenwart, als Präsenzzeit, zu gelten hat. Dagegen hätte ich nicht das mindeste einzuwenden, wenn die andere Hand nicht wieder nähme, was die eine zu geben schien. Denn genauer betrachtet ist ja das Spiel nach Freud nicht der Ort, wo neue Probleme entstehen oder wo die Entscheidungen fallen, sondern ein Feld der Wiederholungen des Alten, ein Feld der Glättungen und des Ausgleichs der Spannungen, die das reale Leben setzt. Das retrospektive Moment und der aristotelische Gedanke der Katharsis sind, wie man sich drehen und wenden mag, aus der Konzeption Freuds nicht wegzudenken. Und in diesem Punkte ist er mit seinem Ansatz der reine Antipode zu der Fernordnung der Dinge nach Groos, die in die Zukunft weist. Was wir brauchen, um den Tatsachen gerecht zu werden, ist ein *produktives Gegenwartsprinzip*.

3. Ich wähle abseits der Fülle von Beobachtungen und klaren Entwicklungslinien, die wir den neuen Arbeiten verdanken, zwei längst bekannte Beispiele, die durch ihre Parallele geeignet sind, ein allgemeines Entwicklungsschema hervortreten zu lassen. Wie kommt das Kind zum Zeichnen und wie zum Sprechen? Antwort: spielend, in seinem Betätigungsdrange; weitaus das meiste lernt es spielend. Zwang, Zucht und Anleitung, die wir ihm bieten, sind oder sollten in den ersten sechs Jahren das Akzessorische in seinem Leben sein, das sogenannte Spielen dagegen, die freie Betätigung seiner Kräfte, das Gelegenheit bietet, Entdeckungen und Erfindungen zu machen und sich selbst einzurichten im Leben, der eigentliche Inhalt des Daseins. Nun, bei den markantesten Entwicklungsschritten ist es auch so. Zum Zeichnen führt gewöhnlich ein Anstoß von außen und der suggerierte Wunsch, es den zeichnenden, schreibenden Erwachsenen gleich zu machen; der erste Schritt zum Sprechen, das Lallen, erfolgt ohne solche adäquate Anregungen von außen her und wird auch von tauben Kindern vollzogen. Reize und Erregungen im wachsenden Stimmapparat geben den Anstoß; es ist kaum mehr als eine Umbenennung dessen, was schon Spencer gesehen und zum Grundgedanken seiner Spieltheorie erhoben hat, wenn man in der Sprache der Psychoanalytiker von einer Organlibido spricht, um diesen Faktor zu treffen. Die maßlose Überschätzung seines Leistungsgrades wird durch nichts so drastisch illustriert, wie durch die grotesken Sätze über den Ursprung der Sprache, die wir S. 174 f. zitiert haben. Sie sind im Rahmen der Freud-

schen Libidotheorie durchaus korrekt gedacht und ungefähr von derselben Dignität wie die Feststellung, daß der Erregungsausgang zu dieser und jener Leistung im Bereiche der menschlichen Kultur ein Zahnschmerz gewesen sein mag. Zahnschmerzen und animalische Bedürfnisse, wer wollte sie aus der Liste der Erregungsquellen, die das Leben in Gang halten, streichen? Im übrigen aber s c h r e i t der Mensch, der heftige Schmerzen hat, das Kind noch sicherer als Laokoon, und begibt sich nicht an die Erfindung der Sprache. Und wenn der sinnliche Schmerz der durchbrechenden Zähne vorüber ist, und das Kind wollte sein untreu gewordenes Libidoorgan aus seelischer Entrüstung beschimpfen durch „Kauen, Spucken, Zähneknirschen" usw., woher dann akkurat jene „komplizierte und bestimmte Art" dieses Treibens, als die wir nach B e r n f e l d unsere menschliche Sprache anzusehen haben?

Es wäre geschmacklos, eine gelegentliche Entgleisung im Nebensächlichen derart festzulegen; ich nehme den Libidoaspekt im Sektor der geistigen Entwicklung viel zu ernst, um frivolen Spott zu treiben. Nein, B e r n f e l d hat im Rahmen meines eigenen ersten Ansatzes, in dem ich mit Freud übereinstimme, korrekt gedacht; wäre das ganze Kräftegetriebe in uns nichts anderes als ein System aus Gier und Befriedigung, dann wäre im Prinzip nichts dagegen einzuwenden, daß man auch im Werden der Sprache die weiter und weiter gespannten Bögen von Gier und Befriedigung aufsucht und nichts anderes in ihr vermutet, als daß sie ein besonderes Produkt und Instrument dieses einfachen Kräftespieles ist. Ein Blick auf ihren wirklichen Werdegang im Kinde muß die Theorie vom spanischen Stiefel solch unzulänglicher Axiomatik befreien. Das nächste, was dazu gehört, ist am Fortgang des Zeichnens augenfälliger und zwingender abzulesen, als am Fortgang des Sprechens: Das anfangs mit Bleistift oder Löffel vielfach mehr in der Luft als auf dem Papier herumfahrende Kind wird auf das Produkt seiner Tätigkeit auf dem Papier aufmerksam und bald auch auf *Formen*, die dort entstehen, und in diesem Augenblick ist die Wendung eingetreten. Sagen wir meinethalben mit den Psychoanalytikern, ein Einschlag von Organlibido in dem bewegten Arme sei für den Anfang von Wichtigkeit gewesen (obwohl auch dies schon anders gedeutet werden kann und gedeutet werden muß nach unseren allgemeinen Befunden über die Triebkräfte, die den Entwicklungsgang der Körperbeherrschung bestimmen), so wird dem gewiß ganz anders in dem Augenblick, wo das Kind von der selbsterzeugten Form gefesselt und in Anspruch genommen wird. Ich weiß, der Psychoanalytiker wird sich nicht so schnell verblüffen lassen, er hat ein Wort parat: Jetzt ist die Form als solche „mit Libido besetzt". Um Worte streite ich nicht, verlange aber, daß man exakt anzugeben weiß, was sie bedeuten; mit dem technisch geschickten Ausdruck einer Libidobesetzung wird gar manches psychologische Problem verdeckt. Der Geizhals, welcher wollüstig in seiner Schatulle wühlt, hat die Goldmünzen „mit Libido besetzt". Wir werden uns schnell darüber einigen, daß das zeichnende Kind nicht derart von einer Besitzlust an fertigen Formen auf dem Papier ergriffen wird, sondern daß die Formungslust, die wir meinen, an das Selbsterzeugen, an das eigene Machen gebunden ist. Denn beim Sprechen und Tanzen und ungezählten anderen Tätigkeiten entstehen keine dauernden Gebilde, wie beim Zeichnen, und doch dieselbe Formungslust. Und damit ist das Prinzip gewonnen, das wir brauchen: Der **Formwille** im Spiele des Kindes und die **Funktionslust**, die ihm verknüpft ist.

Es sei mir gestattet, der Vollständigkeit wegen die dritte Phase, oder sagen wir, da es sich nicht immer und überall um zeitlich rein isolierbare Entwicklungsschritte handelt, das dritte **Moment** im Gang der Ereignisse hinzuzufügen. Die spielend erzeugten, geformten Gebilde gewinnen oft einen prägnanten Sinn als Zeichen für etwas anderes, als was sie selbst sind. Die Formen auf dem Papier z. B. gewinnen ihren Sinn als Bilder, die Produkte der Lalltätigkeit gewinnen einen Sinn als Wörter oder Sätze. Beim Zeichnen ist es so gut wie ausschließlich eine Darstellungsfunktion, welche die Formen übernehmen, während die Lallprodukte dem großen Entwicklungsgang der Sprache entsprechend zuerst die Funktionen von Kundgabe- und Auslösungsmitteln übernehmen und zuletzt erst ausgesprochen zu Darstellungssymbolen, d. h. zu Namen werden. Es ist hier nur die Rede von den wenigen, exemplarischen Formen, die diesen Entwicklungsgang von vorn an, vom einfachen Lallprodukt bis zum vollendeten Namen durchlaufen, nicht von der Überzahl der späteren Wörter, die in die fertige Struktur der sprachlichen Sinndimensionen in immer neuer Rezeption vom Wortschatz der Erwachsenen her aufgenommen werden.

Es wäre hier der systematische Ort, um die Symbolik im Leben des Kindes ab ovo und prinzipiell zum Gegenstand der Untersuchung zu erheben. H. Hetzer bietet in ihrer Arbeit „Die symbolische Darstellung in der frühen Kindheit" eine Reihe von experimentell gefundenen Ergebnissen, die dazu einladen. Wenn wir z. B. sehen, wie auffallend früh das Kind imstande ist, symbolische Handlungen anderer, mit denen es im seelischen Kontakt steht, zu verstehen und selbst schon so zu tun, als wäre es ein anderer, Rollen zu übernehmen im Gemeinschaftsspiel und rollenrichtig zu handeln, wenn wir auf der anderen Seite sehen, daß es die Sprache ist, in welcher die Symbolik am frühesten hervortritt, so weisen beide Tatbestände auf ein und dasselbe hin. Es ist das G e m e i n s c h a f t s l e b e n, in deren Dienste die Symbolik aufkommt. Ist dieser Hinweis richtig, dann wird es durchaus fraglich, ob eine Symbolik im Dienste des i n t r a individuellen Ordnungsgeschäftes der Seele so früh schon angesetzt werden darf, wie viele psychoanalytische Theorien, die sich mit der Seele des Säuglings befassen, es unbesehen tun. Schon der Neugeborene, ja das Kind im Mutterleib soll Symbolisierungen vollziehen. Man müßte uns erst die Analoga im Tierreich nachweisen und den Symbolbegriff selbst präzisieren, bevor uns zugemutet werden darf, solche Deutungen ernst zu nehmen. Sinn und Symbolik ist nicht dasselbe; es ist doch vermutlich kein Zufall, daß bis heute so etwas wie eine echte Darstellungsfunktion von Zeichen bei keinem Tiere unter den mannigfachen Zeichenfunktionen, die wir bei ihnen finden, nachgewiesen werden konnte. Doch davon an anderer Stelle mehr.

Nehmen wir noch einmal die These vom Formwillen im Spiel des Kindes auf. Sie ist nicht unbesonnen aufgestellt worden; ich wäre bereit, sogar von einem Formtrieb zu sprechen und damit dem Prinzip dieselbe Dignität zu verleihen, die F r e u d für seinen „Wiederholungstrieb" beansprucht. Doch wozu die schnelle Etikettierung mit der Marke eines Letzten, Irreduziblen? Die Einstellung, die Tendenz, das Bedürfnis zu Formungen ist etwas, was man empirisch fassen kann, und nichts anderes ist mit dem Namen Formwille gemeint. Das heißt etwas mehr, als wenn wir das heute so beliebte Wort Form oder Gestalt ohne das Beiwort -wille in unsere These einsetzten. Es liegt ein Suchen und Probieren, eine Richtung vom Unvollkommenen zum Vollkommeneren und noch etwas zweites, ein Bewältigen, ein Sichmessen am Widerstande des noch nicht voll Beherrschten unverkennbar im Spiele des Kindes beschlossen. Eine Richtung also, die in die Zukunft, nicht wie das Wiederholungsprinzip in die Vergangenheit weist. Und wenn diese Tendenz und mit ihr der Übergang zum Wohlgestalteten mit Funktionslust ausgestattet ist, dann haben wir in ihm das geforderte Gegenwartsprinzip, das in die Zukunft weist, gefunden.

Namenverzeichnis.

A.

Ach, N. 14 ff.
Adler, A. 189.
Aristoteles 2, 20, 35, 49, 56, 61, 67, 107, 116, 125.
Augustinus 17.
Augustus 159 f.

B.

Bakon 12.
Becher, E. 66, 83, 114.
Bechterew, W. 23.
Bernfeld, S. 175, 209.
Binswanger, L. 83.
Bismarck 160.
Bolzano, B. 61.
Bocksch, H. 72.
Bonaparte 160.
Brentano, Fr. 2, 4, 6, 67, 72, 108.
Breuer, J. 171.
Bühler, Ch. 19, 23, 35, 87, 176, 200.
Bühler, K. 25, 61, 67, 114, 136, 157.
Büttel-Reepen, v. 44.

C.

Cassirer, E. 66, 138.
Cäsar 159 f.
Cicero 137.
Cohn, J. 83.

D.

Darwin, Ch. 11, 30, 33 f., 36 ff., 42, 50, 90, 123, 128, 131, 172.
Dattner, B. 170.
Delbrück, B. 30.
Descartes 17, 109.
Dilthey, W. 2, 6, 18 f., 23 ff., 106 ff., 143.
Dougall, Mc. 155.
Driesch, H. 17.
Dyroff, A. 154.

E.

Ebbinghaus, H. 1, 5 f., 8, 10, 65, 72.
Ehrenfels, Ch. v. 113.
Einstein, A. 11.
Exner, S. 2.

F.

Fechner, G. Th. 10, 69, 182, 191.
Fichte, J. G. 24.
Frege, G. 62.
Freud, S. 2, 15 ff., 162 ff., 172 ff., 187 ff., 194, 196 ff., 204 ff., 211.
Freyer, H. 66, 102, 126, 138 ff., 199.
Frings, G. 109.
Frisch, K. v. 42, 44.

G.

Galilei 111.
Goethe 11, 24, 71, 173, 185, 200.
Groos, K. 154 ff., 186 ff., 204, 206 ff.

H.

Häberlin, K. 177 f.
Harnack, A. 9.
Hegel 1, 26 f., 137, 153.
Heider, Fr. 151.
Helmholtz, H. v. 2, 10, 72, 141, 152.
Herbart 2, 6, 15, 30, 77, 101.
Herder, 49, 143.
Hering, E. 2, 71 ff., 141, 158, 172 f.
Hesse-Doflein 45.
Hetzer, H. 90, 187, 200 f., 211.
Hobbes 62.
Hume 2, 14, 109 f.
Husserl, E. 2, 55, 61, 108, 124, 131, 136.

J.

Jennings, H. S. 18, 35, 70, 73, 80 f., 117, Jost 5.
Jung, L. G. 163.

K.

Kant 26, 29, 57, 77, 109 f., 155 ff., 161, 179.
Kepler 111, 146.
Koffka, K. 116, 119, 152.
Köhler, E. 176.
Köhler, W. 16, 113 f.
Kretschmer, E. 142.
Kries, J. v. 2, 79, 88, 152.
Kronfeld 83.
Külpe, O. 4, 12 f., 78.

L.

Lazarus 15, 30.
Leibniz 6 f., 70, 115, 119, 153, 183.
Lindworsky, J. 14.
Lionardo da Vinci 71.
Lipps, Th. 2, 4.
Locke, 14, 17.
Loeb, J. 35.
Lotze 6 f., 70.

M.

Mach, E. 2 ff., 113, 119.
Marty, A. 61.
Meinong, A. 4, 61 f.
Meyer, E. 103, 158 ff.
Michel-Angelo 153.
Mill, J. St., 53, 62.
Mommsen 103, 159 f.
Morgan, Ll. 2, 18, 70, 155.
Müller, G. E. 2, 10, 165.
Müller, Joh. 119.

N.

Neubauer, V. 201.
Newton, 11, 111.
Nietzsche, Fr. 43. 189.

P.

Paul, H. 30, 55.
Pfeifer, S. 179.
Platon, 24, 49, 107, 161.
Plutarch 154.
Pompejus 159.
Preyer, W. 2, 186.
Prinzhorn, H. 162 ff.

R.

Rank, O. 168 ff., 175.
Rickert, H. 126, 136, 143.
Robespierre 160.
Roffenstein, G. 83, 106.

S.

Sachs, H. 190.
Scheler, M. 83, 95, 99 f.
Schiller, Fr. 201.
Schopenhauer, 12, 77, 154, 178, 184, 191, 195 ff.
Selz, O. 7 f., 15 f., 67, 117, 135, 140.
Shand 155.
Shaw, L. 103.
Simmel, G. 54, 138.
Sokrates 152 f., 158, 161.
Spencer, H. 192, 208.
Spinoza 24, 67, 119 f., 128, 168.
Spranger, E. 9 ff., 18, 26, 57, 68 f., 70 ff., 78, 82, 103, 106, 109 ff., 133 f., 136, 141 ff., 151 ff., 161, 199.
Steinthal 15, 39, 55.
Störring, G. 14.
Stout 2, 155.
Stumpf, C. 2, 4, 13 ff., 107, 116, 119, 136, 152.

T.

Thorndike, E. 19, 63, 70.
Trendelenburg, A. 25.
Tudor-Hart, B. 90.

V.

Volkelt, Joh. 83.

W.

Wagner, R. 190.
Wasmann, E. 42, 85, 129.
Watt, H. 15.
Wheatstone 113.
Wertheimer, M. 113 f., 119.
Willwoll, A. 136.
Wundt, W. 4, 23 f., 30 ff., 37 f., 41 f., 49 f., 55 f., 58, 61, 128, 195.

Sachverzeichnis.

A.

Affekte 14.
Aktivität
— der niedersten Tiere 35.
Analerotik 174.
Angst
— als Signal 171.
Formen der kindlichen A. 168.
Kastrations-A. 169.
Theorie der A. 167, 169.
— u. Atmung u. Herztätigkeit 170.
— u. Neurose 168.
Ur-A. u. zukünftiger Charakter 168.
— vor den Eltern 169.
Anzeichen 62, 74, 75, 124.
— in der tierischen Semantik 129.
— -funktion der Sinnesdaten 78.
φύσει oder θέσει der Bedeutung von A. 130 ff.
Sinn der A. 127.
— u. Struktureinsicht 131.
Wahrnehmungen als A. 97, 103.
Apperzeption 77.
Assoziationen
— bei Reaktion auf repräsentative Reize (Jennings) 81.
Experimente zur Erforschung der A. 5.
Gewohnheitsmoment in den A. 6, 12.
Assoziationsgesetze 5, 13.
Assoziationspsychologie 2, 13.
Begriff der Hemmung in der A. 8.
Begriff des Komplexes in der A. 166.
das wissenschaftlich Unbefriedigende an der A. 8.
Seelenmechanik in der A. 6.
System diffuser Reproduktionen (Selz) 7.
— u. Dilthey 108.
Ausdruck
Das φύσει des A. 130.
unechter A. und Kontakttiefe 104.
Ausdrucksbewegung
— als Signal 36.
— bei Darwin 33 f., 172.
Funktionswechsel der A. 34, 172.
neue Auffassung der A. 38.
Sprache als A. (Wundt) 30 f.
Auslösung
— Kundgabe und Darstellung 51.
— sfunktion der Sprache 51, 56, 61 f., 210.
— u. Steuerung durch Wahrnehmung 73. 75 ff.
— u. usueller Sprachsinn 125.
Axiomatik
— bei Wundt 32.
— der Denkpsychologie 13.
— der Psychoanalyse 13, 164 ff., 178.
— der Psychologie 1, 54 f., 62.
neue A. d. Sprachtheorie 37, 50.
Notwendigkeit einer philosophischen Besinnung auf die A. 29.
Parallelenaxiom s. d.
— u. Philosophie 165.

B.

Bedeutung
usuelle u. okkasionelle B. im Sprachsinn 124.
Befriedigung
—-s-Lust 191, 199.
— u. Gier 181.
Behaviorismus 18, 27.
— als neue Wissenschaft 45.
Gefahr für den B. 70.
Geschichtliches 18.
Jennings 80 f.
Lebensnähe des B. 22.
Programm des B. 19.
— u. Semantik 43 f.
— u. sinnvolle Verhaltungsweisen 46 f.
Benehmen 28 f.
Kovarianz des B. 86.
Sinnhaftigkeit des B. 205.
Wissenschaft vom B. 2.
Benehmensaspekt 38.
Notwendigkeit des B. 68.
— u. Dilthey 108.
— u. Ich-Du-Frage 99.
— u. Theorie des Verstehens 85.
Vorteile des B. 42, 60.
Beobachtung 77.
Bewußtmachen
— des Unbewußten (Psychoanalyse) 163.
Biologische und physikalische Psychologie 111.

Biologisches
— Denken in der Psychologie 70.
— Denken und Sprangers überindiv. Struktur 155.

C.

Charakter
— u. Urerlebnis 167.
Charakterologie 25.
Charakterologische Konstanten u. Mode 188.

D.

Darstellung 48.
— als dritte Sinndimension der Sprache 51.
— als Wendung zur „Idee" 54.
— in d. Menschensprache 55.
— in d. Tiersprache 55.
— Kundgabe und Auslösung 51, 62.
Notwendigkeit des Begriffs D. in der Sprachtheorie 49 f.
Ordnungszeichen in der D. 124, 127.
symbolische D. 59.
Darstellungsfeld 59.
Darstellungsfunktion
— der Sprache 47.
— der Sprache u. Wertgesichtspunkt 134.
— in d. Tiersprache? 51.
— u. Zeichnen 210.
Denken
„Aha"-Erlebnis im D. 136.
Komplextheorie des D. 117.
symbolisches D. 117.
Denkpsychologie 11.
Betonung der psych. Operationen in der D. 13, 15.
Deskription in der D. 14.
Geschichte der D. 13 ff.
Teleologische Tendenz in der D. 14.
— u. Assoziationspsychologie 12.
— u. Komplex 166.
— u. Psychoanalyse 12 ff.
Wendung zur Dynamik in der D. 67.
Deskription
— in der Assoziationspsychologie 14.
— in der Denkpsychologie 14.
Determinismus 120.
Diagnose
— u. Verstehen 105.
Dreistufentheorie 200.
Dressur 156.
— u. Kind 167.
Du u. Ich
— als erkenntnistheoretisches Problem 99.
— als korrelative Begriffe 99.
— frage und Kinderpsychologie 100.
Psychogenetische Frage nach d. D. u. I. 101.
Dynamik
— in der Intention 67.
Wendung zur D. in der Denkpsychologie 67.

E.

Einfühlung 82.
Ernst- und Scheinerlebnisse in der E. 98
—stheorie 84.
— u. psycholog. Forschung 105.
Einstellung 42, 121.
— in gemeinsamer Wahrnehmungssituation 39.
— u. Verstehen 130.
Elemente
psychische E. 3.
Entspannung
— u. Neurasthenie 182.
Erbfaktor 173.
Erkenntnistheorie
— u. Gestaltpsychologie 119.
Erlebnis 28 f.
Erlebnisaspekt
Ich und Du in der E. 100.
— in d. Sprachtheorie 30 ff.
Notwendigkeit des E. 60, 67.
— u. Verstehen 101.
Erlebnispsychologie 17, 27.
Einseitigkeit der E. 64.
solipsistischer Ausgangspunkt der E. 17.
— u. Behaviorismus 22.
— u. Denkpsychologie 13.
— u. Semantik 50.
„Es", das 205.
Exkrementalerotik 177.
Experimente 11.
Assoziations-E. 5.
Gedächtnis-E. 7.
— in der Denkpsychologie 12.
Leistungs-E. 38.
Experimentierspiele 204, 206.

F.

Farben
—konstanz der Sehdinge 71, 172 f.
—sinn 37.
Theorie der F. 71.
Fehlleistungen 17.
Theorie der F. 17.
Formale Prinzipien u. Stoffdenken 179.
Formmomente
autochthone F. im Spiel 204.
Formungslust
— und Libido 210.
Formwille
— im Kinderspiel 200 ff.
— im Kinderspiel u. Stoffdenken 201.
Funktionslust 139, 157, 180, 190.
Begriff der F. bei Spencer 193.
— im Kinderspiel 193, 200 ff.
— in der Kunst 193.
— u. Befriedigungslust 199.
— u. Gestaltprinzip 194.
— u. Libido 207.

— u. Psychoanalyse 191.
— u. Schaffenslust 192.
— u. Vorlust 197.
— u. Wiederholung als Formmomente 194.
Veredlung der F. 193.
Funktionswechsel
— der Ausdrucksbewegungen 34, 172.
— u. Bedeutungswandel 172.

G.

Ganzheitsgeregelte Dispositionen 76.
Gebärden 42.
—resonanz 88.
symbolische G. 45.
Gedanken 12.
unanschauliche G. 117.
Gedächtnis 36.
Gedächtnisfarben 173.
Geisteswissenschaftlicher Aspekt
— u. Sprachtheorie 48.
Geisteswissenschaftliche Psychologie 18, 23, 27.
Geschichtliches 23.
Notwendigkeit der g. Ps. 68.
— u. Sprachtheorie 55.
Gemeinschaft
echte G. 39, 50.
Notwendigkeit d. G.-Begriffs zur Erklärung in der Sprachtheorie 34.
—sspiele der Kinder 87.
Tier-G., ihre Auffassung in der Biologie 45.
— u. Opfercharakter des Schaffens 139.
Ursprung der Semantik in der G. 38.
— u. Symbolik 211.
Genießen 139, 157.
Begriff des G. 181.
— u. Neurasthenie 182.
— u. Spiel 181.
Gesetze
Assoziations-G. 5, 13.
Gestalten 14.
Grundgestalten und Tradition 203.
in der Melodie 203.
Kriterien für G. 113.
physische G. 112.
Ton-G. (Stumpf) 116.
— u. Gleichgewichtszustände 114.
— u. Komplex 166.
— u. Reproduktionsprinzip 173.
— u. psychophysische Parallelität 114.
— u. Zweck 112.
Gestaltprinzip u. Funktionslust 194.
Gestaltpsychologie 109.
Strukturmonismus in der G. 115.
— u. Empfindungsbegriff 115.
— u. Logik 119.
— u. Psychoanalyse 178.
— u. Struktur 136.
Verdienst der Berliner G. 113.

Gewohnheitsmoment im Spiel 187.
Grammatik
— u. usueller Sprachsinn 125.

H.

Hedonismus 198.
— u. Erfolgslust 183.
— u. Ethik 180.
— u. Freud 199.
— u. Freuds Realitätsprinzip 183.
— u. Gier u. Befriedigung 181.
Hemmung 15.
Hypnose
Widerstand in der H. 91.

I.

Ich u. Du s. Du u. Ich.
Ideen
— u. ihre Verifizierung 146.
Induktion 11, 161.
Instinkt 20, 36, 156.
— Dressur und Intellekt 21 f.
Psychologie der I. 155.
Sprangers Auffassung 153 ff.
— u. Lernen 20.
— u. Intellekt (Aristoteles) 20.
Intellekt 21.
— u. Reaktion auf repräsentative Reize 81.
Intentionalität
— der Erlebnisse (Brentano) 66.
— des Erlebnisgefüges auf eine obj. Welt 72.
— in der Tierpsychologie 79 ff.
— u. Anzeichen 78.
— u. Intellekt 81.
— u. Kausalrelation 69.
— u. Wahrnehmung 72, 74.
Interpretation
Kritik des I.-Verfahrens 25.
Methode der I. 24.
Intuition
— u. Beweis 11.

K

Kausalrelation 69.
— u. Kovarianz 86.
Kind
Gestaltungswille des K. 204.
Krise des 3jährigen K. 176.
Ödipuskomplex des K. 174.
Sprachentwicklung des K. 174.
— u. Eltern i. d. Psychoanalyse 169.
— u. Sexualität 174, 177.
Urszenen im Leben des K. 167.
Verhaltensweisen des K. im 1. Lebensjahr 200.
zukünftiger Charakter des K. 167.
Kindheit
— u. Charakter 174.

Kinderspiel
biolog. Sinn des K. 155.
Formmomente im K. 194.
Formwille im K. 201.
Nachahmung im K. 187.
Rhythmus u. höhere Gestalten im K. 194.
Theorie des K. 157.
Tradition im K. 202.
— u. Funktionslust 193.
— u. Charakterkonstante 188.
— u. Psychoanalyse 179, 183, 204 ff.
— u. unlustvolle Erlebnisse 188 f.
— u. „Überkompensation" 189.
— u. Wiederholungszwang 184, 188.
Volkstümliches K. 187, 200.
Wiederholung im K. 186.
Kinderpsychologie
— u. Psychoanalyse 164, 177 f.
Kohärenz
— zwischen Hören und Produzieren von Lauten 88 f.
Komplex
— bei G. E. Müller 165.
— in der Denkpsychologie 166.
— in der Psychoanalyse 166.
Ödipus-K. 175 ff.
Komplextheorie 166.
— u. Struktur 136.
Konstellation 7 f.
Kontakt 82 ff.
— beim Neugeborenen 89.
Beobachtung des fremden K. 85.
Berührungs-K. 87.
Dreier-K. 95.
einseitiger und wechselseitiger K. 87.
erstes Stadium des K. 87.
— höherer Ordnung 41, 50, 89.
Hör-K. 87.
— in gemeinsamer Wahrnehmungssituation 39.
innere und äußere Wahrnehmung im K. 95.
Kriterien für K. 85.
persönlicher K. 93.
Schau-K. 87.
Schema des wechselseitigen K. 93.
seelischer K. = Suggestion 89.
Steuerung im seelischen K. 83.
— -stufen 87.
Tiefenschichten des K. 85.
— u. Gebärdenresonanz 90.
— u. Synapsen 88.
— u. Verbalsuggestion 92.
— u. Widerstand 91.
—verstehen s. d.
Wahrnehmung des fremden Erlebens im seelischen K. (Scheler) 83.
Zweiheitsmoment im seelischen K. 85.
— zwischen Sprecher und Hörer 92.
Kontakttiefe
Definition der K. 92.
— u. Bündigkeit des Angezeigten 104.

— u. unechter Ausdruck 104.
— u. Widerstand 91.
Kontaktverstehen 82 ff.
Deutungsgerät im K. 101.
— u. psychol. Forschung 105 f.
Kovarianz
— als Kriterium des Kontaktes 86.
— des Benehmens 86.
— in d. exakten Naturwissenschaft 86.
Krise
Aufbau-K. 1.
Geschichte der K. 1.
Lösung der K. 64.
Verhältnis der Theorien untereinander 27.
Kulturpsychologie
Idee einer K. 137.
Kundgabe
— als Mittel zur Steuerung 41.
Anzeichen in der K. 124, 127.
— Auslösung und Darstellung 51, 62.
— funktion der Sprache 210.
— in der Darstellung 48.
primäre K. 42.
Sinn der K. 132.
usuelle Ausdrucksmittel der K. 125.
Kundgabe und Kundnahme 50.
— als korrelative Begriffe 33, 37 ff.
Kunst
psychologischer Ursprung der K. 201.
— u. Funktionslust 193.
— u. Kinderspiel 201.

L.

Leistung 28 f.
Lernen 20.
— bei den niedersten Tieren 35
Libido 15, 174, 207.
Organ-L. 208.
Organisationsstufen der L. 162, 164.
= Stoff 166.
— u. Eltern 175.
— u. Formprinzipien 178.
— u. Kinderpsychologie 174.
— u. Komplex 166.
— u. Rhythmus 194.
— u. Schicksal 173.
— u. Spiel 201.
— u. Sprache 174, 209.
Logik
— u. Psychologie 144.
— u. Sprangers darübergewölbte Struktur 155.
Lust
— als Bremse u. Motor d. Tätigkeit 191.
Befriedigungs-L. 180.
Entspannungs-L. u. Rhythmus 195.
Erfolgs-L. u. Optimalprinzip 182, 190.
Sexual-L. und Erregung 181.
Sexuallust u. Stabilitätsverhältnisse (Fechner) 182, 191.

sexuelle Vorlust s. d.
— u. Gier 191.
— u. Tätigkeit 180.
— u. Todestrieb 180 f., 192.

Lustprinzip
Vom Jenseits des L. 179 ff., 198 f.

Lutschen
— u. Urenttäuschung 174.

M.

Materialismus
— u. psychophysischer Parallelismus 152.

Mechanismus
— u. Gestaltpsychologie 115.

Medium
— u. Ding 151.
— zwischen Strukturen 149, 152.

Methode
— des Behaviorismus 22.
— der Denkpsychologie u. Psychoanalyse 12.
— der Farbenpsychologie 157.
— der Geschichtswissenschaft 158 ff.
— der Interpretation 24.
— der Psychoanalyse (Kritik) 178.
— der Psychologie 1, 4 f., 158, 161.
  Experiment 11.
  Induktion 11, 161.
  Intuition u. Beweis 11.
  Statistik 11.
  zur Kritik der M. 11.
— der Sprachtheorie 37.

N.

Narzißmus 174 f.

Naturwissenschaftliche Psychologie
= Psychophysik (Spranger) 69.
— u. geisteswissenschaftliche Psychologie (Spranger) 69 ff., 73, 82.

Nennfunktion
— der Wörter 50.
— in der Bienensprache? 53.

O.

Objektiver Geist
Gebilde des o. G. bei Dilthey 24.
Gebilde des o. G. bei Spranger 69.
Gebilde des o. G. bei Wundt u. in der Völkerpsychologie 23.
Sprangers o. G. 142 ff.
Stufen des o. G. 145.
Theorie des o. G. 137 f.
— u. Erlebnis. Wechselwirkung 143.

Objektive Psychologie 17 ff.
Reflexologie 23.

Ordnungszeichen 62, 124.

Optik
Bildwert in der O. 71.
Gemälde-O. 71.

P.

Parallelenaxiom 31.
psychopsysisches P. 119, 152.
— zwischen Erlebnis u. Ausdrucksbewegungen (Wundt) 31, 38.
— zwischen Erlebnis u. obj. geistigem Gebilde 24, 144.

Pathologie
— u. Normalpsychologie 185.

Person
Geschichte des Wortes P. 25.

Persönlichkeit
Lehre v. der P. 25.

Philosophie
— u. Freud 164.
— u. Naturwissenschaft 165.

Phonetik
— u. Sprachwissenschaft 45.

Proportionswahrnehmung
Theorie der P. 114.

Psychoanalyse 12 ff.
— als Technik u. als Theorie 163.
Axiomatik der P. 164, 178.
Betonung des Stoffprinzips in der P. 15.
Gespräche über P. (Prinzhorn) 162.
retrospektives Erklärungsprinzip der P. 179.
Symbolbegriff der P. 164.
— u. Assoziationspsychologie 12 f.
— u. Dichter 163.
— u. Fehlleistungen 17.
— u. Funktionslust 191.
— u. Charakterologie 173.
— u. Kinderpsychologie 164.
— u. Musik 195.
— u. Nervenarzt 163.
— u. Physiologie 170 f.
— u. Psychosynthese 163.
— u. Regression 16.
— u. Rhythmus 194.
— u. Schopenhauer 191.
— u. Traum 16.
Überdeterminiertheit in der P. 8.
Verdienste Freuds 199.
Zur Kritik der P. 162 ff.

Psychologia psychologice 141.

Psychologie
— als Lehre vom subj. Geist 26.
— als „Wissenschaft vom sinnerfüllten Leben" (Spranger) 9, 68.
Aufgabe der P. (Spranger) 106.
Axiomatik und Methode der P. 1, 4 f.
biolog. Betrachtungsweise in der P. 70.
Denkpsychologie s. d.

Deutung in der P. 66.
die 3 Aspekte in der P. 28 ff., 57 ff.
eigentliche und uneigentliche P. (Spranger) 142, 151, 161.
Einheit der P. 63 ff., 69 f.
Erlebnispsychologie s. d.
Geisteswissenschaftliche P. s. d.
Geisteswissenschaftliche u. naturwissenschaftliche P. (Spranger) 69 ff.
Historisches 4, 9.
Methode der P. s. d.
Modelle in der P. 111.
Notwendigkeit einer Psychophysik in der P. 9, 46, 141, 161.
Objektive P. s. d.
Physikalismus in der P. 69, 108, 117.
Tierpsychologie s. d.
— u. Logik 144.
— u. Philosophie 65, 67.
— u. Physik 123.
— u. Sinnbegriff 123.
— u. Strukturbegriff 123.
— u. Verstehen 102.
— u. Zweckbegriff 123.
Verstehende P. s. d.
Zweiheit in der P. (Spranger) 68 ff.
Psychologismus
Ablehnung des P. 141.
— in der Logik 55.
Psychische Operationen 22.
— in d. Denkpsychologie 13, 67.
Psychopathologie
— u. Chemismus 170.
Psychophysik
— in der Phonetik 46.
= naturwissenschaftliche Psychologie 69.
— u. Farbenlehre 71.
— u. Phänomenologie 158.
— u. Psychoanalyse 171.
— u. Spranger 151 f.
Pubertät
seelische P. u. Geschlechtsdrüsen 152.
— u. Krise des Dreijährigen 176.

R.

Reaktionen
— auf repräsentative Reize (Jennings) 80 f.
Real u. Ideal
Wechselwirkung zwischen R. u. I. 147.
Regression 16.
Reflexologie 23.
Relationswahrnehmung 14.
Reproduktion
Freud als R.-Theoretiker 206.
sinnvolle R. von Urszenen 172.
— s-Prinzip als Historismus 178.
— u. Farbenpsychologie 172.
— u. Wiederholungszwang 184.
Resonanz
— u. Unterscheidung von Ich und Du 89.

Ruhe u. stationäre Bewegung 190 f.
— u. stat. Zustand 191.
Rhythmus
— u. Kinderspiel 194.
— u. Psychoanalyse 194 ff.

S.

Schaffen
Psychologie des S. 140.
Theorie des S. 138 ff.
Schaffensfreude 139, 157, 180, 182, 200.
— u. Funktionslust 192.
— u. Gier 192.
— u. Libido 207.
Schließen 14.
Semantik
— als konstitutiver Faktor des Gemeinschaftslebens 39.
— bei den Bienen 41, 44, 51.
— im Kontakt höherer Ordnung 50.
— im Tierreich 37.
Methode zur Erforschung der tierischen S. 43.
Ursprung der S. 38.
— u. Steuerung 39.
Semasiologie
— u. Sinnbegriff 124.
Sensualismus
— Machs 3
Sexualakt
Lust im S. 181.
Signal 36 f, 75.
Angst als S. 171.
— Anzeichen, Symbol 72 ff., 206.
Wahrnehmung als S. 73.
Sinn
— „an sich" u. Sprache 126.
— Bedeutung 123 f.
— -begriff s. d.
— bei Spranger 133.
— der Farben 72.
— der Wahrnehmungen 73, 75, 103.
Einklammerung des S. 46, 75.
Etymon des Wortes S. 132.
— in der Biologie 133.
— u. Beobachtung des Benehmens 86, 205.
— u. intentionale Beziehung 74.
— u. Symbolik 211.
— u. Wert 123, 133, 135.
— u. Zweck in der Sprache 126, 132.
vorsymbolischer S. in der Wahrnehmung 73 ff.
= Zweck 123, 129, 133.
Sinnbändertheorie Sprangers 26, 145.
Sinnbegriff 65, 68.
— in d. Biologie 112.
— in d. Psychologie 123.

— u. Spinoza 119 f.
— u. Tierpsychologie 129.
— u. θέσει d. Sprachzeichen 131.
Sinn des Ganzen
Frage nach dem S. d. G. 32.
Sinnganzes
— im Gemälde 72.
Sinngebende Faktoren
— in der Denkpsychologie 15.
— in der Psychoanalyse 15 f.
— u. Ablauf der Denkerlebnisse 15.
Sinnhaltigkeit d. phych. Daten 68.
Sinntragende Dispositionen 26.
Sinnvolles Benehmen 47.
Sinnvolle Zeichen 46.
Sinnvolles und ganzheitliches
Reagieren d. niederen Tiere 35.
Sinnzusammenhang
übergreifender S. 154.
Soziale Relationen
im 1. Lebensjahr 87.
Spiel
—bräuche 187, 201.
Kinderspiel s. d.
Konstruktions-Sp. des Kindes 200.
Matadorspiel 200.
Rollenspiel des Kindes 200, 211.
—theorie u. Induktion 156.
—theorie v. Groos 154 ff.
—theorie v. Spencer 193.
Tradition im S. 202.
— u. Dressur 156.
— u. Genießen 182.
— u. Instinkt 156.
— u. Psychoanalyse 204 ff.
— u. subj. Struktur 157.
Spielendes Experimentieren 186.
Sprache
— als Gebilde des obj. Geistes 58.
— als menschliches Zweckgebilde 120.
Bedeutungswandel in der S. 172.
Begriff der S. 58.
Dimensionen der S. 134.
Entwicklung der S. 210.
Geruchssprache bei den Bienen 53.
Klangbild u. Wortbedeutung in der S. 14.
Logisierung der S. 61.
Menschensprache 47 ff.
Tiersprache 42, 44, 51.
— u. Erlebnispsychologie 55 f.
— u. Libido 174, 209.
— u. Logik 49 f., 55 f.
— u. Semantik 58.
Sprachtheorie 29 ff.
Geschichtliches 30, 55, 61.
Kundgabe, Auslösung u. Darstellung in der S. 62.

Notwendigkeit der 3 Aspekte in der S. 29 f., 56 ff., 63.
— u. Psychologie 58.
— von Wundt 30, 49. (Kritik) 32.
Sprachsinn
Die 3 Dimensionen des S. 125.
— in der Sprachsituation 126.
reiner S. 125.
— u. Subjektbezogenheit 126.
— u. Zweck 126, 134.
Sprechen
Entwicklung des S. 208.
Statischer Sinn als Steuerapparat 79.
Statistik 11.
Steuerbarkeit
— u. Starrheit 76.
Steuerung 42.
— als Kennzeichen der echten Gemeinschaft 39.
Begriff der S. 43, 65.
— bei den niedersten Tieren 36.
— durch Wert-Gesichtspunkte 198.
Eigenbedarf und Eigenstimmung bei der S. 41.
— im seelischen Kontakt 83, 87.
— in d. Gemeinschaft 50.
— in gemeinsamer Wahrnehmungssituation 40.
— in physikalischen Systemen 112 f.
Richtpunkt der St. außerhalb d. gemeinsamen Wahrnehmungssituation 41.
System der St. im wechselseitigen Kontakt 94.
systemfremde S. 120 f.
— u. Auslösung durch Wahrnehmung 73, 75 ff.
— u. Disposition 88.
— u. Intentionalität 67.
— u. rezeptive Haltung 76 f.
— u. Strukturbegriff 117.
— u. systembedingtes Geschehen 118.
— u. Verstehen 130.
unvermittelte und gegenständlich vermittelte S. (Jennings) 80 f.
— von d. Sache her 92, 198.
Stoffdenker (Freud) 165 ff., 179, 199.
Struktur
— als „leeres Schema" 161.
— als Modell 106.
Medium bei der Wirkung von Struktur auf S. 149 ff.
Obj. u. subj. S. 144, 157.
sinnfreie S. 82.
Sinn- u. Wertstruktur 137.
überindividuelle S. (Spranger) 154 f.
— u. Einstellung 121.
— u. Geschichtswissenschaft 159.
— u. Sinn 112, 117.
— u. Wechselwirkung (Spranger) 148.

Wert-S. 136.
Wert und Zweck der S. 134.
Struktureinsicht 82.
— bei Affen 136.
— in den math. Naturwissenschaften 110.
— u. innere Bündigkeit von Ganzheiten 108.
— u. Kausalerklärung 109..
— u. Naturwissenschaft 78.
— u. Strukturwirksamkeiten 130.
— u. Verstehen 82.
Strukturbegriff 65.
— bei Spranger 109.
— bei Spranger u. in d. Gestaltpsychologie 112.
— Historisches (Dilthey) 106.
— u. Verhältnis G:E 145.
Strukturgedanke
— u. Denkpsychologie 116.
— u. die neue Psychologie 107.
— u. systemfremde Steuerungen 121 f.
Strukturgesetz
— an Willens- u. Wertgegenständen 108.
Begriff des S. (Stumpf) 107.
— d. Mathematik u. Logik 107.
Strukturmonismus
— u. Steuerung, Zwecksetzung etc. 121 f.
Strukturtheorie
Methodischer Anspruch der S. 151.
— u. Maschinentheorie 122.
— u. Spinoza 119.
Strukturwechselwirkung 150.
Suggestion
— -begriff, engerer 92.
= seelischer Kontakt 89. 103.
— u. Gebärdenresonanz 89.
— u. Säugling 90.
— u. Steuerung von der Sache her 92.
Verbalsuggestion 90 ff.
Verbalsuggestion und Kontakt 92.
Symbole 75, 78.
Symbolik
— d. Psychoanalyse 164, 167, 205 f.
— im Kinderleben 177, 211.
— u. Gemeinschaft 211.
Symbolwahrnehmung 73 f.
Synapse
innere S. und wechselseitiger Kontakt 93.
senso-motorische S., moto-sensorische S. 88.

T.

Teleologie
— bei Leibniz-Lotze 70.
subj. T. u. obj. Leistung u. Sinngehalt 153.
Teleologische Betrachtung
Notwendigkeit der t. B. 65, 70.
Teleologische Tendenz
— im Behaviorismus 22.
— in der Denkpsychologie 14.

Terminologie, eigene der verschiedenen Psychologien 64.
Tierpsychologie 19 ff.
— bei d. Stoikern 154.
neue T. 19 ff.
— u. Behaviorismus 19
Tradition
— von Formelhaftem 203.
Traum
Angsttraum u. Atmung 170.
Symbolsprache des T. 167.
Trauma
— d. Geburt 167.
Geburtstrauma u. Atmung 170.
Trieb 157.
— u. sachliche Steuerung 199.
Tropismentheorie
Überwindung der T. 35.
Typenforschung 103.

U.

Universalienproblem 147.
Urteil 15.

V.

Verstehen 42, 66.
Aktivität und Passivität im V. 96.
Begriff des V. 40.
Begriff des V. in d. Tierpsychologie 130.
Das Deutungsgerät im Kontaktverstehen 101.
— im Benehmensaspekt 43, 101.
— im Erlebnisaspekt 101.
Möglichkeiten des V. 94.
Phänomenologie des V. 84.
= Sinnerfassen 82.
Theorie des V. 84, 85, 96.
Tiefenschichten des V. 85, 102 f.
— u. erklären 135.
unmittelbares V. d. Tiersprache 85.
— u. Sprachzweck 133.
— u. Steuerung 130.
— u. Struktureinsicht 136, 151.
— u. Verspüren 95.
— von Gebilden des obj. Geistes 138.
Wahrnehmung oder Analogieschluß im V. 97.
Verstehende Psychologie 82.
Ideal der v. P. 104 ff.
— u. Behaviorismus 105.
— u. Erlebnispsychologie 105.
Vitalismus
— u. Gestaltpsychologie 115.
Volksseele
Begriff d. V. bei Wundt 32.
Vorlust 193.
Begriff der V. 196.
— u. Funktionslust 197.
— u. Endlust 196 f.

Vorstellungsbilder. 13.
— als Gegensatz zu Denkoperationen 12 f.
Vorstellungsmechanik
— bei Herbart, Lazarus u. Steinthal 15.

W.

Wahrheit in der Darstellung 48 f.
Wahrnehmung
— als Signal, Anzeichen, Symbol 75.
Wahrnehmungssituation
gemeinsame W. 39.
Wechselwirkung
— -shypothese (Spranger) 144.
— zwischen Leib und Seele 158.
Weltvernunft
— bei den Stoikern u. Spranger 154.
Werkzeugdenken 205.
Wertgerichtetheit des menschl. Tuns 198 f.
Wiederholung
— des Lustvollen 189.
Erklärungsversuche der W. 187.
— im Kinderspiel 186.
— u. Automatisierungstendenz unseres Erlebnisverlaufes 185.
— u. Funktionslust 190.
— u. Rhythmus des Lebens 184.
— u. Schicksal 185.
Wiederholungszwang 198 f.
— bei Neurotikern 185.
— u. Jenseits des Lustprinzips 184.
— u. Kinderspiel 188. 205, 208, 212.
— u. Rhythmus 194 ff.
Willensakt 14.

Z.

Zeichen
Ablösbarkeit der Z. 53 f.
Anzeichen s. d.
— -funktion der Sinnesdaten 78 f.
— -funktion in d. Sprache 66.
in der Menschensprache Entstofflichung der Z. 52 ff.
in der Menschensprache Selbsterzeugung der Z. 53.
— in der Tiersprache 52.
Ordnungszeichen s. d.
rein ideelle Z. 54.
sinnvolle Z. 46.
Sprachzcichen 46.
Theorie der Z. 51.
— u. Bedeutung 14, 45, 137.
— u. Symbolbegriff Freuds 206.
Zeichnen
Entwicklung des Z. 208.
Zweck
— u. Determinismus 120.
— u. Kommunikation d. Lebewesen 128.
— u. Sinn 132.
— u. systembedingtes Geschehen 120.
Zweckbegriff
— in d. Biologie u. Psychologie 115.
Zweckmäßigkeit
Organische Z. u. Gleichgewichtszustände 114.
primäre u. sekundäre Z. bei Freud u. Darwin 172.
subj. u. obj. Z. 154.
— u. Zweckhaftigkeit 123.

Janine Chasseguet-Smirgel (Hrsg.)

Wege des Anti-Ödipus

Mit einem Nachwort
von Caroline Neubaur

Ullstein Buch 3401

Inhalt: Janine Chasseguet-Smirgel: Einführung · Bela Grunberger: Einleitende Überlegungen · Alain Besançon: Freud, Abraham, Laios · Colette Chiland: Wege vom Ödipus zum Anti-Ödipus · Françoise Paramelle: Die Autoren des Anti-Ödipus – Freudianer wider Willen · Jean Gillibert: Strom und Rückstrom: Kritik am Begriff der »Schize« und Nicht: »Schize« als Kritik der Vernunft · Jean-Pierre Bigeault/Gilbert Terrier: Von der Psychoanalyse zur Anti-Erziehung · Jean Bégoin: Der Anti-Ödipus oder die neidvolle Zerstörung der Brust · Didier Anzieu: Inwiefern die Psychoanalyse von ihren Ursprüngen geprägt ist · Caroline Neubaur: Verwünschter Wunsch

ein Ullstein Buch

Marthe Robert

Sigmund Freud – zwischen Moses und Ödipus

Die jüdischen Wurzeln der Psychoanalyse

Ullstein Buch 3393

Die Rolle, die das Judentum für die Entwicklung der Persönlichkeit Sigmund Freuds und die Ausprägung seines Werkes spielte, ist bisher noch wenig untersucht worden. Die Arbeit von Marthe Robert füllt hier eine Forschungslücke. Die Autorin legt dar, daß der Konflikt zweier Kulturen die ganze innere Biographie Freuds durchzieht. Sie stützt sich fast ausschließlich auf Aussagen von Freud selber (Briefwechsel, autobiographische Schriften). Ihre Kenntnis der Werke Freuds und der psychoanalytischen Literatur ist umfassend; sie zieht jedoch auch die Literatur zur Lage des Judentums im 19. Jahrhundert heran und weiß ihre Erfahrungen als Kafka-Forscherin fruchtbar einzubringen.

ein Ullstein Buch

H. D. (Hilda Doolittle)

Huldigung an Freud

Rückblick auf
eine Analyse

Mit einer Einleitung
von Michael Schröter

Ullstein Buch 3217

ein Ullstein Buch

»Das Buch [...] ist die entzückendste und kostbarste Würdigung von Freuds Persönlichkeit, die je geschrieben werden dürfte. Nur eine hochbegabte Künstlerin konnte es schreiben. Ich kann nur sagen, daß ich jeden beneide, der es noch nicht gelesen hat, und als ein zauberhaftes Ornament der Biographischen Freud-Literatur unübertroffen bleiben wird.«
                    Ernest Jones

»[...] ein sehr bewegendes und poetisches Buch [...]«
                    Max Schur

Smiley Blanton

Tagebuch meiner Analyse bei Sigmund Freud

Ullstein Buch 3205

Smiley Blanton, amerikanischer Psychiater und Psychoanalytiker, gibt detailliert seine Erinnerungen an eine Analyse bei Freud wieder. Die authentischen, bislang unbekannten Bemerkungen und Aussagen Freuds sind von verschiedenen Gesichtspunkten aus sehr bemerkenswert. Sie berühren wichtige Aspekte der Theorie und Praxis der Psychoanalyse und geben Aufschluß über die besondere Behandlungsweise Freuds gegen Ende seines Lebens.

ein Ullstein Buch

Weitere Fachbücher

Ausdruckstheorie
Das System an der Geschichte aufgezeigt
Von Prof. Dr. K. BÜHLER
2., unveränderte Auflage, 1968. XX, 244 Seiten, Ganzleinen DM 44,—

Sprachtheorie
Die Darstellungsfunktion der Sprache
Von Prof. Dr. K. BÜHLER
2., unveränderte Auflage, 1965. XXXIV, 434 Seiten, 9 Abbildungen, 1 Tafel, Ganzleinen DM 65,—

Psychologische Probleme unserer Zeit
Drei Vorträge
Von Prof. Dr. C. BÜHLER, Los Angeles
1968. VIII, 57 Seiten, kartoniert DM 12,—

Das Seelenleben des Jugendlichen
Versuch einer Analyse und Theorie der psychischen Pubertät
Von Prof. Dr. C. BÜHLER, Los Angeles
6., erweiterte Auflage, 1967. XLIV, 240 Seiten, 1 Abbildung, Ganzleinen DM 54,—

 Gustav Fischer Verlag
Stuttgart · New York